JN301300

天皇家の誕生

帝と女帝の系譜

井上辰雄 著

はじめに

わたくしは、皆さんとご一緒に「天皇家の誕生」というテーマについて考えていきたいと思っている。

この課題は日本史のなかでももっとも魅力に富むものであるし、とくに現代に生きるわたくしたち日本人が多くの関心を抱いている問題であるからである。

現在、昭和憲法の改正が国会を中心として論議され、女帝の可否がジャーナリズムをにぎわせているが、その核心にあるものはもっぱら「天皇制」である。

国家の成立以来、天皇家は連綿として継承され、現代に至っていると信じられてきた。『記紀』（『古事記』と『日本書紀』）に伝えられる世代によれば、現在の天皇は百二十五代である。

もちろん、その初期の天皇がはたして実在したものか、あるいは紀年を長引かせるために架空の天皇を創りあげて挿入したものかは、十分に検討されなければならないだろう。それにしても、少なくとも千五、六百年の長きにわたって天皇家が継承されてきたことは事実であり、これは世界史のなかでもきわめて珍しいことである。

このように皇統がいちおう断絶せずに今日に至ったことについて、わたくしは、たとえ時代が変わっても、政治・社会・文化の底辺にそれを支える力や要因が存在しつづけてきたからだと考えている。たしかに、皇統断絶の危機に幾度か見舞われたことも事実である。しかし、つねに日本独自の継承法や政治的な解決で乗り切ってきているのだ。

だが、おなじ天皇制といっても、それぞれの時代によって天皇制の役割や性格は異である。天皇制の問題を一貫して学問の立場から論じることについては慎重な方もおられるかもしれないし、否定される方もあるかもしれない。だがわたくしは、古代の天皇制、封建時代の天皇制、明治以後の立憲君主制下の天皇制、戦後の国家の象徴としての天皇制はそれぞれの歴史的役割を異にしているが、それにもかかわらず、天皇制の基本的な性格には一貫して変わらない面が存在していたと思っている。

さてわたくしは、「天皇家の誕生」の話に入らなければならないが、この主題は、すでに天皇制のタブーが解かれた戦後になってにぎやかに論じられてきたことはご存知のことと思う。あるいは、すでに論じつくされたといってもよいほどである。

しかし、わたくしは法制的な面や政治的な視点からのみ考えていては、天皇制がもつ特殊な性格を十分に解き明かすことはできないと思っている。また、天皇制を今日まで支えつづけてきた日本人のものの考え方や宗教観なども明らかにしなければ、天皇制を完全に理解することはできないのではないかと思っている。そのためにわたくしは、従来あまり用いられなかった史料を、つまり、せまい意味の歴史的史料以外に、広く考古学や、文学・宗教などの分野にわたる資料をできるだけ取り上げ、考えをまとめていきたいと思っている。同時に、天皇制をあくまで政治的偏見や先入観から隔離し、客観的に述べていくことを心がけていきたいと願っている。

必然的に論が多岐にわたるから、複雑に入り組んでいてよくわからないという批判はあるかもしれないが、迷路もまた楽しいと思われて、少し我慢して歴史の謎解きにしばらくおつきあいいただきたいのである。

さて、天皇制の否定論者ならば、皇統の由来ははじめから荒唐無稽な物語として一蹴するだろう。戦後の一時期は民主化の波にのって、『記紀』の古い時代の記載の多くは、科学的な文献批判の名のもとに、無残にも事実無根として切り捨てられてしまった。だが、世界的に神話研究が盛んになるにつれて、日本の神話も単に政治的な机上の創作ではないことが漸次証明されてきた。多くの問題をかかえながらも、日本の神話はギリシャ神話などと並ぶ貴重な文化遺産である。日本人独自のものの見方や感じ方の源泉であり、それらを解明するのに不可欠な資料を提供するものなのである。

また、従来否定されてきた『記紀』の記述も、学問の進展によって少なからず明らかにされてきている。考古学の発掘・研究も大きな役割を果たしてきた。「ワカタケル大王」、つまり雄略天皇の実在が鉄剣銘から証明されたことは、最大の成果の一つであった。中国でも、『史記』に記された殷王朝の存在が殷墟の発見や甲骨文字の解読から明らかになったが、それとおなじ意義をもつ発見といってよい。

狭小な文献学に固執するのも問題であるが、極端な国粋主義者のように、とくに『古事記』を神聖冒すべからざる「神典」と仰ぎ、科学的なメスを入れることを一切拒否することもつつしむべきだと考えている。それは独善的な信仰であって、とうてい学問の領域では許されないことである。

以上のように、わたくしは中正中庸の道を進みたいと願っているが、天皇制を問題とする場合にも、それがもっとも穏当の方法だと考えているからである。

もちろん、この書はけっして学問的な研究書を目的としたものではない。わたくしが天皇制をどのように見てきたか、あるいは理解しているかを示すものにすぎない。それゆえ、わたくし自身の責任で述べるものだから、参考にした先学の業績は列挙しないことにした。ご迷惑をおかけすることを恐れるからである。なるべく平易にまとめようと思っているので、気軽にお目を通していただければ幸甚の至りである。

井上　辰雄

目次

目　次

1 神武天皇《じんむ》
2 綏靖天皇《すいぜい》
3 安寧天皇《あんねい》
4 懿徳天皇《いとく》
5 孝昭天皇《こうしょう》
6 孝安天皇《こうあん》
7 孝霊天皇《こうれい》

8 孝元天皇《こうげん》
倭迹迹日百襲姫《やまとととひももそひめ》
9 開化天皇《かいか》
大彦命《おおびこ》
建沼河別命《たけぬかわわけ》
10 崇神天皇《すじん》
彦坐王《ひこいます》
山代之大筒木真若王《やましろのおおつつきのまわか》
迦邇米雷王《かにめいかずち》
気長宿禰王《けながのすくね》
神功皇后《じんぐう》（仲哀天皇皇后　応神天皇母）
11 垂仁天皇《すいにん》
豊鋤入姫《とよすきいりひめ》
12 景行天皇《けいこう》
倭姫《やまとひめ》
13 成務天皇《せいむ》
日本《やまと》武尊《たける》命（倭建命）
14 仲哀天皇《ちゅうあい》
15 応神天皇《おうじん》

16 仁徳天皇《にんとく》
菟道稚郎子皇子《うじのわきいらつこのみこ》
稚野毛二派皇子《わかぬけふたまたのみこ》
17 履中天皇《りちゅう》
18 反正天皇《はんぜい》
19 允恭天皇《いんぎょう》
大草香皇子《おおくさか》
市辺押磐皇子《いちのべのおしは》
飯豊青皇女《いいとよあお》
中蒂姫命《なかしひめ》（安康天皇皇后　眉輪王母）
木梨軽皇子《きなしのかる》
20 安康天皇《あんこう》
八釣白彦皇子《やつりしろひこ》
坂合黒彦皇子《さかあいくろひこ》
21 雄略天皇《ゆうりゃく》
22 清寧天皇《せいねい》
眉輪王《まよわ》
意富富抒王《おおほど》
忍坂大中姫命《おしさかのおおなかつひめ》（允恭天皇皇后　安康・雄略天皇母）
乎非王《おひ》
彦主人王《ひこうしおう》
23 顕宗天皇《けんぞう》（弘計王《をけ》）
24 仁賢天皇《にんけん》（億計王《おけ》）
手白香皇女《たしらか》（継体天皇皇后　欽明天皇母）
橘皇女《たちばな》（宣化天皇皇后）
25 武烈天皇《ぶれつ》
春日山田皇女《かすがのやまだ》（安閑天皇皇后）
26 継体天皇《けいたい》（男大迹王《おうど》）
27 安閑天皇《あんかん》
28 宣化天皇《せんか》
石姫皇女《いわのひめ》（欽明天皇皇后）
29 欽明天皇《きんめい》

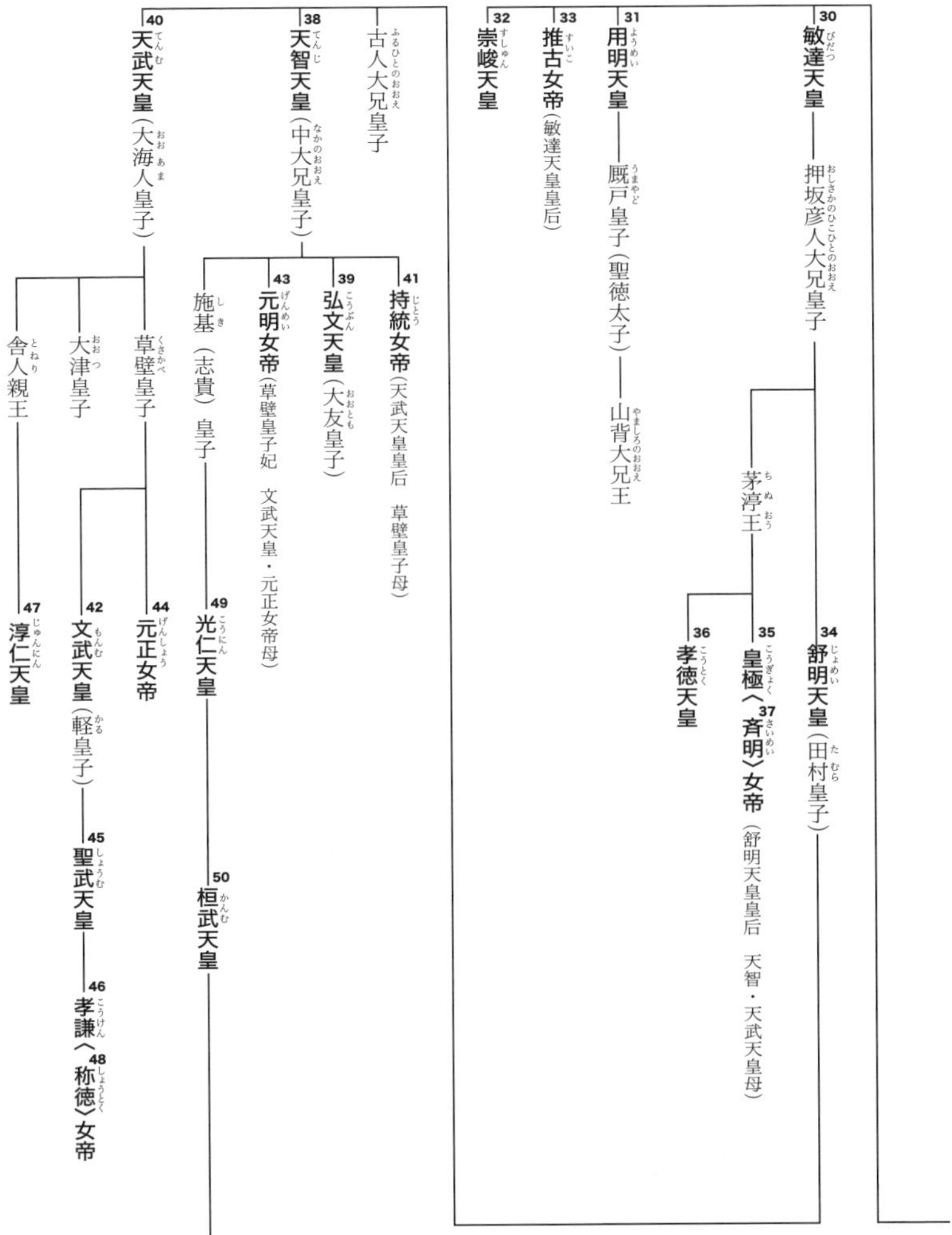

【古代天皇系図一覧】

天皇・女帝を太字で、数字で継承順を示した。巻末の「古代天皇関係年表」（264頁）と併せて利用されたい。

凡　例

一、本文中、「〇〇記」は『古事記』の、「〇〇紀」は『日本書紀』の記述を示す。
二、読者の読みやすさのためフリガナを多く付した。
三、人名・官名表記とその読みは一般的な記述とした。
四、＊は傍註を示す。
五、内容の理解のため、巻頭、本文中に系図を、また巻末に古代天皇関係年表を収録した。対照して利用されたい。

第一章　「国《くに》」の誕生

「天皇家の成立」というテーマを考えていくためには、わたくしは「国家の誕生」と「天皇家の誕生」を分離して論ずることはできないと考えている。ヤマト王権がはじめて日本の国家を成立せしめ、その君主の祖先が天皇家の始祖となったからである。そこに至る理解を容易にするために、まず国家誕生の経緯を概略しておこう。

吉野ヶ里《よしのがり》遺跡も「国《くに》」であった

日本列島に「国《くに》」と呼ばれるものが明確に現れるのは、『後漢書《ごかんじょ》』の「東夷伝」（倭伝《わでん》）の記述が最初である。

それによると、「倭《わ》」は韓民族が住む南鮮の東南の大海に浮かぶ列島に存在し、それぞれの地域に百余国に分かれていた。そして、後漢の初代皇帝である光武帝《こうぶてい》の時代に、倭《わ》から朝貢《ちょうこう》する国が三十国ばかりあったという。「倭」は、古代の日本をさすが、古代の日本人が外国人と接するとき、つねに「吾《われ》」と自称したので、「ワ」と名づけられたともいわれている。光武帝が後漢を建国したのは建武元年（紀元二十五年）で、治世は三十余年におよぶから、倭国のこの政治状況は西暦一世紀の中葉のころを伝えたものである。

とすると、弥生時代の中ごろにはすでに百余国が併存し、それぞれの国がとりあえず独立を保っていたことになる。そして、とくに朝鮮半島に近い三十国ばかりの国がそれぞれ使者を派遣して、後漢に朝貢したというのである。

もちろんここでいう「国《くに》」は、律令時代でいえば、せいぜい「郡《ぐん》」程度の領域の「国」である。たとえば三世紀なかばの倭の国では、末盧《まつろ》国は肥前《ひぜん》国松浦《まつら》郡に相当し、伊都《いと》国は筑前《ちくぜん》国怡土《いと》郡に、奴《な》国は筑前国那珂《なか》郡または「儺県《なのあがた》」にあたる（『魏志倭人伝《ぎしわじんでん》』）。

考古学の遺跡で有名な吉野ヶ里《よしのがり》遺跡が、この「国」に相当する。佐賀県神崎《かんざき》郡神崎町、三田川《みたがわ》町、東背振《ひがしせぶり》村にまたがる環濠《かんごう》遺跡である。

この遺跡には二・五キロにもおよぶ空濠《からぼり》がめぐらされている。その中心部に楼状《ろうじょう》風の巨大な建物や、竪穴《たてあな》造りの住居群や、掘立《ほった》て式の建物が配されていた。これは邪馬台国に「宮室《きゅうしつ》、楼観《ろうかん》、城柵《じょうさく》」が設けられていたと記されているのとまったくおなじで、当時の国のようすを示すものである。「楼観」は巨木で造られた吉野ヶ里の物見櫓《ものみやぐら》にあたり、国内のようすや敵国の動静をうかがうものであろう。吉野ヶ里遺跡には深い空濠と、それに平行した城柵がめぐらされていて、つねに戦時に備えていたようである。また、「宮室」や、倉庫に相当する建物群もあったとすれば、邪馬台国とほぼおなじような建築物が備えられていたことになる。

これらの建築物の北辺には墳丘墓《ふんきゅうぼ》があり、銅剣、鏡、玉類を副葬した特別な甕棺《かめかん》が、ほかの甕棺類とはあきらかに区別されて埋葬されていた。このことは歴代の首長層の存在を示唆している。そのため、発掘当初には、邪馬台国の卑弥呼《ひみこ》の都かと騒がれたこともあったが、この吉野ヶ里遺跡は一世紀を中心とするもので、残念ながら三世紀なかばの邪馬台国とは時代を異にしている。だが、弥生時代以後の「国」の成立要件を如実に示しているとわたくしは考えている。

「国《くに》」であることの条件

ところで、わたくしは、いくつかの要件を満たさなければ「国」は成立しないと考えている。その要件をいくつかあげてみよう。

第一は、いうまでもなく民衆と隔絶した身分と権力をもった王の存在である。

第二に、王のもとにあって国政を補佐する官僚たちの存在である。

第三に、王の住居である宮室がその国の中央に置かれ、その周辺に官僚たちが勤務する役所（官《かん》衛《が》）が配されていることである。

第四に、それらを守衛する親衛軍が常置されていることである。この常備軍のほかに、有事には一般農民の男子が徴兵され、王の軍隊が組織されることである。

第五に、原始的な形態ながら、国の経済をささえるための租税体系が形成されていなければならない。吉野ヶ里遺跡についていえば、巨大な高床式《たかゆかしき》の倉庫群が租稲などを収納する建物だったのだろう。徴収された租税は、平時にあってはおもに王家の財として費やされることが多かった。しかし、一部は他国との外交費や、ときには大陸におもむいてすぐれた文物を購入する費用に充当された。他国の王が所有しない珍宝を所有することは、いわば権力や文化の強度を誇示することになるからである。

このように、すくなくとも「国」の成立には、王と官僚を中心とする政治組織と、それをささえる軍事力と、徴税体系が必要なのである。

吉野ヶ里遺跡の場合、官僚の存在はあきらかではないが、紀元一世紀ころに奴《な》国から光武帝のもとにおもむいた使者がみずから「大夫《たゆう》」と名乗っていることから、奴国の王のもとには、「大夫」と称する官人がいたことがわかる（『後漢書』「倭伝」建武中元二年＝紀元五七年）。

奴国の王は、博多湾の北部に位置する志賀島《しかのしま》で発見された金印にしるされている「漢《かん》の委《わ》の奴《な》の国王《こくおう》」のことである。この金印の文字から「（後）漢の皇帝から、委（倭）の奴（那）の国の王」に授けられたことが知られるのである。

ちなみに、印などに文字を刻むときは、文字の「つくり」を省略することが少なくなかった。古代でも「和銅開珎《わどうかいちん》」あるいは「和銅開寶《わどうかいほう》」の銭には「和同開珎」と刻まれている。「開寶《かいほう》」と読むとする説もあるが、その場合でも「珎」は「寶」の中央部の略とみなすことができる。

このような事実から、「委」は「倭」の略と考えられたのである。「奴」は本来「ヌ」と発音すべきであろう。奈良朝末期から平安朝初期のころにこの「奴」から片仮名の「ヌ」と、平仮名の「ぬ」が考案され、日本の文字になったことを思い出していただければ納得していただけるだろう。その「ヌ」をあえて「ナ」と読ませるのは、nu（ヌ）がna（ナ）に転じたからである。

日本語のひとつの特徴は、子音にア（a）、イ（i）、ウ（u）、エ（e）、オ（o）の母音をつけることとされている。ナ行はna（ナ）ni（ニ）nu（ヌ）ne（ネ）no（ノ）である。サ行はsa（サ）si（シ）su（ス）se（セ）so（ソ）であるが、子音につく母音は発音されるとき不安定で、しばしばほかの母音に変わることがある。「酒」（サケ）も「酒盛り」では「サカモリ」と発音する。つまり、「ケ」（ke）が「カ」（ka）に変化するのである。「木《キ》」（ki）も「木立《コダチ》」（kodatchi）では「キ」が「コ」となる。とすれば、「奴《ヌ》」（nu）が「ナ」（na）に変わることも認めてよいだろう。

また、日本語に習熟していない外国人には正確に聞きとれないことも少なくなかったと思われる。

実際、明治の初期にはじめて英語に接した日本人は、「鉄」を「アイロン」、「獅子」を「ライオン」と表記した。

奴国は筑前国那珂《なか》郡一帯を中心とした国である。現在でも福岡市を流れる那珂川にその名をとどめている。博多湾という大陸交通の要衝の地であったために、他国にさきがけて後漢の建国という情報をいちはやく手に入れ、朝貢することができたのである。

弥生時代とはどのような時代だったのか

ところが、この弥生時代は、のどかな田園風景が想像される平和な時代ではなかった。農耕地や、河川の占有権をめぐって争いの絶えぬ時代であった。このことは吉野ヶ里遺跡に環濠や城柵が存在することからもうかがえるだろう。

もちろん、土塁《どるい》や柵列はもっぱら軍事用に作られたわけではない。ご承知のように、水田耕作が行われる地域は水利に左右されるから、人びとの暮しも近隣の低湿地でいとなまれる場合が多かった。ひとたび雨季が長引けば洪水にみまわれる危険がある。そのために集落の周囲を土盛りし、空濠をめぐらすことも行われたのである。洪水の心配を避けてやや土地が高い山麓に住居をかまえるとしても、山からシカやイノシシなどが作物を荒らしにやってくる。そこで柵や深い溝をめぐらすこともなかったわけではない。

だが、これらはあまり規模の大きな施設ではなかった。しかるに、吉野ヶ里では数キロにわたって柵や深い環濠が連なっており、これはやはり軍事上の設備とみるべきであろう。巨木で作られた物見櫓も他国の動静を監視するものであったにちがいない。

弥生時代の墳墓からは、銅の矢尻（鏃《やじり》）が突き刺さったままの遺骨が出土することも珍しくない。こうした遺骨も少なからぬ戦闘がくり返されていたことを物語るものであろう。

弥生時代には共同体が農耕地を占有し、水利を確保することにやっきになっていたから、共同体の生存をかけた戦いは避けられなかった。そして、しだいに小国が大国に併呑されていったのである。

先にあげた『後漢書』の一節にも、「桓《かん》、霊《れい》の間《かん》、倭国《わこく》大《おお》いに乱《みだ》れて更々《こもごも》相攻伐《あいこうばつ》し、暦年《れきねん》主《あるじ》無《な》し」としるされており、倭国の乱を伝えている。

「桓、霊の間」というのは、後漢の終わりころに在位した第十一代の桓帝と、第十二代の霊帝の時代をさす。二世紀の中ごろから後半期にあたるこの時代の後漢は混乱期にあり、倭でもそのころ国々が武力抗争をくり返していたのである。にもかかわらず、大乱を鎮め、統一する強大な国王はいまだ現れなかった。

視野を広げてみるなら、倭国大乱の時期は、東アジア全体が政治的な大混乱におちいっていた時期と重なる。おそらく、当時の東アジア諸国のあいだで盟主的な立場にあった後漢そのものが政治的な危機に直面し、他国を領導する力を失っていたからであろう。

桓帝と霊帝の時代には経済は窮乏をきわめ、政治は宦官《かんがん》*の手に落ちていて、王位もかれらの意のままだった。その弊害を取り除こうとする官僚たちとの抗争がくり返され、いわゆる「党錮《とうこ》の禁《きん》」*が起こる。そして、乱れに乱れた後漢は、ついに魏《ぎ》の曹操《そうそう》らの手によって帝位を奪いとられるのである。

この後漢王朝の衰亡は、それまで後漢を後ろ楯としていた倭の朝貢国にも少なからぬ打撃を与えたにちがいない。それが倭国間の政治的な均衡を崩し、動乱を引き起こす結果となったのである。だが、いずれの国も、他国を征服し、統一するだけの実力をたくわえてはいなかった。統一を達成するには国々の利害を超えた団結が必要であった。それを最終的に成功させたのが邪馬台国を盟主とする国々であったと考えている。国々の王から盟主として推された人物が卑弥呼だったのである。

*宦官　東洋諸国で皇后や妃が居住する後宮に使えた去勢男子。中国ではとくに盛んで、後漢・唐・明代には皇帝に重用されて政権を左右する権力をもつこともあった。日本の後宮ではこの風習が根づくことはなかった。

*党錮の禁　中国の後漢の桓帝・霊帝の時代に宦官が勢力をもち、反対する陳蕃や李膺《りよう》などの儒学者の勢力を禁固したり殺害して政治への仕進の道を阻んだこと。

なぜ卑弥呼が女王になったのか

卑弥呼は、「鬼道《きどう》に事《つか》え、能《よ》く衆《しゅう》を惑《まどわ》す」（『魏志倭人伝』）とか、「鬼神《きしん》の道《みち》に事《つか》え、能《よ》く妖《よう》を以《も》って衆《しゅう》を惑《まどわ》す」（『後漢書』）いわれた巫女《みこ》であった。

卑弥呼はシャーマニズムの巫女とされている。ちなみに「ヒミコ」は、「日《ひ》の巫女《みこ》」といういわば職業上の名称で、固有名詞ではない。つまり、太陽神の祭祀をつかさどる聖なる巫女だったのである。

このように、古代では偉大な人物に対して一般名詞が固有名詞のようにもちいられている。たとえば小碓命《おうすのみこと》が倭建命《やまとたけるのみこと》と呼ばれている。小碓命が熊襲建《くまそたける》を刺し殺したときに、熊襲建から倭国の中でもっとも強い勇猛な男《おのこ》という意の、「倭建命」という尊称を受けたのである。固有名詞は「小碓命」であり、「倭建命」は、「倭で最強の男子」という意の一般的な尊称なのである。

ところで『古事記』に記載されている倭建命の物語では、熊襲征伐の物語と、いわゆる東征の物語とでは前後がかなり矛盾し、性格も異にしている。熊襲征伐に出かける小碓命は童女にまがう美少年である。だが、熊襲を征伐してから、ただちに東征におもむいたときには、弟橘比売《おとたちばなひめ》という妻がおり、后《きさき》や御子までいる成人として描かれている。しかも、熊襲征伐の西征とはうってかわって、東征は苦難の連続なのである。おそらく、かりに小碓命が実在したとしても、何人かの皇族の将軍の物語が倭建命一人の物語として合成されたために、こうした矛盾が生じたのであろう。そして、それらの皇族の将軍もそれぞれ「ヤマトタケル」と呼ばれていたのではないだろうか。

このことは「水戸黄門」と同じである。水戸黄門といえばもっぱら徳川光圀《みつくに》をさすが、水戸家代々の当主は権中納言に任ぜられるから、どの当主も中納言の唐名である黄門と呼ばれていた。つまり、水戸家を世襲した当主は全員「水戸黄門」なのである。ところが光圀があまりにも有名で、その名が人びとに好まれ、広く知れ渡ると、「水戸黄門」はあたかも光圀の代名詞のように慣用されてしまうのである。

このように、邪馬台国の巫女的女王も卓越した呪力を有したので、「ヒミコ」が固有名詞のようになっていったものと思われる。『古事記』などに登場する「玉依姫《たまよりひめ》」も、「神の魂が憑依《ひょうい》する聖女」という意味の普通名詞にすぎない。それはともかく、邪馬台国の巫女的女王は、共同体における一般の巫女というより、国家の存亡をかけた政治的危機に国々の王から擁立された「巫女的女王」であった。

こうした神がかった女性は、日本のみならず世界の各地でも国難に際してしばしば出現している。たとえば、イギリスとの百年戦争でフランスが国土の大半を奪われたとき、突如としてジャンヌダルクが現れてオルレアンを解放し、雄々しく戦ったことを想起されればよい。

では、邪馬台国の卑弥呼の時代に、実際にこうした政治的危機があったのだろうか。

わたくしは、強敵であった狗奴《くぬ》国の男主、卑弥弓呼《ひみひこ》との抗争がそれにあたると考えている。狗奴国は邪馬台連合国の南に位置し、早くから強国であった。そのため、卑弥呼は魏に使者を送り、援助を求めている。これに対して魏も詔書を下し、黄幢《おうどう》*を下賜《かし》している。狗奴国の北に位置する邪馬台連合国の国々がたがいの覇権を競い、攻撃をくり返していたとするならば、好機とばかりにつぎつぎと狗奴国に併呑されていく危機があった。そのために諸国の王たちはたがいの利害が対立する男王を避け、宗教的カリスマであった人物を統合者としてかつぎ上げたのである。当時の人びとは神の託宣《たくせん》をすべての行動の規範としていたから、当然のこととして超能力をもった霊媒者を選択し推戴したのである。その人物が「日の巫女」とされる卑弥呼であった。

神の託宣の儀式とは

ここで、当時の宗教が、とくに神の託宣がどのようなかたちで行われていたのかということに少し触れておこう。

『日本書紀』の「神功皇后紀《じんぐう》」を読むと、異常といえるほど『魏志倭人伝』などの中国史料や古代朝鮮の『百済記《くだらき》』などを分註し、暗に神功皇后を卑弥呼に擬していることに気づかれるだろう。これは神功皇后を巫女的性格を濃厚にもつ巫女的女王と描こうとしているからである。また、『日本書紀』では神功皇后を天皇のひとりとしており、「神功皇后紀」は第九巻として独立した扱いになっている。その意味からも「巫女的女王」と称してよいだろう。

「神功皇后紀」によれば、皇后はしばしば神の教えを仰いだという。肥前の松浦県《まつらのあがた》の小河で新羅遠征の可否をうらない、釣針に米粒をつけて魚がかかるかどうかをうらなって、めずらしい鮎を得たことから、その国を「梅豆邏国《めづら》」と名づけたという。それが「松浦《まつら》」という地名の語源だというのである。

もちろん、この地名由来伝承が正しいかどうかは問題であるが、古い文献をみると、はじめて地名を名づける者は神や天皇などの尊貴な方が多い。『摂津国風土記』の逸文にも、息長足比売天皇《おきながたらひめのすめらみこと》（神功皇后）の御世に住吉《すみよし》の大神が安住の地を求めて天下をめぐられたが、やっと住むべき土地を見つけ

＊黄憧　黄色い旗。高官であることの印。『魏志倭人伝』には「詔して倭の難升米に黄幢をたまわり」とあり、魏が張政らに詔と黄憧を持たせて卑弥呼のもとに送り激励したとある。

て「眞住《ます》み吉《よ》し」と讃歎した。そこでその地に「住吉《すみよし》」「住《すみ》の江《え》」の地名がつけられたという。

さて、先の説話では、釣り上げた川魚を「アユ」とし、わざわざ「鮎」の文字を当てている。「鮎」は中国では「デン」または「ネン」と発音され、「鰋」つまり「なまず」であった。中国古代の字書である『爾雅《しが》』でも、「鮎」は別名を「鯷《てい》」あるいは「鰋《えん》」という「なまず」(鯰《でん》)であるとしている。だが日本では、「鮎」は「なまず」ではなく「アユ」をさす。日本最古の辞書とされる『和名抄《わみょうしょう》』(『倭名類聚抄《わみょうるいじゅうしょう》』)では、「鮎」をはっきり「阿由《アユ》」と読んでいる。本来「なまず」を意味する文字が「あゆ」に転じたのは、「鮎」の文字が「占いの魚」と書かれたからである。

神功《じんぐう》皇后が託宣を得る方法は、『日本書紀』の「神功皇后即位前紀」の冒頭に具体的に記されている。託宣を得るには、まず皇后が吉日を選んで斎宮《いつきのみや》に入り、みずから神主《かんぬし》となることからはじまる。吉日を選ぶというのは神祭りにふさわしい日を定めることで、吉日の選定もいちいち神に報告し、許可を得る必要があった。吉日が決まると、神を斎《いつ》き祀《まつ》る御屋《みや》を建て、それから祭りを主催する神主を定める。斎宮の御前には琴をひく者(武内宿禰《たけのうちのすくね》)が座し、巫女から託宣を得る審神者《さにわ》(中臣烏賊津使主《なかとみのいかつおみ》)もそこにひかえている。斎宮が置かれる区域はまずきれいに掃き清められ、浄《きよ》らかな砂がまかれた。四隅には笹竹が植えられ、注連《しめなわ》をめぐらせる。「注連」は「占《し》め縄《なわ》」の意で、神の占有する土地の界《さかい》を限定するものである。笹竹は古代祭祀では神の降霊をうながす呪具であった。天《あま》の石屋戸《いわや》の前で天宇受売命《あめのうずめのみこと》が「天《あま》の香山《かぐやま》の小竹葉《ささば》を手草《たぐさ》に結《ゆ》いて」歌舞し、天照大神《あまてらすおおみかみ》のこもる岩戸を開かせた話をご存知であろう。「ササ」はまた、降霊をうながすための掛け声でもあった。「仲哀《ちゅうあい》記」に、神功皇后（気長帯比売命《おきながたらしひめのみこと》）が「神酒」を御子の応神天皇にすすめて、「乾《あ》さず食《お》せ、ささ」と歌う記述がある。

また、神託を得るには神の御魂《みたま》が憑依《ひょうい》する巫女をトランス状態におちいらせなければならない。神の託宣を告げる巫女が少しでも意識を残していたら、託宣がゆがめられるおそれがあるからである。そのためにきわめて単調な音を奏したが、その楽器が琴であった。静岡県の登呂遺跡や福岡県の沖ノ島で出土した琴に類するものであろう。

群馬県前橋市朝倉などで発掘された埴輪の中に、膝に琴を乗せている巫女と考えられるものがある。その琴は女性の膝に乗るほどの大きさだから、現代の和琴よりかなり小さい。五弦ないしは六弦のこの琴は、「鵄《とび》の尾《お》の琴《こと》」とか「鎮魂《たまふり》の琴《こと》」と称されていた（『延喜式』巻七　践祚《せんそ》大嘗祭《だいじょうさい》の条）。琴のかたちを鵄の尾に見立てるのは、古代には鵄は天神の使いの霊鳥と考えられていたからである。

神武天皇が長髄彦《ながすねひこ》との最後の決戦で苦境に立たされたとき、こつぜんとして氷雨が降り出し、「金《こん》色《じき》の霊《あや》しき鵄《とび》」が飛来して天皇の弓弭《ゆはず》にとまった。そして流電（稲妻）のように「曄煜《てりかがや》きて」長髄彦の軍を迷わし、勝利を得たという。金色の鵄は太陽神の使い、あるいは太陽神の乗り物であった。それゆえ、鵄は天の神のお告げをもたらす聖なる鳥と考えられ、ついには神言を誘発させる楽器にもそのかたちを模すようになったのだろう。

「琴《こと》」と呼ばれるのは、一説に中国語の「琴《コン》」が訛ったものともいわれる。しかし、わたくしは、神言《かむごと》(神託)を誘導する神聖な楽器という意味だと考えている。本居宣長の『古事記伝』などでも「詔言《のりこと》」に由来していると述べている。

巫女を入神状態に追い込むには、大別してふたつの方法があったようである。ひとつは単調な音をくり返しくり返し聞かせ、しだいに巫女の意識を失わせて夢遊状態に至らしめる方法である。もうひとつは激烈な舞踏の末に狂心状態に至らしめる方法である。日本でも、薄暗い部屋にこもり、激しく祈祷を行って入神する巫女の姿が、平安文学などに散見するが、これは後者に属するといってよい。

いずれともあれ、神がかりの恍惚状態のうちに告げられる巫女の「託宣」は狂気に満ち、吐き出すといってもいいような奇声が多かった。そのため、巫女にもっとも近い関係にあり、信頼のおける人物がつねにそばにはべって「託宣」を判じなければならなかった。この人物が「審神者《はんしんしゃ》」であり、神言をつまびらかにする者である。つまびらかにしたことを神託として、一般の民衆に告げるのも審神者の役目であった。

この審神者を『日本書紀』では、とくに「サニワ」と読んでいる。神聖な沙庭《さにわ》にはべることを特別に許され、信託をつまびらかにする聖職を務めたからである。沙庭には常世の神が寄るといわれる神聖な海岸の砂や、聖流の川砂が用いられた。

「神功《じんぐう》皇后紀」では中臣烏賊津使主《なかとみいかつおみ》が審神者の大役を務めたとあるが、中臣は、文字どおり神と民衆の中間にあって神を祭る職掌であるからだ。烏賊津使主は「厳《いか》つ使主《おみ》」が原義であろう。「厳つ」は神威の強いことをあらわす。「雷」を「厳《いか》つ霊《ち》」と称し、「宮島」を「厳島《いつくしま》」と呼ぶのもこのたぐいである。「使主」は渡来系氏族の姓に与えられることが多いが、この場合は「御身《おみ》」という尊称であろう。

古代日本の統治の原型としての「マツリ」と「マツリゴト」

さて、ふたたび卑弥呼にもどらなければならないが、『魏志倭人伝』には卑弥呼の審神者については明確な記載がない。『日本書紀』などの記載から想像すると、卑弥呼の弟か特別に近侍した男性であろう。なぜなら「男弟《だんてい》あり、佐《たす》けて国《くに》を治《おさ》む」と記されているからである。また、王位についた卑弥呼は人目を避けて宮殿の奥深くに斎《い》みごもり、ただ一人の男子が飯食を供し、「辞を伝え、居処に出入りした」との記載もあるから、この「男」であったかもしれない。きわめて限られた男性しか卑弥呼に接することは許されなかったが、この「男」は「辞を伝え」る役目を務めていたのである。

それを簡略に示せば次の通りである。

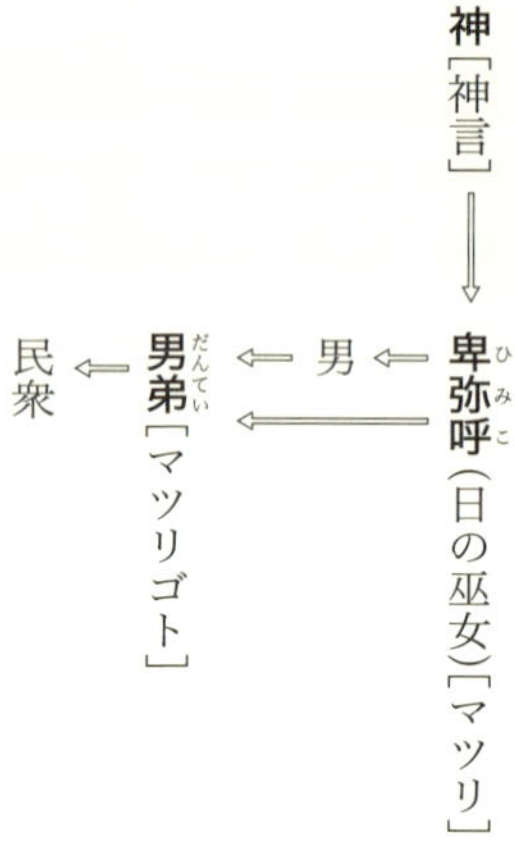

邪馬台国の統治の構図

卑弥呼の「男弟」が直接、姉の審神者《さにわ》を務めたかどうかはつまびらかではない。特別の「男」が卑弥呼と男弟とのあいだに介在したとしても、神託はほかの者に先駆けて男弟に告げられるのだから、「男」は卑弥呼と男弟を媒介する者にすぎないことになる。なぜなら、男弟が姉卑弥呼を佐《たす》けて国を務めたと明記されており、「マツリゴト」（政治）をつかさどったのは、あくまでも男弟だったからである。とすれば、『魏志倭人伝』に描かれている「マツリ」（祀り）をつかさどる巫女と、「マツリゴト」を担当する巫女の男弟の存在は、古代の日本で行われていた統治の原型だったといえる。政治を「マツリゴト」と呼ぶのは、神を祀り、その託宣（神言《かむごと》）を得て、その神言にしたがって国を統治したからである。言葉をかえて言うなら、神言は「法《のりごと》」（告言《のりごと》）であり、国主はそれを忠実に施行する人物であった。『記紀』にも、姉妹あるいは叔母が巫女となり、兄弟や甥の天皇を補佐する話が少なからず存在する。こうした話もこの伝統が長く伝えられていた証拠であろう。

神言《かむごと》の威霊を授ける巫女

「景行記」では、小碓命《おうすのみこと》が熊襲建《くまそたける》の討伐におもむくとき、伊勢神宮の斎宮《さいぐう》である姨《を(お)ば》（叔母）の倭比《やまとひ》売命《めのみこと》が身につけていた御衣《みそ》と御裳《みも》、剣《つるぎ》の三つを授けられている。斎宮が肌身につけていた衣類は斎宮の身代わりであり、斎宮みずからの威霊を小碓命に分け与えるという意味をもつ。天照大神《あまてらすおおみかみ》を祀る斎宮の倭比売命の霊力は甥を守った。熊曽建の新設の館に潜入するために小碓命は姨の御衣と御裳を着て童女に変装し、首尾よく熊曽建を討ち果たすのである。

一方、倭建命《やまとたけるのみこと》は東征にさいして倭比売命から草那芸剣《くさなぎのつるぎ》と、火打石が入っている御嚢《みふろ》を与えられ、焼津の土豪に謀《はか》られたが、九死に一生を得ることができた。だがその帰途に、尾張の美夜受比売《みやずひめ》のもとに護身の剣である草那芸剣を置き忘れてしまったために、さまざまな苦難にあい、ついに薨《みまか》ってしまうのである。

この話は、「日神の祀り」（『倭姫命世紀《やまとひめせいき》』）につかえる叔母の倭比売命《やまとひめのみこと》の加護から離れることがいかに危険であったかということを示すものであろう。

古代には、天皇家以外の一族でも、女性が神を祀り、一族の行く末と繁栄を祈願している。『万葉集』には大伴坂上郎女《おおとものさかのうえのいらつめ》の、

久方《ひさかた》の　天《あま》の原《はら》ゆ　生《あ》れ来《きた》る　神《かみ》の命《みこと》　奥山《おくやま》の　賢木《さかき》の枝《え》に　白香著《しらがつ》け　木綿《ゆふ》とりつけて　斎《いは》戸《ひべ》を　忌《いは》ひ穿《ほ》り居《す》ゑ　竹玉《たけだま》を　繁《しじ》に貫《ぬ》き垂《た》れ　鹿猪《しし》じもの　膝折《ひざを》伏《ふ》せ　手弱女《たわやめ》の　襲衣《おすひ》取《と》り懸《か》け　かくだにも　吾《われ》は祈《こ》ひなむ　君《きみ》に逢《あ》はぬかも　（巻三・三七九）

という長歌が採録されているが、この長歌は「天平五年（七三三年）冬十一月大伴《おほとも》の氏《うじ》の神《かみ》に供《つか》へ祭《まつ》る」ときの歌と註記されている。一族を代表して大伴氏の氏神を祀っているのである。

坂上郎女は大伴旅人《たびと》の妹で、家持《やかもち》の叔母にあたる女性である。天の岩谷戸の前で舞踏した天宇受売《あめのうずめの》命《みこと》とおなじように、坂上郎女も賢木《さかき》の枝に麻を裂いた白い幣《ぬさ》と、木綿《ゆう》（木の繊維）の青い幣をつけ、斎戸《いわいべ》（斎瓮《いわいべ》）を置いて氏神を祀っている。

祭祀にすえる斎瓮は神酒を入れる神聖な瓶《かめ》（甕）とされているが、わたくしは降臨された神がこもる神聖な器《うつわ》が原義だろうとひそかに想像している。その意味からすれば、天照大神《あまてらすおおみかみ》の岩戸のこもりもおなじように解することができる。

また、神祭りにはかならず賢木《さかき》がもちいられるが、「サカキ」は「栄える木」である。神が永遠であり、一族が栄えることを祀る神聖な木であったから、国字の「榊《さかき》」が作られ、神木であることを端的にあらわしたのである。

日本では神木とされている木は少なくない。たとえば「杉《すぎ》」は「直《す》ぐなる木《き》」で、天高く直立する木である。「楠《くすのき》」は「奇《くす》しき木《き》」の意で、おそらくたくましい成長力から名づけられたのであろう。「松《まつ》」は風雪にも耐え、長寿を保つ常盤木だが、本義は「神の降臨を待《ま》つ木《き》」である。能舞台の鏡板《かがみいた》に老松と若松を描き、橋掛《はしが》かりにまで三の松を置くのは、煩悩で救済されぬ迷いの霊魂を鎮めるために神仏を招き降ろすためである。

話をもどすと、大伴坂上郎女の歌も「天《あま》の原《はら》より生《あ》れきたる神《かみ》」、つまり天上から生れた神を祀っている。大伴氏の祖神である天忍日命《あめのおしひのみこと》は番之迩々芸命《ほのににぎのみこと》（瓊瓊杵尊）に従って高千穂に降臨した武神であった。その祖先を祀るのは襲衣《おすひ》を身につけた手弱女である。「襲《おすひ》」は頭からかぶる衣裳で、神祀りにあたって身の穢れを隠す聖なる衣装である。倭比売命から小碓命《おうすのみこと》に下賜《かし》された衣類もおなじたぐいではないだろうか。

皇統断絶の危機があった！

「顕宗紀《けんぞう》」では、清寧《せいねい》天皇が崩じ、後嗣《こうし》にあげられた弘計王《をけのみこ》（顕宗天皇）とその兄の億計王《おけのみこ》（仁賢《にんけん》天皇）が皇嗣を譲り合っていたとき、皇子たちの姉である飯豊青皇女《いいとよのあおのひめみこ》が忍海《おしぬみ》の角刺宮《つぬさしのみや》（奈良県葛城市忍海）で「臨朝秉政《みかどのまつりごと》」を行なわれ、みずから忍海飯豊青尊《おしぬみのいいとよあおのみこと》と名のられたと記している。

「清寧紀」では、飯豊青皇女は角刺宮ではじめて性交されたが、「男《をとこ》に交《あ》わんことを願《ほっ》せじ」といわれ、ついに一切の男を遠ざけられたという。これは皇女が穢れを忌み、清浄な身体を保って神につかえたことと、神につかえる姉が弟たちの身を守ることを決意し、実行に移したことを暗示しているのであろう。

清寧天皇から顕宗・仁賢天皇にかけての時代には、皇統断絶の危機があった。清寧天皇の父である雄略天皇が、兄の安康《あんこう》天皇が暗殺されたことを契機につぎつぎと皇位継承の有力候補を殺害していったからである。さらに、病弱な清寧天皇には后妃も皇子女もおらず、そのために皇位を継承する者が

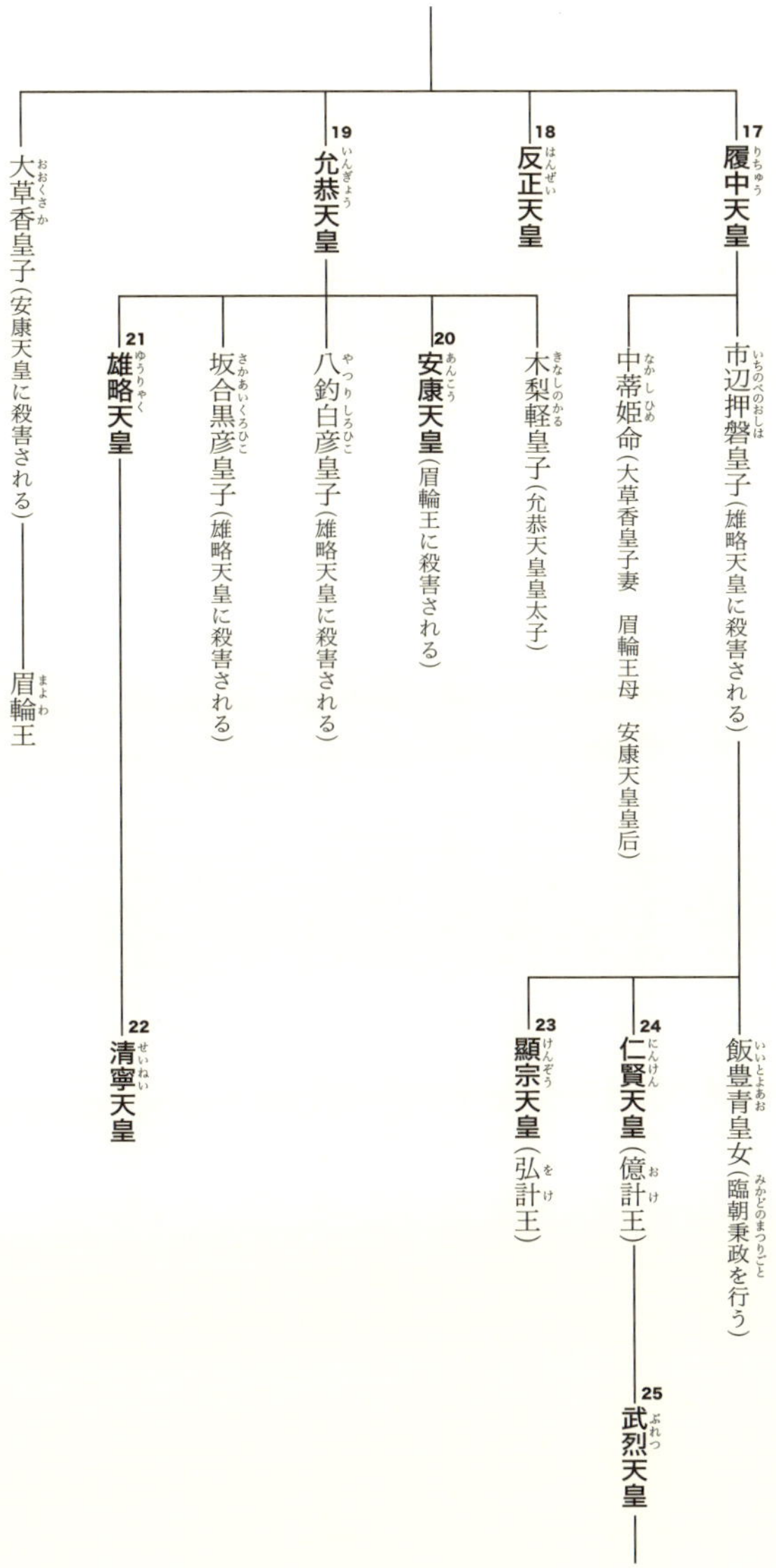

皇統断絶の危機の時代の天皇の系図

見当たらなくなってしまった。億計・弘計両皇子の父である市辺押磐皇子《いちのべのおしはのみこ》も、従兄弟にあたる雄略天皇に謀殺された。しかし、億計・弘計の兄弟皇子は、日下部連使主《くさかべのむらじおみ》の手によってかろうじて助け出され、縮見屯倉《しじみのみやけ》の管理者である忍海部造細目《おしぬみべのみやつこほそめ》のもとに名を秘して隠れていた。

この二人の皇子は、清寧《せいねい》天皇の時代の終りころに、新嘗《にいなめ》*の供物を求めて縮見屯倉におもむいた山部連《やまべのむらじ》の祖である伊予来目部小楯《いよのくめべのをだて》によって偶然見出され、清寧天皇の皇嗣にあげられた。清寧天皇としては父の罪をつぐなう気持ちも強かったのであろう。

だが、清寧天皇が崩ぜられると、この二人の皇子はたがいに皇位を譲り合うのである。いわゆる「謙譲の美徳」というより、困難な問題が山積している国政を担うことにためらいがあったのであろう。また、中央の動静をほとんど知らず、自分を真に支持する有力な豪族が存在するのかどうかもわからなかった。それゆえ、すぐに天皇となるのはためらわれたのである。

この政治的空隙を埋めたのが、兄弟の姉の飯豊青皇女《いいとよあおのひめみこ》であった。彼女が中継ぎをすることで、二人の弟のうちの弘計王（顕宗《けんぞう》天皇）に皇位を円滑に移譲することができたのである。そのために、飯豊青皇女は多くの民衆から「倭辺《やまとべ》に　見《み》が欲《ほ》しものは　忍海《おしぬみ》の　この高城《たかぎ》なる　角刺《つぬさし》の宮《みや》」と鑽仰《さんぎょう》されたのである。これは角刺の宮の壮麗さをたたえた歌というより、そこに住まわれる飯豊青皇女への憧憬を歌ったものである。

「マツリ」と「マツリゴト」の絶妙な共治体制

このように神につかえる姉や叔母が弟や甥を保護する話は少なくない。そのうちでもっとも注目されるのは倭迹迹日百襲姫《やまとととひももそひめ》の説話である。

「崇神紀《すじん》」によれば、崇神天皇の初期のころ、しばしば厄災にみまわれたために、神託を受けてわざわいのもとを知ろうとされた。そのとき崇神天皇の叔母である神明《かみ》倭迹迹日百襲姫が神がかりし、たたりの神が三輪山の大物主神《おおものぬしのかみ》であることを告げた。天皇が神言《かむごと》のままに斎戒沐浴《さいかいもくよく》して神にたたりをなす由縁をたずねると、夢に神が現れ、神の子の大田田根子《おおたたねこ》をみずからの司祭者とするよう告げたという（「崇神紀」七年二月条）。

つまり、倭迹迹日百襲姫は霊媒者として甥の崇神天皇の苦境を救う働きをしたのである。その名か

＊新嘗「しんじょう」とも読む。もとは「ニヒナエ」（「ニヒノアヘ」の約）で「ニヒ」は「新」、「ノ」は助詞、「アヘ」は「饗」で、新穀を神に捧げる行事。天皇が神と共に新穀を食する意ともされる。新嘗祭は宮中の儀式で、十一月二十三日に天皇が新穀を天神地祇に供えて、自らも食す。一般に一年一度の行事を「新嘗」といい、天皇一代一度の行事を「大嘗」（おおなめ・だいじょう）という。

らして、倭迹迹日百襲姫《やまとととひももそひめ》は神の霊魂を憑依《ひょうい》する巫女であったと考えられている。なぜなら、「迹迹日《ととひ》」は「鳥飛《とと》び」の意とされるからである。

わたくしは、鳥の飛来によってもたらされる神霊を憑依する巫女と解すべきと思っている。「トトヒ」は、天の神の霊を運ぶとされる霊鳥が天翔《あまかけ》るさまをあらわしたものであろう。「百襲《ももそ》」は「百五十《ももそ》」の意というが、この「襲《そ》」はむしろ神がかることではあるまいか。あるいは、「ソ」は「赤麻《あかそ》」や「真麻《まそ》」の「麻《そ》」ではないかとも想像している。

『万葉集』に、十市《とおち》の皇女がみまかったときに高市皇子《たけちのみこ》が歌われた挽歌に、

三輪山《みわやま》の　山辺《やまべ》　真麻木綿《まそゆふ》　短木綿《みじかゆふ》　かくのみ　ゆゑに　長《なが》しと思《おも》ひき　（巻二・一五七）

とあるが、その「麻《そ》」である。麻や木綿を多くたばねた幣帛《へいはく》が「百襲」である。

ともあれ、倭迹迹日百襲姫は神霊を招き降ろして憑依せしめる玉依姫《たまよりひめ》であった。『古事記』では「活玉依姫《いくたまよりひめ》」の名であらわしているが、神霊《たま》（魂）を寄りつかせる巫女としてもっとも呪能のすぐれた聖女の意である。

ちなみに、『記紀』では「玉依姫」を固有名詞のように用いているが、これも「神魂を憑依する

日女《ひめ》」という普通名詞で、本来「日《ひ》の巫女《みこ》」である「卑弥呼」を固有名詞あつかいするのとおなじである。

もちろん、姉や叔母が神祭りをして弟や甥を保護する説話のすべてが史実であると主張するものではない。ただ、『記紀』などの編者が少なからぬ伝承を伝えたのは、「マツリ」の主催者、つまり巫女と、その親族による「マツリゴト」の共治体制が大化以前から行われていたことを認めていたからであろう。この統治形態は天皇家にも継承されていた。

わたくしは「神代紀」の天照大神《あまてらすおおみかみ》と高皇産霊尊《たかみむすびのみこと》との関係にも、この共治形態が投影されているのではないかと考えている。なぜなら、天照大神が直接命令を下さず、つねに高皇産霊尊が「八十諸神《やそもろがみ》を召《め》し集《つど》え」て行動を決しているからである。政治《マツリゴト》の主催者は天照大神というよりむしろ高皇産霊尊である。たとえば出雲の大物主神《おおものぬしのかみ》（大国主命）に国譲りさせた主役は高皇産霊尊で、服属した大物主神に皇孫の保護を命じている。

一方、天照大神は新嘗《にいなめ》の祭を行うにあたって、神御衣《かんみそ》を織る巫女として描かれている。神衣は神が召される神聖な衣である。『延喜式』巻四・神祇四の伊勢太神宮の条にも、四月と九月に神衣祭が行われ、和妙衣《にきたえ》と荒妙衣《あらたえ》がそれぞれ服部《はとり》氏と麻績《おみ》氏にひきいられた服織女《はとりのめ》らの手で織られたとある。この衣が献上される際の「祝詞《のりと》」が「四月《うづき》の神衣《みそ》の祭《まつり》」として伝えられている。

神につかえる巫女が精進潔斎して神衣を織る神聖な斎服殿《いみはたどの》に、素戔嗚尊《すさのおのみこと》が剥いだ馬の皮を投げ入れて穢《けが》すという乱暴をはたらき、天照大神を天の岩戸にこもらせるのである。

そのとき天照大神は「梭《かい》」で自身を傷つけたと記されているが、「梭」は織機の付属具で、経糸《たていと》の下に緯糸《よこいと》をくぐらせるのにもちいる。とくに「梭」で身体を傷つけるのは、三輪山の神の巫女である倭迹迹日百襲姫《やまとととひももそひめ》が「箸《はし》」で陰《ほと》（女陰）を突いて薨《みまか》ったのと同趣であることにも注意をむける必要があろう（「崇神紀」十年九月条）。

第二章　邪馬台国論争と卑弥呼

卑弥呼が女王として支配する邪馬台国は三十国ばかりの国を統治下におき、かなり広い領域を治めていた（『魏志倭人伝』）。しかし現在のところ、邪馬台国が北九州にあったのか、それとも畿内に存在したのかは判明していない。所在地についての論争には一長一短がみられ、すべての人を納得させる決定的な資料はいまだに提示されていないのである。よくいわれているように、卑弥呼にさずけられたといわれる「親魏《しんぎ》倭王《わおう》」の金印が発掘されれば解決の糸口はつかめるだろうが、そのような発見がないかぎり、邪馬台国の所在地を措定することは時期尚早といわなければならない。

ただ、いずれの立場をとるにしても、つぎの点だけはしっかり認識しておく必要があると思う。つまり、北九州説をとるとすれば、邪馬台国は北九州を中心としたいわばローカルな政権の段階にとどまり、日本列島の大半を支配下におく統一政権ではなかった可能性が濃厚となる。一方、畿内説を採用すれば、少なくとも北九州と瀬戸内沿岸の諸地域をふくむ強大な統一政権を想定してよいことになる。

北九州説・畿内説論争に内包される本質的な問題は、単なる所在地の特定ではなく、むしろ国家統一の発展段階の差異に関する点にあるといえよう。

邪馬台国の国々

現在のところ、両説がたがいに認める国々と地域との比定は、対馬《つしま》国と一支《いき》国（壱岐《いき》）の島々、北九州の末盧《まつろ》国（肥前国松浦《まつら》郡）、伊都《いと》国（筑前国怡土《いと》郡）、奴《な》国（筑前国那珂《なか》郡）、不彌《ふみ》国（筑前国糟屋《かすや》郡宇美《うみ》）などにすぎない。不彌国の南に位置するという投馬《とうま（つま）》国になると、諸説紛々として決め手を欠くありさまである。

一説には、『魏志倭人伝』に記された方位が正確ではないという。旅の日程もかなり誇張して記されているともいわれる。「水行二十日」とか「水行十日、陸行一月」などは事実なのかどうか疑問だというのである。

さらには、魏の使者が倭国に来たとしても、博多湾に面する伊都国にとどまり、みずからの足で邪馬台国までおもむいたとはとうてい考えられないと主張する学者もおられる。魏の使者の対応にあたった伊都国の「一大率《いちだいそつ》」*が軽蔑されまいとして邪馬台国の支配権は広大な地域におよぶと自慢し、

＊一大率　『魏志倭人伝』の記述で、軍を率いて諸国を検察した役人をいう。

誇張した日程を告げたというのである。

ただこの場合、かならず念頭においておかなければならないことがある。つまり、わたくしたちは無意識のうちに現代の感覚で『魏志倭人伝』の日程を読みとってしまうあやまちをおかすということである。つい錯覚して、今日の整備された道路地図にコンパスを当てて日程を割り出す危険があるといってもよい。

卑弥呼の生きた時代の九州には、照葉樹林が鬱蒼と繁茂していたことを、とくに銘記しておく必要があろう。そのころの旅は、河川に沿った石塊《いしころ》道をたどるか、山の峰を踏破するか、あるいは原始的な小舟で河や海を渡る以外に手段はなかった。とすれば、当時の旅が現在よりかなり多くの日程を要したことも事実だったのである。

ところで、両説は少なくとも対馬《つしま》国から不彌《ふみ》国までは邪馬台国の属国としているから、畿内説にたつとすれば北九州もその傘下にあったことになる。末盧《まつろ》国は『国造本紀《こくぞうほんぎ》』にみえる末羅国造《まつらくにのみやつこ》の末羅国にあたり、ほぼ古代の肥前国松浦《まつら》郡に相当する。現在の佐賀県唐津市に流れる松浦川を中心とした地域である。『魏志倭人伝』には、「四千余戸《よんせんよこ》あり。山海《さんかい》に濱《そ》うて居《お》る。草木茂盛《そうもくもせい》し、行《い》くには前人《ぜんじん》を見《み》ず」と記されている。行く人をすぐに見失うほど草木が繁茂しているという記述にとくに注目する必要があるだろう。そのためか、末盧の人たちの生計はもっぱら漁業である。海人が海にもぐって魚やや鮑《あわび》をとっていたという。

伊都《いと》国は筑前国怡土《いと》郡、現在の福岡県糸島《いとしま》郡前原《まえばる》市を中心とする地域である。前原町には伊都国王の墓とされる平原《ひらばる》遺跡や、銚子塚《ちょうしづか》（前方後円墳）や、支石墓群が存在し、郡の中心地であったことを物語っている。『魏志倭人伝』には、「世々王有《よよおうあ》るも」女王国に属し、魏が朝鮮半島においた帯方《たいほう》郡からの使節が「往来《おうらい》し、駐《とど》まる所《ところ》」と記されている。

ちなみに、現在この地は糸島郡に属するが、律令時代には怡土郡と志麻《しま》郡とにわかれていた。志麻郡は日本最古の戸籍のひとつで、大宝二年（七〇二年）の『筑前国嶋《しま》郡川辺里《かわべのり》戸籍』に「嶋郡」とあるように、当時は怡土とは切り離された島だった。志麻郡には韓《から》良郷があり、『万葉集』でつぎのように詠まれる「韓亭《からとまり》」（可良等麻里《からとまり》）という韓《から》への往来の港があった。

筑前国の志麻郡の韓亭に到りて船泊《は》てて三日を経たり。時に夜の月の光皎皎《かうかう》として流照す。奄《たちま》ちにこの華《ひかり》に対して旅情悽噎《せいいつ》し、各々心緒《おもひ》を陳べて聊《いささ》かに裁《つく》る歌六首（うち二首掲載）

大君の遠《とほ》の朝廷《みかど》と思へれど日長《け》くしあれば恋ひにけるかも

韓亭能許《からとまりのこ》の浦波立たぬ日はあれども家に恋ひぬ日は無し　（巻十五・三六六八、三六七〇）

この地は現在の福岡市西区宮浦の旧唐泊村とされ、博多湾の西の入り口を押さえる要衝である。

一方、怡土《いと》郡には深江駅家《ふかえのうまや》*（『万葉集』巻五・八一三）があり、福岡県糸島郡二丈町深江付近とされている。伝承によれば、神功《じんぐう》皇后が新羅に征伐にでかけるとき、すでに妊娠されていたので、鎮懐《ちんかい》石《せき》を袖にはさんで出発されたところである。

奴《な》国は福岡市のほぼ中央を流れる那珂《なか》川を中心とする。筑前国那珂郡の三宅《みやけ》郷は宣化《せんか》天皇の時代に那津を中心に置かれた那津屯倉《なかつのみやけ》*が設けられたところで、交通の要衝であった。

不彌《ふみ》国は福岡県糟屋《かすや》郡宇美《うみ》町に擬定されているが、「仲哀《ちゅうあい》記」では神功皇后が新羅より帰還して御子（応神《おうじん》天皇）が誕生した地を「宇美」と名づけたと記している。現在でも宇美八幡が祀られており、神功皇后と応神天皇にゆかりがある地と伝えられている。

ここから南下すると、太宰府（古代では「大宰府」）や小郡《おごおり》市を経て久留米市に至る。東の道をたどると福岡県嘉穂《かほ》郡穂波《ほなみ》町や稲築《いなつき》町を通るが、穂波町は安閑《あんかん》天皇の時代に穂波屯倉《いなほのみやけ》が設置された地であり、稲築町にはも鎌屯倉《かまのみやけ》がおかれたという。稲築町付近は古代に筑前国嘉麻《かま》郡と称されたところである。さらに東に向かうと福岡県田川郡赤村《あかむら》を経て周防灘に出る。古代の周防《すおう》灘の交通の要衝地は、

*駅家　律令制で全国の主要な街道に置かれた公用の施設。人馬の継ぎ立てや、宿泊・食糧などを供給した。

*屯倉　大和朝廷の直轄領で収穫された稲米などを収納した倉。また、朝廷の直轄領をもいう。

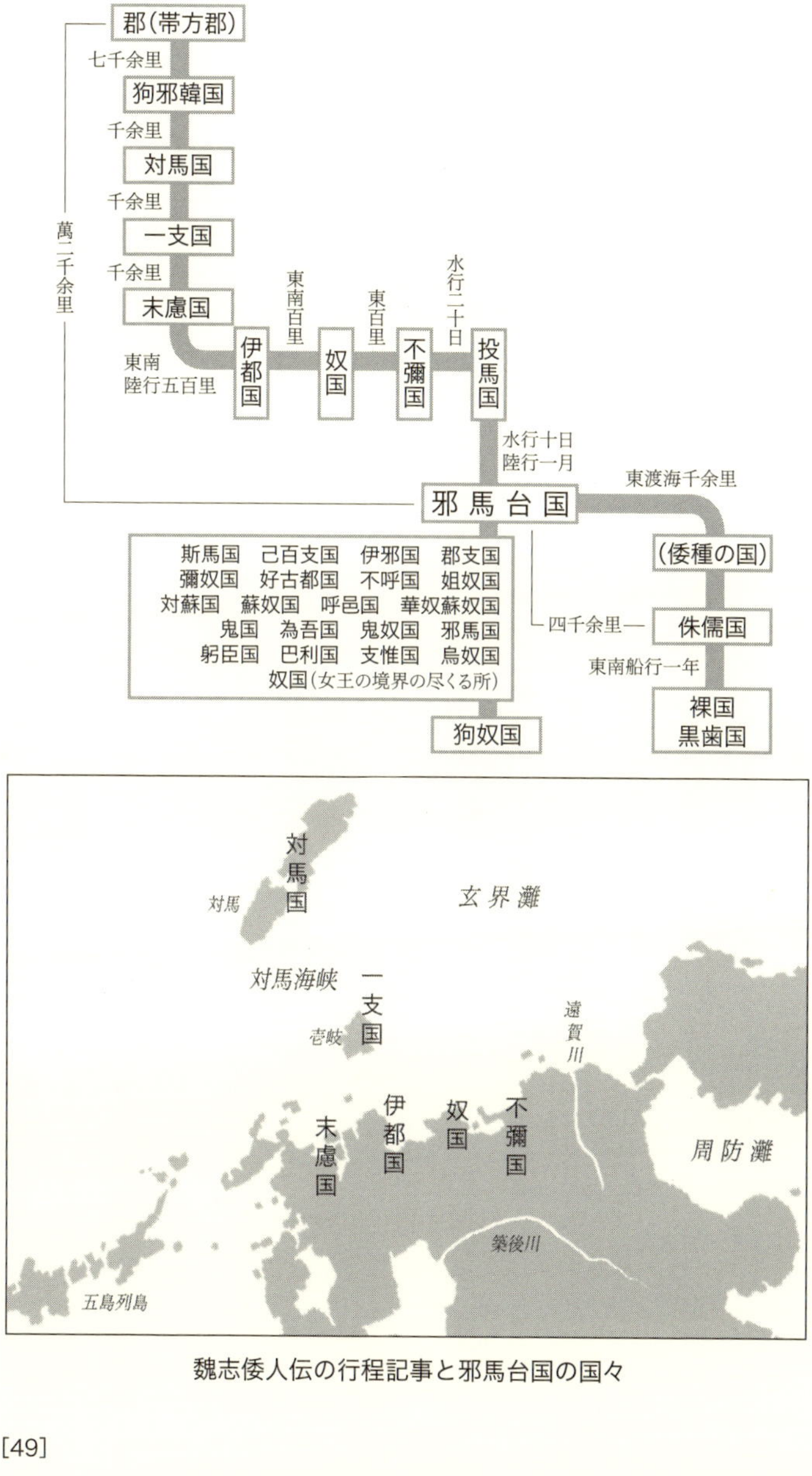
郡(帯方郡)
七千余里
狗邪韓国
千余里
対馬国
千余里
一支国
千余里
末盧国
萬二千余里
東南
陸行五百里
伊都国
東南百里
奴国
東百里
不彌国
水行二十日
投馬国
水行十日
陸行一月
邪馬台国
東渡海千余里
(倭種の国)
四千余里
侏儒国
東南船行一年
裸国
黒歯国
斯馬国　己百支国　伊邪国　郡支国
彌奴国　好古都国　不呼国　姐奴国
対蘇国　蘇奴国　呼邑国　華奴蘇奴国
鬼国　為吾国　鬼奴国　邪馬国
躬臣国　巴利国　支惟国　烏奴国
奴国(女王の境界の尽くる所)
狗奴国
対馬国
対馬
玄界灘
対馬海峡
一支国
壱岐
遠賀川
伊都国
奴国
不彌国
末盧国
周防灘
築後川
五島列島

魏志倭人伝の行程記事と邪馬台国の国々

福岡県京都郡行橋市《ゆくはし》と苅田町である。この赤村にも安閑《あんかん》天皇の時代に穂波屯倉などとともに我鹿屯倉《あかのみやけ》がおかれた。苅田町にも肝等屯倉《かとのみやけ》が設けられている（「安閑紀」二年五月条）。また、行橋市は景行《けいこう》天皇が豊前国《ぶぜん》の長峡県《ながおのあがた》に行宮《あんぐう》＊を建てて京《みやこ》と称したところと伝えられ、この地も交通の要衝である（「景行紀」十二年九月条）。

こうしたことからも、宇美《うみ》が古くから倭王権と深くかかわりをもつ地域であったことがわかる。また、松浦《まつら》（末盧《まつろ》）、怡土《いと》（伊都《いと》）、志麻《しま》、那珂《なか》の地域の国々も神功《じんぐう》皇后伝承の舞台となっていることは注目されてよい。

わたくしは長いあいだ北九州説を支持していたのだが、最近では古墳時代が三世紀中葉ころまで引き上げられつつあり、自説にいくらか修正を加える必要があると思うようになった。文献史学とはちがって、考古学の年代比定はあくまでも相対的であるから、年代の座標が大幅にずれることがあるのだ。わたくしたち古代史家が困惑するのは、長いこと三世紀後半から四世紀初期と主張されてきた前期古墳の出現時期が、一転して三世紀中葉あるいはそれ以前とされたためである。

邪馬台国論争にかぎっても、前期古墳の出現を三世紀中葉とすると、従来のように卑弥呼の時代は弥生時代末期にふくまれると考えるよりも、むしろ古墳時代初期に属するとみなさなければならなくなる。このように時代の変わり目が大幅にずれることは、学問の進歩という意味ではたしかに歓迎すべきであるが、反面、それまで通説とされてきたことを基盤に構成されてきた歴史も大きく動揺をきたすことになり、修正を余儀なくされるのである。

邪馬台国は官僚機構が整っていた

『魏志倭人伝』には女王卑弥呼が崩じたために「経《けい》百余歩」の冢《ちょう》を築いて埋葬し、奴婢《ぬひ》千人を殉葬《じゅんそう》せしめたとある。冢（高い墳墓）の直径を「経百余歩」としているが、「歩」という単位は「一挙足《いっきょそく》」を意味し、いわゆる「ひとあし」の倍である。中国の古書に「跬《ひとあし》を倍《ばい》してこれを歩《ほ》と謂《い》う」と記されているが（『小爾雅《しょうじが》』）、成人男性の平均的な「ひとあし」はほぼ七十五センチといわれるから、「一歩」はその倍の一・五メートルほどになる。この数字を基準に計算すると、「経百余歩」は百五十メートル以上におよぶ墳墓とみなければならない。弥生時代の墳墓にこれほど大きな規模のものはないので、これは巨大な円墳か、前方後円墳とみなすべきではなかろうか。しかし、千人もの殉葬があったとい

＊行宮　天皇が都から離れて行幸した時に設けられた仮の宮居。

う記事が付されているから、当時の日本のようすを正しく伝えているとは考えにくいかもしれない。「垂仁紀《すいにんき》」には、垂仁天皇の母弟《いろど》の倭彦命《やまとひこのみこと》が崩じたとき、身狭《むさ》の桃花鳥坂《つきざか》（奈良県橿原《かしはら》市見瀬町付近）を築いて近習者を生き埋めにしたとあり（「垂仁紀」二十八年十月条）、悲惨きわまりない声を聞いて心を痛めた天皇が殉死の禁止を命じ、野見宿禰《のみのすくね》に殉死に代わるものとして埴輪を作らせたと記されている。しかし、考古学の知見によれば、日本では殉死の例はほとんどみられないという。

『魏志倭人伝』の記述も史実を正確に伝えているとは考えにくいが、卑弥呼の権力からすると、権威の象徴としてかなり巨大な古墳を築いた可能性はあるだろう。とすれば、邪馬台国には女王卑弥呼を頂点とする官僚機構が整っていたことになる。

卑弥呼の下には政治を助ける男弟がおり、さらに男弟を補佐する中央官僚たちが「大夫《たゆう》」と称して存在していた。景初三年（二三九年）に魏に使者として派遣されたのは「大夫難升米《なそめ》、次使都市牛利《づしごり》」である。卑弥呼は「親魏倭王《しんぎわおう》」に叙せられて金印紫綬《きんいんしじゅ》を賜り、大夫難升米は率善中郎将《そつぜんちゅうろうしょう》に、次使都市牛利は率善校尉《そつぜんこうい》に叙せられている。魏は使者の身分に応じて官位をさずけているので、邪馬台国でも官僚の上下関係は確立していたと考えてよい。また、正始四年（二四三年）にも大夫伊声耆《いそし》や掖邪狗《いさか》ら八人の使節が魏におもむき、率善中郎将に任ぜられているから、女王卑弥呼の宮廷には「大夫」と名乗る中央官僚たちが十人以上いたことになる。

官僚は地方にも配され、朝鮮半島に接する対馬国《つしま》と一支国《いき》（壱岐）には、長官の「卑狗《ひこ（ひく）》」と、副官の「卑奴母離《ひなもり》」が配されていた。

ちなみに、邪馬台国に登場する人名や官命は判読がむずかしく、それこそ学者ごとに異なるといっても過言ではないので、わたくしの「ふりがな」も仮につけたものと考えていただきたい。

邪馬台国の官僚名から読み取れること

対馬と一支の「卑狗」を「ヒコ」と読むとするなら、「彦《ひこ》」（日子）という尊称が官名になったのかもしれない。「卑奴母離」は大半の学者が「ヒナモリ」と読んでいる。おそらく「夷守《ひなもり》」の意であろう。国防の任にあたるのが夷守だろうが、夷守が対馬と壱岐に配されたのは、この島々が邪馬台国の防衛の最前線として重視されたためであろう。律令時代の「防人《さきもり》」に類するものではあるまいか。防人は外敵を防ぐ者だが、「サキモリ」は「岬《みさき》（崎）守《も》り」が本義で、海に突き出た岬に配され、玄海の海を見張る兵士であった。

伊都国《いと》には中央から官人の「爾支《にき》」とその副の「泄謨觚《せもこ》」が派遣されている。「爾支」は『隋書』

に記された「伊尼異《いなぎ》」であり、いわゆる「稲置《いなぎ》」とする説もあるが、正確にはわからない。

邪馬台国はこの伊都《いと》国をきわめて重視していた。そのために、北九州沿岸地域を統轄し、大陸からの使節の応対にあたった「一大率《いちだいそつ》」が常駐していたのである。諸国を検察する一大率を人びとは畏憚《いたん》していたという。のちの天武天皇の時代に西国に配された「大宰《たいさい》」に類似するものではないだろうか。「大宰」は「オホミコトモチ」と読まれているが、「吉備大宰《きびのおほみこともち》」(「天武紀」八年三月条)、「筑紫大宰《つくしのおほみこともち》」(「天武紀」十四年十一月条)などがあり、これに類する「総領《そうりょう(すぶるおさ)》」には「周芳《すおう》(周防)総領」(「天武紀」十四年十一月条)、「伊予《いよ》総領」(「持統紀」三年八月条)がある。どちらも瀬戸内に面した交通の要衝に配されており、この点も伊都国の一大率にきわめてよく似ている。

奴《な》国には、官人の「兕馬觚」とその副の「卑奴母離《ひなもり》」をおいている。「兕」は「ジ」と発音され、野牛に類する動物を意味するが、「兕馬觚」は「ジマコ」あるいは「シマコ」と読まれたのであろう。「シマコ」と読むとすれば「島子」の意であろうし、「卑奴母離」が「夷守《ひなもり》」だとすれば、博多湾の東に位置する志賀島《しかのしま》を意識した官職であったろうとわたくしは想像している。有名な「漢委奴国王《かんのなのわのこくおう》」の金印がこの島で発見されたことを考えると、博多湾の入り口に浮かぶ志賀島は奴国にとってきわめて重要な軍事拠点であり、同時に大陸におもむく際の港の役割も果たしていた。

不彌《ふみ》国の官人は「多模《たも》」で、その副は「卑奴母離」である。「多模」は「タマ」(魂)あるいは「トモ」（伴）と解される。しかし、「tamo」が「tami」だとすれば、「臣《たみ》」をあらわしているのではあるまいか。一案を提示するにすぎないが、卑弥呼が各国を統治するために派遣した役人の官名にはヤマト王権の官名に近いものがふくまれているように思える。

不彌国南に位置する投馬《つま》国は、音のとおりにとれば筑後国上妻郡と下妻郡をふくむ「妻《つま》」が第一の候補地になる。官人は「弥々《みみ》」で、その副は「弥弥那利《みみなり》」である。神武天皇の皇子は「神渟名川耳尊《かんぬなかわみみのみこと》」と称し（「綏靖《すいぜい》紀即位前紀」）、聖徳太子も「厩戸豊聰耳皇子《うまやどのとよさとみみ》」（「推古紀即位前紀」）と呼ばれるように、高貴な人物の名称には「ミミ」という語があることが多いが、「ミミ」は「御身《みみ》」の意で、神や君主の身体の尊称であった。そのために、身分の高い人物をも「ミミ」と呼ぶようになったのではあるまいか。「弥弥那利」についてはかならずしもあきらかではないが、とりあえず「ミミ」に準ずるものと解釈しておこう。投馬国の南に接して邪馬台国があり、そこに都が置かれて女王が君臨していたので、投馬国には高官が配されていたのであろう。

邪馬台国にも官人に「伊支馬《いきま》」、その下に「弥馬介《みます》」「弥馬獲支《みなかき》」「奴佳鞮《ぬかて》」と称するものがおかれている。これらがどのような官人なのかは不詳であるが、「伊支馬」を「活目《いくめ》」と解釈すると、絶対に不正を見逃さない監察官にふさわしい官名であり、興味を引く。「弥馬介」は「見回《みまわ》す」、「弥馬獲支」は「御間垣《みまかき》」、「奴佳鞮」は「抜《ぬ》き手《て》」「中手《なかて》」「長手《なかて》」とも考えられるが、推測の域を出ない。

このように、邪馬台国は必要に応じた官人を重要な国々に派遣していたのである。

邪馬台国の民衆の生活

邪馬台国の官僚機構はかなり充実していたが、一般民衆の身分的差異も明確であった。「大人《たいじん》」と呼ばれる階層の人びとは妻妾五婦を有し、「下戸《げこ》」とされる下層の人びとも二、三婦を有したという。下戸が道の途中で大人に出会ったときは逡巡《しゅんじゅん》して草に入り、辞を伝え事を説くときはうずくまってひざまずき、両手を地について恭敬をあらわしたという。「逡巡」はあとずさりしてうずくまり、地面に手をつくことである。ただし、下層に属するとはいえ、下戸は奴隷ではない。二、三婦を有したとあるように、家族を構成していたからである。「奴婢《ぬひ》」の存在を示しているのは、卑弥呼が魏の王朝に献じた「男の生口《せいこう》四人、女の生口《せいこう》六人」(『魏志倭人伝』)の「生口」である。

奴隷が発生する原因は、国内的にはまず債務と違法行為である。借金を返済できない者がその代償として債務奴隷とされ、使役される。ただ、日本では親族共同体の結束が強く、一族の者が窮乏すると近親者が保護するから、このタイプの奴隷はきわめて少なかったようである。

律令時代にも、「鰥《かん》、寡《か》、孤《こ》、独《どく》、貧窮《ひんきゅう》、老《ろう》、疾《はい》ノ自《じ》存《そん》スル能《あた》ハザル者《もの》ハ、近親《きんしん》ヲシテ収養《しゅうよう》セシメヨ」と規定している（『養老令』「戸令《こりょう》」）。ちなみに六十一歳以上で妻のない者が「鰥《かん》」であり、五十歳以上の女性で夫のいない者が「寡《か》」、十六歳以下で父親のいない者が「孤《こ》」、六十一歳で子がない者が「独《どく》」、財貨に窮する者が「貧窮《ひんきゅう》」、六十六歳以上の者が「老《ろう》」、廃疾者《はいしつ》が「疾《はい》」である。

一族の誰かがこのような状態になるとかならず親族が引き取り、保護したから、債務奴隷はあまりいなかったと考えてよいだろう。

一方、数は少ないとはいえ、違法者の奴隷はいたようである。『魏志倭人伝』にも、「法《ほう》を犯《おか》すや軽《かろ》き者《もの》は妻子《さいし》を没《ぼっ》し、重《おも》き者《もの》は其《その》の門戸《もんこ》及《およ》び宗族《そうぞく》を滅《ほろ》ぼす」と記されているからである。「軽き者は妻子を没す」とは、妻子が奴婢の身分におとされ、使役されるという意味である。重罪とされると、その一家はもちろん、一族の者もすべて死罪とされたのである。このように、まれなことではあっても、法の裁きによって奴隷とされることはあった。それでも、贖罪《しょくざい》という方法を用いて罪を減じたり、赦免することも不可能ではなかった。

古代で奴隷が発生する最大の原因はいうまでもなく「戦争」である。対外戦争では大量の戦争奴隷が発生する。だが、当時の日本の実力では大量の奴隷獲得を目的とした戦争は起こし得なかったし、その必要もなかった。当時の日本は、広大な土地を開墾し、大量の奴隷を投入して生産性を飛躍的に高めた古代ローマ型ではなかったからである。

邪馬台国の王権は世襲されたのか

卑弥呼が統治する国では大国にふさわしい官僚組織ができあがっていたが、問題は、その大国を永続させるための世襲王権ははたして確立していたのか、という点である。

『魏志倭人伝』によれば、卑弥呼の死後に男王を立てたが、国中が服せず、国々が相争い、千余人の犠牲者を出したという。この記述にしたがえば、卑弥呼の後継者は決まっていたとしても、諸王たちに承認されていなかったことになる。あとを継いだ男王が卑弥呼の男弟だったとしても、反乱が起きているのだから、卑弥呼の血統につらなる者の王位継承が諸王に認められたとはいえない。だが本当に血統による王権の継承は否定されていたのであろうか。

わたくしは早急にこうした結論を下すことには躊躇せざるを得ない。卑弥呼の血統につらなる男子が継承権を要求し、諸王に拒否されたとしても、宗教的な巫女の継承は容認された可能性があるからである。

『魏志倭人伝』には、男王では国内をまとめることができないために、「卑弥呼の宗女《そうじょ》、壱與《いよ》、十三歳なる少女」を立てて女王とすることで国内の争いがおさまったと記されている。「宗女」は同宗の娘か、王女を意味するから、卑弥呼と血統のつながる女性ということになる。もちろん卑弥呼の娘ではない。卑弥呼は「年已《としすで》に長大《ちょうだい》なるも夫婿《ふせい》無《な》し」といわれていて、一生独身であった。当時の意識からすれば「神妻」であったというべきかもしれないが、子を産んでいなかったことだけはたしかである。しかし、壱與が卑弥呼の兄弟姉妹の娘なら、卑弥呼の「宗女」たる資格はある。兄弟姉妹の娘からつぎの兄弟姉妹の娘へと継承されたとするなら、邪馬台国は同じ血統で継承されていった女王国ということになるのではないか。

かたちを変えながらも、このような継承は後世になっても受け継がれていった。家職にともなう表向きの職務は男系中心に移行していても、一族の未婚の女性がかならずその家の祭祀を担当し、家長である男性を支えていたのである。

一例をあげると、京都の最高の地主神として有名な賀茂《かも》神社にも家長の「神職」（祝《はふり》・禰宜《ねぎ》）の男性とともに「斎祝子《いつきのいわいこ（いつきのみこ）》」と称する一族の女性が存在していた。『下鴨系図《しもがもけいず》』を調べてみると、「久治良《くじら》」と名乗る神官には「難波長柄朝《なにわながらのみかど》にて祝《はふり》と仕《つか》え奉《たてまつ》る。斎祝子、浄刀自女《きよとじめ》合《あわ》せて七年《しちねん》」との註がある。「難波長柄朝」は大化元年（六四五年）十二月に難波の長柄豊碕《ながらとよさき》に遷都された孝徳天皇の時代をさすが、このころすでに鴨氏一族の娘が斎祝子《いつきのいわいこ》を務めているというのである。また、久治良《くじら》から四代目にあたる「呰麻呂《あざまろ》」の註にも「奈良朝《ならのみかど》（元明女帝《げんめい》）に祝《はふり》として仕《つか》え奉《たてまつ》る斎祝子真吉女《まきめ》、和銅《わどう》三年（七一〇年）の庚《かのえいぬ》戌（こうじゅつ）まで合《あわ》せて三年《さんねん》」とある。そのほかにも麻都比女《まつひめ》や継虫女《つぎむしめ》などが斎祝子となったと記されている。鴨氏一族の娘が斎祝子、つまり巫女として神官とともに鴨の神に奉仕しているのである。とくに鴨氏にこのような斎祝子が存在したのは、いわゆる鴨の「御阿礼《みあれ》」を主催するためであった。

「御阿礼」の神事は、鴨川の上流に坐《い》ます貴布弥《きふね》の神を招《お》ぎおろし、別雷《わけいかづち》の神を誕生させる祭である。「阿礼《あれ》」は「現《あらわ》れる」あるいは「生《あ》れ」の意で、毎年誕生する新しい神の御子を鴨の里に迎えることである。神を招ぎおろす巫女は「阿礼乎止女《あれおとめ》」とも呼ばれたが、この「阿礼乎止女」をつとめる女性が斎祝子であろう。『釈日本紀《しゃくにほんぎ》』に引用された「山城国風土記」逸文にはこの祭祀の起源をとく伝承が記されている。

それによると、鴨氏の祖とされる賀茂建角身命《かものたけつのみのみこと》は山代《やましろ》（山城）国の岡田《おかだ》の賀茂の地に居を構えるが、近くを流れる瀬見《せみ》の小川で川遊びをしていた娘の玉依日売《たまよりひめ》が川上から流れてきた「丹塗《にぬ》りの矢《や》」に感じてみごもり、玉のように美しい男の子が誕生した。若宮の父親を知ろうとした賀茂建角身命は、神々を八尋屋《やひろや》に集めて七日七夜の宴《うたげ》を開き、若宮《わかみや》に父と思われる神に盃を与えるよう指示した。しかし、若宮は神々を無視し、八尋屋の屋根を突き破って天に飛び去ってしまったために、丹塗りの矢は山代国乙訓《おとくに》郡の火雷神《いかづちのかみ》と判明し、若宮は若《わけ》（別）の雷《いかづち》の神《かみ》と呼ばれるようになったという。

丹塗りの矢は火雷神の男根《ペニス》を象徴するものといわれているが、現代でも神妻（巫女）をえらぶときに「白羽《しらは》の矢《や》」を処女に刺すといわれているのとおなじ発想である。「丹」、つまり「赤」を強調するのは火雷神《からいしん》を意識したからであろう。五行説でも南に「火」を配し、色は「朱《あか》」がおかれる。「方位」と「四神」、「色」、「四季」の関係は表のとおりである。現代でも使われている「青春《せいしゅん》」、「朱夏《しゅか》」、「白《はく》

方位	東	南	中央	西	北
四神《しじん》	青竜《せいりょう》	朱雀《すざく》		白虎《びゃっこ》	玄武《げんぶ》
色	青	朱	黄	白	玄(黒)
四季	春	夏	中元	秋	冬

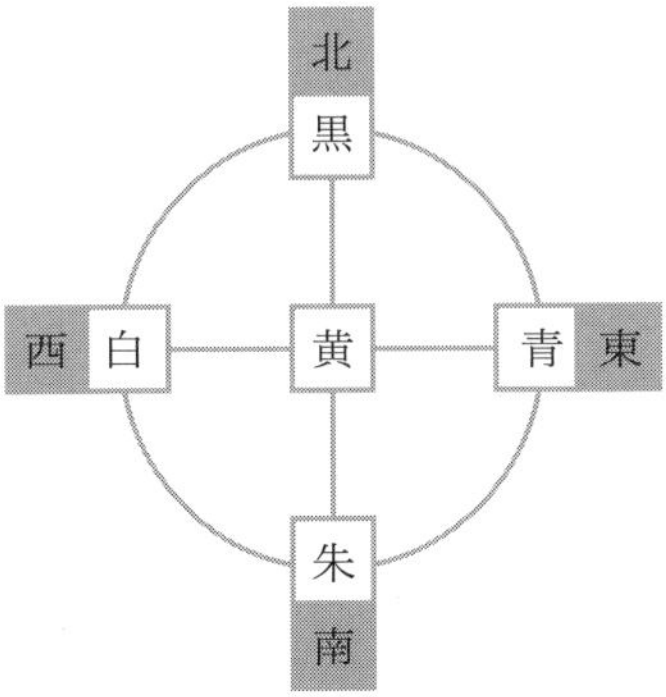

方位・四神・色・四季の関係

秋《しゅう》」、「玄冬《げんとう》」もこの五行説による言葉である。また、相撲の軍配に竜と虎を描き、実力の伯仲した二人の強豪が戦うことを「竜虎《りゅうこ》の争《あらそい》」「竜虎相搏《りゅうこあいう》つ」などというのもおなじである。

賀茂の上社（上賀茂神社）の祭神である別雷神は「ワケノイカヅチ」と呼ばれるが、「別《わけ》」は親から霊《ち》を分け与えられたという意味である。「親」を「チチ」と呼ぶのは「霊《ち》」のみなもとだからであり、「別者《わけもの》」が「若者《わかもの》」である。現在でも親子・兄弟関係を形容するときに「血《ち》を分《わ》けた」といい、血液《けつえき》を分け与えられたという感覚があるが、本来は「霊《ち》（霊魂）」が正しい。さらに、身体から血液が流出すると死に至ることを知っていたわたくしたちの祖先は、血液も生命の根源と考えていたのである。古代には生命の根源は、血液のもとをなす「霊《ち》」であった。

丹塗《にぬ》りの矢に感じて神の子をみごもった女性は、神の魂《たま》の依代《よりしろ》となった日女《ひめ》（巫女）の意から玉《たま》依日売《よりひめ》と呼ばれた。玉依日売の兄玉依日子《たまよりひこ》は鴨社の祝《はふり》の祖先となったと記されているから、玉依日売と玉依日子は鴨社の神官と斎祝子《いつきのいわいこ》の祖型を示唆するものであるとみてよい。

このように、古代日本には「マツリ」をつかさどる女性が巫女となり、「マツリゴト」を担当する兄弟や甥などを支える政治形態があった。卑弥呼と男弟の関係がまさにその原型を示すものであり、卑弥呼が果たした役割を宗女《そうじょ》の壱與《いよ》が継承したと考えてよいであろう。

ちなみに、別の書では「壱（壹）與」は「臺與《とよ》」と記されている。「臺」と「壹」はよく似ているため、筆写するときにまちがえる場合がままあり、「イヨ」は「トヨ」の誤記である可能性がある。「トヨ」とすれば「豊《とよ》」の意ではないかと思われる。

『古事記』のいわゆる海幸山幸の物語には海神の娘豊玉毘売《とよたまひめ》が登場するが、古代ではすぐれた「玉依姫」を「豊玉姫《とよたまひめ》」と称していた。伊勢神宮の外宮の祭神は豊受大神《とようけのおおかみ》と称されるが、「受《うけ》」は「ウカ」、つまり神聖な穀物（禾《か》）で、これを豊かに稔らせる女神が豊受大神である。「稲荷《いなり》の神《かみ》」は「稲成《いなり》の神《かみ》」の原義だが、その祭神は、宇迦《うか》の御魂《みたま》である。「神代紀」でも倉稲魂《くらいなたま》を宇介能美拕磨《うけのみたま》と読んでいる。推古女帝も「豊御食炊屋姫尊《とよみけかしきやひめのみこと》」と称するが、神に捧げる御食《みけ》を炊《かし》ぐ部屋で奉仕する巫女的な女性という意味であろう。宗女臺與《とよ》は豊玉姫《とよたまひめ》ないしは豊宇迦《とようか》の巫女の性格を示したものかもしれない。

だが、残念なことに『魏志倭人伝』はここで途切れており、宗女壱與がその後どのような運命をたどったのかはわからない。邪馬台国の運命も不明である。また、卑弥呼の血統による世襲王権が継承されていったのか否かも正確に知ることはできない。

世襲王権の継承はやはりヤマト王権まで待たねばならないのである。

第三章　ヤマト王権の成立

わたくしたちはヤマトの統一王権がいつ、どのようなかたちで誕生したかを知りたいと考えているが、残念なことに、あたえられた文献史料から正確な答を得ることはできないのである。『記紀』には神武天皇による建国がくわしく記されているではないかと反論されるかもしれないが、考古学の発掘の成果にも、「倭《な》国」に関する中国や朝鮮の文献史料にも、裏づけとなるものは見出されていないのである。

「倭迹迹日百襲姫《やまとととひももそひめ》」は「卑弥呼」なのか

しかし、考古学の研究者の一部から、三世紀中葉に突如として大和盆地に出現する巨大な前方後円墳の造営者は、ヤマト王権の君主であるとする見解が提示されている。巨大な前方後円墳を築きあげるには多くの民衆を動員し、長期にわたって組織的に駆使する権力が存在しなければならず、土木工事を担当する優秀な技術者も擁していなければならないからである。

また、先代の君主の墓を造営し、埋葬の儀式を主催する者が後継者として認知され、民衆の前でみずからが新たな君主であると宣言したとする説もあり、この立場からすれば、古墳の築造は君主の継承を暗示することでもあったようである。

昔からとりわけ注目を集めているのが、三輪山（奈良県桜井市）の山麓に築かれた俗にいう「箸墓《はしはか》」である。主軸の長さは二七五メートル、被葬者を埋葬する後円部は一五〇メートル、高さ二九・四メートルで、前方部は一二八メートルと報告されている。この古墳は大和盆地でも最古に属する前方後円墳で、美しい瓢型《ひさごがた》の古墳である。築かれている場所から、被葬者は三輪山信仰と深い関係があるのではないかと論ぜられている。「崇神紀《すじんき》」が被葬者を崇神天皇の叔母にあたる倭迹迹日百襲姫《やまとととひももそひめ》と伝えているために、昔から学者のみならず一般の方々の興味を集めてきたのである。しかしながら、この箸墓は宮内庁の指定陵墓であり、発掘調査はされていない。

「崇神紀」によれば、倭迹迹日百襲姫のもとに夜な夜なおとずれる男があった。だが、いつも夜明け前に姿を消すので、姫は男の顔を見たことがなかった。たまりかねた姫が姿を見せてほしいと嘆願すると、きぬぎぬのわかれの後に櫛笥《くしげ》に入っていようと言われた。朝になるのを待ちかねて櫛笥を見ると「美麗《うるわ》しき小蛇」がいたので、姫はあまりの恐ろしさに悲鳴をあげてしまった。小蛇はたちまち男の姿にもどり、憤然として姿を消した。小蛇に化した男が三輪山の神だったことを知った姫は絶望し、みずから陰部《ほと》（女陰）を箸で突いて死んでしまった。人びとは列をなして大坂山《おおさかやま》（奈良県北葛城郡二上山《ふたかみやま》の北部の山）の石を手渡しで運んで姫の墓を築いたが、夜は神が築いたと伝えている（「崇神紀」十年九月条)。伝承どおり、この墓にはみごとな葺石《ふきいし》が敷きつめられているが、人びとは姫が箸で自殺したことにちなんで箸墓《はしはか》と名づけたという。

倭迹迹日百襲姫《やまとととひももそひめ》は三輪山の神(大物主神《おおものぬしのかみ》)につかえる巫女と考えることができるから、邪馬台国畿内説を主張する学者のなかには、姫が卑弥呼ではないかと考えておられる方も少なくないのである。

倭迹迹日百襲姫が卑弥呼に類似する女性だったとしても、ただちに同一人物とする史料は存在しないし、『日本書紀』の編者はあきらかに神功《じんぐう》皇后を卑弥呼に擬しているから、倭迹迹日百襲姫を卑弥呼とすることには多くの問題がふくまれているようである。

ただ、視点を変えてみるなら、箸墓の被葬者を埋葬する後円部は約一五〇メートルあり、卑弥呼の墓の径《けい》百余歩とほぼ合致することは無視できないだろう。このことを単なる偶然とみるか、あるいは『魏志倭人伝』の記載の正しさを証明するものとみるかによって、解釈の立場が異なることになる。

また、第一章(「国」の誕生)でも触れたように、「卑弥呼」は固有名詞ではなく、「日《ひ》の巫女《みこ》」という職務にあたえられた呼称とすれば、複数の女性が「ヒミコ」の名で呼ばれた可能性があることになる。その一人として、天照大神《あまてらすおおみかみ》や神功皇后とならんで倭迹迹日百襲姫も「ヒミコ」であったといってもよいのかもしれない。しかし倭迹迹日百襲姫を「ヒミコ」(日の巫女)の一人とするなら、姫が太陽神の祭祀に直接かかわっていたことを証明しなければならない。

三輪山は太陽が昇る聖山、二上山《ふたかみ》は太陽が沈む死の山であった

『日本書紀』では、倭迹迹日百襲姫が契りをなした三輪山の神（大物主神）は、「聖なる蛇」として姿をあらわしている。蛇は古代には「水霊《みずち》」と称され、「司水の神」であった。とすれば、「美しき小蛇」は三輪山山麓にひろがる磯城《しき》の平野を中心とした地域の農耕の神であったと考えるのが自然であろう。三輪山の神は「水の神」であって、「日の神」ではないと考えるほうが穏当かもしれない。

だが、三輪山をよく観察された学者の見解では、三輪山は大和盆地に住む人びとにとって、とくに磯城の人びとには、朝日ののぼる聖山であることが強調されている。つまり、彼岸の日（春分と秋分）に三輪山山頂の真東から太陽がのぼることに着目されているのである。さらに、古代には春の彼岸から二ヵ月後に稲の播種を行うといわれている。水田耕作では豊凶にかかわる播種の日はたいへん重要であったから、その日を決めるためにつねに太陽の位置を測定するのが、君主の役目のひとつだったようである。

それゆえ、共同体の首長や君主は、「日知《ひじ》り」と呼ばれたのである。「日知り」とは、太陽を日々観

察し、その動きを把握している者の意である。のちに中国風の「聖《ひじり》」を慣用するようになるが、始源は「日知り」にあったとされている。巫女も「日知り」を補佐し、太陽がつつがなく運行することを祈ったのである。

奈良平野を散策されると、真東の三輪山の山頂からのぼる朝日が、夕べになると盆地の西の二上《ふたがみやま》山《(にじょうさん)》に沈む美しい光景を目になさるだろう。このことから、三輪山は太陽が誕生する聖山であり、二上山は太陽が没する死の山とみなされてきたのである。二上山山麓にヤマト王権一族の墓が少なからず築造されたのもこのためであった。天武天皇の皇子である大津《おおつ》皇子の墓は二上山の山頂にあり、西側の山麓には聖徳太子など磯長《しなが》の陵《みささぎ》が存在している。二上山の山麓にある当麻寺《たいまでら》の当麻寺曼荼羅縁起《まんだらえんぎ》も仏教の西方浄土信仰を色濃く伝えている。

二上山は太陽が死ぬ山とみなされてきたから、倭迹迹日百襲姫《やまとととひももそひめ》の箸墓《はしはか》の石材は二上山から手渡しで運ばれたのである。わたくしが倭迹迹日百襲姫は「日《ひ》の巫女《みこ》」の性格をそなえていたと考える理由はここにある。「迹迹日《ととひ》」という名が天上界の太陽の光または霊を運ぶ飛鳥の意であるとすれば、姫がどのような巫女と考えられていたかを知ることができると思っているのである。

伊勢神宮はなぜあの地にあるのか

代表的な「ヒミコ」である天照大神《あまてらすおおみかみ》も「大日孁貴《おおひるめむち》」と称されている。「オホヒルメ」は「偉大な日《ひ》の妻《め》」または「日の巫女」を意味し、「貴《むち》」は大穴牟遅神《おおあなむちのかみ》（大国主神《おおくにぬしのみこと》）などともちいられるように、文字どおり貴いものをあらわす言葉である。

「孁」という見慣れない漢字は「靈《れい》」に類するものとされている。「靈」は王がみずから巫《かむなぎ》となって神につかえることを示す語である。だが『日本書紀』にわざわざ漢字の下部の「王」を「女」に変えて記されているのは、男王の巫ではなく、女王を巫女とすることを強調したかったからである。

「天照大神」という名称も天から光を垂《た》れる大神の意である。「垂《た》る」と「照《て》る」の語源はおなじで、「上から下にものを下す」ことをあらわす。『万葉集』の

石《いわ》ばしる垂水《たるみ》の上《うえ》の蕨《さわらび》の萌《も》え出《い》づる春《はる》になりにけるかも　（巻八・一四一八）

という志貴皇子《しきのみこ》の歌にも「滝」を「垂水《たるみ》」と称している。「天照大神」は日《ひ》の大神そのものの尊称であるが、

神を祀《まつ》る巫女としても描かれていて、わたくしたちをはなはだ当惑させる。このことを矛盾なく解釈するとすれば、神の託宣を憑依《ひょうい》する巫女が、祀る神と一体化していったとしか考えようがない。あるいは、同一視され、神として尊崇されていったといいかえてもよい。つまり、「祀るもの」から「祀られるもの」への昇格にともなう変身である。

古代では一般に、神につかえる巫女は民衆から隔離され、精進潔斎《しょうじんけっさい》して忌小屋《いみごや》にこもり、別火《べっか》をもちいて生活していた。忌小屋は清流をのぞむ場所に建てられ、巫女は棚機《たなばた》で神にささげる神御衣《かんみそ》を織っていた。そのために、神につかえる巫女を棚機姫《たなばたひめ》と呼ぶのである。この姿が中国の天の川の伝承と結びついて七月七日の節句を、とくに「タナバタ」祭と称するようになり、「七夕」と書きながら今でも「タナバタ」と読むのである。

卑弥呼も女王になると同時にほとんど人前に姿をあらわさなくなり、神の託宣をただ一人の男に伝えたと記されている。神殿の奥深くに身を隠す巫女は、しだいに神秘化されていくようになった。しかも、神や神霊の憑依者である巫女は「玉依姫《たまよりひめ》」として聖なるものを宿すから、さらに神性も付与されていった。その後、「神妻」として神の御子を宿す者も玉依姫と称するようになり、必然的に若神の生母としても尊崇されるようになっていくのである。

このように、神を祀る巫女が神格を強めていくにつれて、代々巫女を輩出する一族が政治的地位を高めていくのは当然の理《ことわり》であろう。とくに巫女の男弟が民衆に神託を告げる役目をになうとすれば、「マツリゴト」（政治）はその一族の手に帰していくことになる。ときには巫女の出自《しゅつじ》氏族が神の後裔と自称する氏族の神官を押しのけ、社会の前面におどり出ることもあったのではあるまいか。その過程には必然的に争いが発生したと思われる。

崇神《すじん》朝に三輪山の祭神である大物主神《おおものぬしのかみ》が国中に疾疫《えやみ》を流行させ、農作物が稔らぬよう祟《たた》りをなしたのも、崇神天皇への反抗の意志表示であったのではあるまいか。大物主神は天皇に、みずからの子である大田田根子《おおたたねこ》を祝《はふり》*としてむかえるよう強く要求するのである。天皇は大物主神の要求を受け入れて大田田根子を司祭者とし、この子孫が三輪大神の神官である大神《おおみわ》氏となるのである。しかし、巫女の倭迹迹日百襲姫《やまとととひももそひめ》を死に追いやり、みずからの血統にある者を司祭者にすると要求した大物主神は、しだいに巫女を継承する一族とは疎遠になっていくのである。

といっても完全に両者の関係が断たれたわけではなかった。古代の日本では、敵対者であっても、つねにその存在を容認していくのが通例だったのである。このことは出雲大社などの例から見てもおわかりになるだろう。

＊祝　神に仕え、祭祀を行う神官。

わたくしがかねがね不思議に思っていることのひとつに、この三輪山の祭神はヤマト王権がじきじきに斎《いつ》く神ではないことである。ヤマト王権の本拠地とされる大和盆地でもっとも民衆から尊崇される神が、なぜ天皇家の祭神にならなかったのかが疑問だったのである。

律令時代の法律を集め、註をくわえたとされる『令義解《りょうのぎげ》』には、「天神《てんしん》は伊勢《いせ》、山城《やましろ》の鴨《かも》、住吉《すみよし》、出雲国造《いづものこくそう》が斎《いつ》く神などの類《たぐい》これなり。地祇《ちぎ》*は大神《おおみわ》、大倭《おおやまと》、葛木《かつらぎ》の鴨《かも》、出雲《いづも》の大汝《おおなむち》の神《かみ》などの類《たぐい》これなり」（『神祇令義解』）と記されている。地祇の筆頭に大神《おおみわ》（大三輪《おおみわ》の神）があげられており、三輪山の神はもともと皇室の神ではないことを示唆しているのである。

これらを勘案すると、天皇家は三輪山の祭祀にあたっていた有力な巫女の家系から出自《しゅつじ》したが、時代がくだるにつれて三輪山の神を斎く司祭とは疎遠になっていったのではないかと考えられるのである。

その時期を決定したのは、ヤマト王権が大和盆地だけではなく、畿内《きだい》の国々を広く傘下におさめていったときであろう。そして、三輪山信仰を取り入れながらも、さらにそれを越えるために、三輪山の真東にあたる伊勢に神宮を設け、「日《ひ》の巫女《みこ》」の象徴として「大日孁貫《おおひるめむち》」を斎き祀ったのである。「伊勢《いせ》」は「磯《いそ》」から生れた地名であるが、まさに日向《ひむか》の海にのぞみ、東の海から太陽がのぼる聖地であった。地図で三輪山から真東の方角をたどると三重県多気《たき》郡明和《めいわ》町斎宮《さいくう》に至るが、この斎宮こそ伊勢神宮に斎く斎宮《いつきのみや》の住まいがおかれたところなのである。

わたくしはここで東《ひがし》の方角といったが、「東」は「日向《ひむか》」を語源とし、『万葉集』でも

ひむがし《東》の野にかぎろひの立つ見えてかへりみすれば月傾ぶきぬ　（巻一・四八）

と柿本人麻呂が歌っている。太陽神を祖神と仰ぐヤマト王権は、日向の地をことさら重視していくのである。天孫降臨の地も「日向《ひむか》の襲《そ》の高千穂《たかちほ》の峰」（「神代紀」）であったし、神武東征の出発地も日向の地とされている。

「常陸《ひたち》」の地名由来伝承はいろいろあるが、わたくしはひそかに「日立《ひた》ち」ではないかと想像している。「日立ち」の「立ち」が「旅立ち」とおなじように「出発」をあらわす語であるとすれば、朝日がのぼり、一日の行程がはじまる地が「日立ち」の地である。常陸の最上位にある神は鹿島の神で、中臣《なかとみ》氏ゆかりの武建御雷《たけみかづち》の神を祀っている。葦原《あしはら》の中国《なかのくに》の平定に貢献した武神である。日向の地ではつねに皇室ゆかりの物語が伝えられているのである。

＊地祇　天神に対する地の神。

伊勢が日向《ひむか》として太陽が誕生する地であるのに対して、葦原《あしはら》の中国《なかのくに》の統治をヤマト王権に譲与した出雲は「日沈《ひぼっ》する国」とされた。そのために、出雲の御崎《みさき》神社は「日《ひ》の沈《しず》めの宮《みや》」と称されるのである。『記紀《きき》』の編者は矛盾を感じながらも九州の日向を強引に天孫降臨《てんそんこうりん》の地とし、神武東征の出発点としているが、これは天皇家の後継者がつねに「日《ひ》の御子《みこ》」と称し、日向は日の御子の聖地とみなされていたからであろう。

実際には、九州の日向の地は四、五世紀になってヤマト王権に服した後進地で、王化*に伏さぬ熊襲《くまそ》の蟠踞《ばんきょ》する土地であった。「景行紀《けいこうき》」にも景行天皇が襲《そ》の国（大隅《おおすみ》国贈於《そお》郡）を平定し、子湯《こゆ》の県《あがた》（日向国児湯郡）に至ったとき、「この国《くに》は直《なお》く日《ひ》の出づる方《かた》に向《む》けり」といわれて「日向《ひむか》」と名づけられたと伝える（「景行紀」十七年三月条）。

九州の日向がいわゆる後進地であるにもかかわらず、『記紀』の編者がここを天皇家発祥の地として物語るのは、「日向」という地名にこだわりがあったのではあるまいか。このことからすると『記紀』は、西に沈んだ太陽がふたたび東の地にあらわれて新しい日を迎えるという再生信仰によって創作された神話であったと考えられるのである。

また、民衆にとっても太陽は生命の根元であった。農業では四季に変りなく太陽の恵みが与えられることが重要であったからである。古代日本では、南北線（子午線）より、東西の道が基本とされていたから、三輪大神より東の伊勢の地が天神大神《あまてらすおおみかみ》の祭地として意図的にえらばれたのである。

このようにヤマト王権は「日向」を重視したから、「日継《ひつぎ》の皇子《みこ》」である皇太子を、「東宮《とうぐう》」または「春宮《とうぐう》」と称したのである。

これらのことからわたくしは、天皇家の祖先は「日《ひ》の巫女《みこ》」、ないしは「日の御子」という信仰のうえにたって、大和の豪族たちに擁立された宗教的な王であったと考えている。つまり、大和の豪族をつぎつぎと武力で服属せしめた征服王朝ではなかったと推定しているのである。そして、宗教的な王ということの性格が一貫して天皇家を規制していったと考えているのである。

＊王化　律令制の支配思想で、地方の豪族がヤマト王権の徳に服属して臣下となること。

第四章　天皇家と大和の豪族たち

四、五世紀のころ、大和盆地の各地に豪族たちが勢力を拡大し、権力を競い合っていた。だが、これらの豪族は自力でほかの豪族を服属させるだけの武力や経済力をもつことはできなかったようである。それほど勢力が拮抗《きっこう》していたと思われるのである。

天皇家の祖は宗教的カリスマ性をもった氏族であった

大和盆地内の大きな豪族をあげると、まず西南部の葛城《かつらぎ》山系の麓一帯には葛城氏が、西方の生駒山の山麓には平群《へぐり》氏が蟠踞《ばんきょ》していた。また、東北部では和迩《わに》氏や物部《もののへ》氏が勢力を強めていた。これらの豪族とならんで、東南の三輪山山麓一帯が天皇家の祖先の地と考えられている。この地域は古代の大和国磯城《しき》郡の地であり、いくつかの川に囲まれていたことから「敷島《しきしま》（磯城島）の大和」と呼ばれたのである。

大和盆地の山麓地帯は比較的早くから開発されたと考えられており、この山麓をつたう古代の道は「山辺《やまのべ》の道《みち》」と呼ばれていた。そして、「山の麓《ふもと》」または「山の入口」という意味から、この一帯は「山門《やまと》」「山跡《やまと》」「山本《やまと》」と称されていたのである。

ちなみに、「ヤマト」の「ト」は「入口」つまり「戸」であり、「一番はずれ」を意味していたようである。たとえば、河川の入口が「水門《みなと》」「水戸《みなと》」である。古代では海岸に直接船を停泊させることは困難であったから、河川を少しさかのぼったところに船をつないだ。そこが「水門」、つまり「港《みなと》」である。「江戸《えど》」が入り江に面した場所の意であることも納得していただけるだろう。

大和の豪族の勢力は長らく拮抗していたが、日本列島の各地で、とりわけ北九州や瀬戸内の要衝を占める地域には、それぞれの地理的条件を生かした強大な豪族が出現しつつあった。おそらく、大陸の先進文化や技術を一足早く導入しえたことが大きな素因をなしたのであろう。おたがいに対立して争い続けているかぎり、大和の豪族は西国の大豪族に併呑《へいどん》される危険があった。そのために、大和の豪族は連合して強力な政権を樹立する道をえらんだのである。

長年の経験から、武力にうったえる方法では連合は不可能であることはわかっていたし、強行したとしても争いの代償として残るのは経済力の消耗でしかない。許される方法はただひとつ、豪族たちが平和裏に話し合いを重ね、連合体の王を選出することであった。だが、利害が錯綜している豪族たちは牽制し合い、王を決することができなかった。そこで武力を誇る氏族ではなく、宗教的カリスマ性を誇る氏族を統合者として共立する道を選択したのである。国家的な危機に際して卑弥呼が擁立されたのとおなじとみてよい。そのとき推戴《すいたい》されたのが、天皇家の祖だったと、わたくしは考えている。

ではその時期はいつかと問われると、正直なところはっきりお答えできないのが現状である。考古学の立場からは三世紀の中葉までさかのぼってもよいといわれるが、残念ながら文献史料ではそれを確実に裏づけることはできないのである。ご存知のように、天皇家の祖先を史料から確実に比定しうるのは四世紀末から五世紀代にかけての時代である。考古学の三世紀中葉説と、文献史学とでは百年以上のひらきがあるのである。わたくしは今のところ、すくなくとも四世紀の初頭ころまでさかのぼってもよいのではないかとひそかに考えている。

「倭の五王」の中国外交

しかしながら、中国側の外交史料によれば、五世紀初めに倭国から使節が派遣されたことと、使節を派遣した「倭王」の名が記されているため、倭国に王が実在したことがわかるのである。この倭王は五人であるため、「倭の五王」と通称されている。

当時の中国は南北朝時代で、軍閥将軍劉裕《りゅうゆう》が建国した南朝の「宋」は興亡をくりかえす諸国にあって比較的安定した国であった。倭国が揚子江（長江）の流域を治める南朝の宋国と外交関係を結んだのは、ひとつには朝鮮半島北部に騎馬民族がおこした高句麗を牽制するためであった。高句麗がすぐれた騎兵集団をひきいて南部の新羅や百済を圧迫したため、新羅と百済が倭国に援助を求めたのである。もちろんこれは無償援助ではなく、倭の欲する鉄や、中国遺民＊を中心としたすぐれた中国文化を貢納することを条件としたものであった。

倭は朝鮮への出兵をくりかえすが、高句麗に完全勝利することはなく、むしろしばしば苦杯を喫することになる。一方、高句麗は朝鮮半島を南下して領土を拡大し、中国の北朝と友好関係を結んでいく。これに対抗するために、百済はとくに南朝に朝貢《ちょうこう》をおこなっていくのである。当然ながら、百済を援助する倭も南朝を外交の相手としてえらんだのである。

『宋書《そうしょ》』の「倭国王《わのこくおう》」をひもとくと、「高祖《こうそ》の永初《えいしょ》二年（四二一年）に倭《わ》の讃《さん》が万里《ばんり》をこえて貢《みつぎ》を修《め》た」という記事がまず目に入る。永初二年という年に「倭王讃」が朝貢したのは、その前年に劉裕《りゅうゆう》が東晋を滅ぼし、新しく「宋」国を興したことを知って、さっそく祝いをかねて使節を派遣したのである。当時は中国が周辺国の情報を入手するより、むしろ周辺国のほうがより早く、よりくわしい情報をキャッチしていたようである。当時、「東夷《とうい》」「南蛮《なんばん》」「西戎《せいじゅう》」「北狄《ほくてき》」と蔑視されていた周辺国のほ

＊中国遺民　国が滅んで残された民。

うが、いわゆる中華の国に強い関心を寄せていたのである。

四年後、宋国の文帝《ぶんてい》（太祖）の元嘉《げんか》二年（四二五年）に、「倭王讃《わおうさん》」は司馬曹達《しばそうたつ》を使者としてふたたび方物《ほうぶつ》を献じている。「方物」とは地方の特産品の意で、倭特産の珍しい物産を朝貢の際に献じたのである。このときも、前年の元嘉元年（四二四年）に文帝が即位したのを知って祝いの使者をさしむけたのである。

その後、「讃」が死に、弟の「珍」が倭王となるが、「珍」は「使持節都督《しじせつととく》　倭《わ》　百済《くだら》　新羅《しらぎ》　任那《みまな》　秦韓《しんかん》　慕韓《ぼかん》の六国《りっこく》の諸軍事《しょぐんじ》　安東将軍《あんとうしょうぐん》　倭国王《わのこくおう》」と自称し、この位の承認を求めた。だが宋の皇帝にはほとんど無視され、わずかに「安東将軍」という名誉職をあたえられたにすぎなかった。そのかわりとして倭の使者たちひとりひとりを「平西《へいせい》」「征虜《せいりょ》」「冠軍《かんぐん》」「輔国《ほこく》」を冠した将軍に叙しているが、単なる名目だけの儀礼的な叙勲であったようである。

元嘉二十年（四四二年）にも「倭王済《せい》」が使者を派遣したが、このときも「安東将軍　倭国王」という称号があたえられており、あいかわらず倭国の立場は国際的に評価されていない。そこで元嘉二十八年（四五〇年）に倭王済はふたたび使者を派遣し、「安東将軍」にくわえて「使持節都督　倭　新羅　任那　加羅《から》　秦韓　慕韓の六国の諸軍事」を認めるよう強硬に要求し、とりあえず許されている。しかし、倭王済が死んで世子「興《こう》」の代になると、「倭王興」にはまた「安東将軍　倭国王」

が授けられ、ほとんどの官職が剥奪されてしまうのである。

悲願ともいうべきこの授位の獲得を最終的に成功させたのが、つぎの「倭王武《ぶ》」であった。倭王武はみずから「使侍節都督　倭　百済　新羅　任那　加羅　秦韓　慕韓の七国の諸軍事　安東将軍　倭国王」と称して宋に遣使するのである。とくに順帝の昇明《しょうめい》二年（四七八年）には、倭王武は有名な上表文を宋に呈し、その中で、「昔の祖禰《そでい》（祖父・父）の時代から倭王自身が甲冑を身にまとい、軍隊をひきいて山川を渡り歩いてきた。東方では毛人《もうじん》の五十五国を征し、西方の国では衆夷《しゅうい》の六十六国を支配下においた。また国内だけでなく、海を渡って朝鮮半島にまで兵を進め、九十九国を平定した」と豪語している。この上表文が功を奏したのか、倭王武は百済をのぞいた六国の「諸軍事　安東将軍　倭国王」を授与されている。

もちろん倭王武の軍事力が宋国に認められたこともあろうが、この年に宋は滅亡しているから、この称号授与は倭国からのいくばくかの援助を期待したものか、あるいは王朝最末期のなげやりな授与であったとも考えられる。とすると、東アジアの政治圏では、倭国はまだ群を抜く存在として認められてはいなかったのであろう。しかし、倭国内ではヤマト王権が政治的に大きな力をたくわえ、統一の完成に努力していた。外交に乗り出すことそのものが、国内で有利な立場に立つことに一役買っていたのである。

「倭の五王」はどの天皇にあたるのか

『宋書』には「讃《さん》、珍《ちん》、済《せい》、興《こう》、武《ぶ》」の五人の倭王が登場するが、現代ではこの五倭王は仁徳天皇から雄略天皇までの各天皇であろうとされている。もちろんこれらの天皇に比定することには多少の異論があったことも事実である。『宋書』の記述にしたがって倭王の系譜をみると、「讃」と「珍」は兄弟とされ、「珍」の後継者である「済」は「珍」とどのような血縁であったか不明となっているが、おおむねつぎのように考えられているのである。

ここでおことわりしておかなければならないのは、仁徳天皇とか雄略天皇というのは中国風の諡《おくりな》*であって、奈良時代の終りころに淡海三船《おおみのみふね》（御船王《みふねのみこ》）によっておくられた尊称だということである。それまでは代々の天皇は日本風の名で呼ばれていた。仁徳天皇は「オオサザキノミコト」またはオオサザギノスメラミコト」と称されていた。『古事記』では「大雀命《おおさざぎのみこと》」と表記され、『日本書紀』では「大鷦鷯尊《おおさざぎのみこと》」と記されている。

だが、中国人にはこのような名は理解するのが困難であったから、中国風の名称にかえたのである。

中国では伝統的に一字姓が多かったので、倭王もこれにのっとって漢字の一字姓を名乗ることになった。おそらく、大陸から渡来して倭国の文書を取り扱っていた中国系の官人の助言によるものであろう。そのような文人官僚の存在は、『宋書』に登場する「倭王讃」の使者司馬曹達《しばそうたつ》などからもうかがい知ることができる。

仁徳天皇の場合、「大雀命《おおさざきのみこと》」の「ササ」に「讃」の字をあて、「倭王讃」と称したのである。だが、なぜ「讃《さん》」を「ササ」と読むのかという疑問が出されるかもしれない。

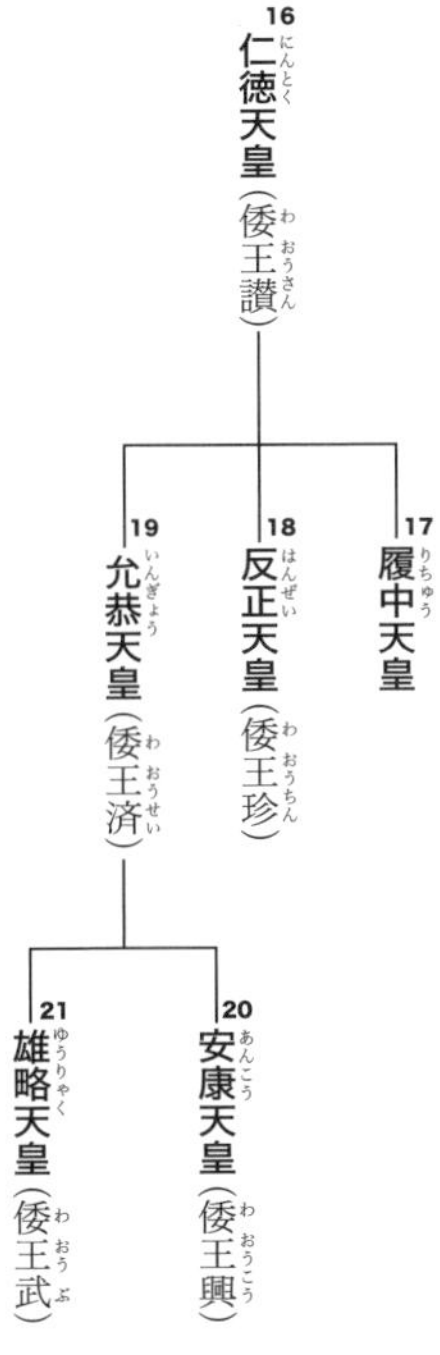

倭の五王の系図

＊諡　人の死後、その人の生前の徳を讃えて贈る称号。

古い時代から日本では中国式の音《おん》読みと、日本式の訓《くん》読みがともにもちいられていた。一例としてご存知の名をあげると、持統女帝は「鸕野讃良皇女《うののささらのひめみこ》」と呼ばれていた。この名は女帝ゆかりの「河内国更荒《ささら》郡（讃良郡）鸕鷀野邑《うのむら》」（「天智紀《てんじ》」七年二月条）によるもので、「讃」を「ササ」と読んでいる。また、「神功《じんぐう》皇后紀」に「神寿《かみほ》ぎ 寿《ほ》ぎ狂《くる》ほし 奉《まつ》り来《こ》し御酒《みき》ぞ あさず飲《お》せ ささ」（「神功皇后摂政紀」十三年二月条）とあるように、「ササ」は相手になにかを勧めるときのはやし言葉でもあり、もともと「栄《さ》えよ」という讃美の意味をふくんでいるのである。こうしたことから、倭王を讃美することを示すため、「大雀命」を「讃」としたのであろう。

「倭王珍」は水歯別命《みずはわけのみこと》（『古事記』）、瑞歯別天皇《みずはわけのすめらみこと》（『日本書紀』）と記されている反正《はんぜい》天皇に比定されるが、おそらく「珍」はこの「瑞《みず》」にもとづくものであろう。「瑞歯《みずは》」という名で呼ばれるのは、この天皇は生まれながらに歯が美しいからである。『古事記』の「反正記」には「御歯《おんは》の長《なが》さ一寸《いっすん》にして広《ひろ》さは二分《にぶ》なり。上下《うへした》等《ひとし》く斉《ととの》ひて既《すで》に珠《たま》を貫《ぬ》ける如《ごと》し」とあり、歯並びがきわめて美しかったと記されている。「瑞《ずい》」はめでたきもの、あるいは善美の意であるが、「珍」は「瑞玉《ずいぎょく》」つまり「珍圭《ちんけい》」（王の使者がもつしるしの玉）を意味するので、「瑞」と「珍」は通ずる。「珍」は美しい貴重なものをさすから、「瑞歯」を「珍」としたのではあるまいか。

ちなみに、五世紀には身体上の顕著な特徴をもってその人を呼ぶ習慣があったようである。履中《りちゅう》天皇の皇子市辺押磐皇子《いちのべのおしは》（市辺忍歯王《いちのべのおしはのおおきみ》）は「三枝《さえぐさ》の如《ごと》き押歯《おしは》」（「顕宗《けんぞう》記」）であったと伝えている。『和名抄』に「齵《ぐう》（押歯）は歯重なり生うるなり」と註されている。

ところで、『宋書』では「珍」は「讃」の弟と記しており、記載どおりに解釈するとすれば、「讃」は「珍」（反正天皇）の兄にあたる履中天皇つまり「去来穂別皇子《いさほわけのみこ》」とするべきである。この場合、「穂《ほ》」は「讃《ほ》める」の「ホ」に相当する。稲穂《いなほ》の「ホ」は頂上をあらわす語であり、転じてすぐれたものを讃める際に「ホ」で表現したのである。「国のまほろば」*の「ホ」がそれである。「倭王讃」については、仁徳天皇の父にあたる応神天皇（誉田《ほんだ》天皇）つまり「品陀和気命《ほんだわけのみこと》」をあてるとする説もあった。「誉田」の「誉《ほめる》」が「讃《ほめる》」と同義だからである。

しかし、現在の多くの学者は、応神天皇を四世紀末に在位した倭王とみるようである。有名な「広開土王碑文《こうかいどおうひぶん》」*に記されている辛卯《しんぼう》の年（三九一年）に南鮮に兵を進めた時代の倭王と想定しているのである。「辛卯《しんぼう》の年に倭国の兵が海を渡り、百残《ひゃくざん》（百済《くだら》）や新羅《しらぎ》を破って臣民となした」という碑文の一節が「応神紀」三年（三九二年）の記載に相当するからである。

*国のまほろば　「まほろば」は「まほら」に同じで、「マホ（真秀）」に場所を示す接尾語の「ラ」のついたもの。秀でた場所の意。

*広開土王碑文　高句麗第十九代の広開土王（在位三九一～四一二年、三七四～四一二年の両説あり）の事跡を記した碑文。「好太王碑」ともいう。鴨緑江中流の輯安県にある。広開土王は高句麗の最盛期の王。倭（日本）と百済の連合軍を破り朝鮮半島の大半を領有した。

記載によると、百済王に即位した辰斯《しんし》王は倭王に対して礼を失するふるまいが多かった。そのために応神天皇は紀角宿禰《きのつねのすくね》、羽田矢代宿禰《はだのやしろのすくね》、石川宿禰《いしかわのすくね》、木菟宿禰《つくのすくね》らを派遣し、百済王の不礼を問責した。驚いた百済の人びとは辰斯王を殺すことで謝罪の意をあらわした。紀角宿禰らは阿花《あか》を立てて王としたという。だが、この阿花王も倭国に反抗の態度をみせたので、倭の兵は枕弥多礼《とむたれ》などの土地を奪った。そこで阿花王は王子の直支《とき》を倭につかわし、ふたたび友好関係にもどることを誓ったのである（「応神紀」八年条の「百済記」）。『日本書紀』のこの史料から、「広開土王碑文《こうかいどおうひぶん》」にいう「辛卯《しんぼう》の年」前後の、つまり四世紀末の倭王は「倭王讃《わおうさん》」（仁徳天皇）の父の世代の倭王であろうとみなすのである。

さて、つぎに「倭王済《せい》」であるが、済は反正《はんぜい》天皇の弟である允恭《いんぎょう》天皇と考えられている。允恭天皇は「雄朝津間稚子宿禰皇子《おあさづまわくごのすくねのみこ》」と称していたので、その名の「津《つ》」を取り出して「済《せい》」としたという。中国の韻書である『集韻《しゅういん》』は「済《せい》は渡《わた》し也《なり》」と註している。「津」も渡しどころの意であるから、「津」と「済」は共通する意味をもつ。また、「済」を重ねた「済々」は、『詩経』に記されている斉風の詩の一節に「四驪済々《しれいせいせい》」とあるように、美しきさまや威儀あるさまを表現する語である。「允恭紀」は允恭天皇を「仁恵《じんけい》」にして「謙虚」であったと記している。

倭王済が允恭天皇に比定されるなら、済の世子「興《こう》」は当然ながら安康《あんこう》天皇である。「世子」は『孟子』に「滕文公《とうぶんこう》 世子《せし》と為《な》る」とみえるように、王や諸侯の世継《よつ》ぎの子「太子」をさす言葉である。

安康天皇は「穴穂皇子《あなほのみこ》」と呼ばれたが、この「穂《ほ》」に着目し「興」としたという。「興農」という言葉があるように「興」は「おこす」あるいは「盛んになるさま」の意である。「稲穂をおこす」と念頭においたかもしれない。だが「安康紀」には、君主（安康天皇）の性格は暴強《ぼうきょう》で、たちまちのうちに「忿《いかり》を起《おこ》し給《たま》う」と評されているから、その荒々しい性格から「興」としたのかもしれない。

最後の「倭王武《ぶ》」は興の弟とされるから、「大泊瀬幼武皇子《おおはつせのわかたけのみこ》」と称した雄略天皇に比定することにほとんど異論はみられない。「倭王武」の上表文の一節に「奄《にわか》に父兄《ふけい》を喪《うしな》う」とあるが、これは安康天皇が即位して三年目に、皇后中蒂姫《なかしひめ》の連れ子の眉輪王《まよわのみこ》（目弱王）に父の敵として暗殺されたことを物語るものという。

中蒂姫は仁徳天皇の皇子大草香皇子《おおくさかのみこ》の妻であったが、大草香皇子は讒言《ざんげん》され、安康天皇の手によって殺されてしまう。中蒂姫の美貌を知った安康天皇はむりやり姫を妻にし、そのとき大草香皇子の遺子である眉輪王も連れ子として宮中に迎え入れるのである。だが、偶然にも眉輪王は父の非業の最期の秘密を盗み聞きしてしまい、仮眠をしていた義父の安康天皇を刺し殺すのである(「雄略即位前紀」)。安康天皇の弟である雄略天皇はこの情報を手にするや、皇位継承の資格を有するライバルの皇子たちをつぎつぎに殺し、王位についた。

このころはまだ、天皇の後嗣はかならず嫡子《ちゃくし》が継ぐのではなく、天皇の皇子または兄弟であれば継承する権利は認められていた。もちろん、皇子の生母の実家の大豪族や妻の実家の政治的ささえがこれを左右したことは事実であるが、実際には兄弟間で継承されていく傾向が強かったのである。

第五章　大王の称号

初期のヤマト王権の君主は「大君《おおきみ》」あるいは「大王《だいおう》」と呼ばれていた。「大君」は、「君の君」、「大王」は「王の王」の意であるから、国々の「君」や「王」を統合して、はじめて「大君」あるいは「大王」と称されるのである。とくに中国風の「大王」の称号は、国際的にいくつかの国を制圧し、覇をとなえることによって認められたと考えられている。

朝鮮半島へ出兵する倭国

たとえば高句麗であるが、とくに四世紀後半に国力がのび、周辺の国々に兵をすすめて領域を拡大していった。小獣林王《しょうじゅうりんおう》の時代には仏教が伝わり、律令が制定されるなど、積極的に中国文化を取り入れているが、それと平行して百済の北辺に侵攻していた（『三国史記』「高句麗本紀」）。

小獣林王の弟がそのあとを継いで故国壌王《ここくじょうおう》となったが、遼東《りょうとう》、玄菟《げんと》の二郡を落とし、また南下して百済を攻略している。新羅は高句麗の勢力をおそれ、王の甥実聖《じっせい》を人質としておくっている。この故国壌王の子が有名な広開土王《こうかいどおう》である。しばしば百済と戦ってこれをやぶり、また燕に侵略されるとこれを撃退している。広開土王のあとを継いだ長寿王《しょうじゅおう》は晋《しん》に使者をおくり、「高句麗王 楽浪郡公」に封ぜられている。そして四二七年に王都を平壌に移した。長寿王は魏に朝貢《ちょうこう》の使者を派遣して背後をつかれる憂いをのぞくと、南鮮の新羅と百済を侵攻しているのである。

５世紀頃の朝鮮半島と日本　４世紀初めに、晋の楽浪郡・帯方郡（推定域）は高句麗の領土に、辰韓（推定域）は新羅となる。

このように、高句麗は四世紀後半から五世紀代にかけて周辺諸国を領域におさめていくのである。とくに「広開土王」の名が示すように、多くの国々を服属せしめて領土を広げたと讃美される王が「好太王《こうたいおう》」と称されるのは注目されてよい（『高句麗広開土王碑文』）。

高句麗に対抗するかのように倭国も早くから朝鮮半島に出兵している。『三国史記』「新羅本紀」は三九三年に「倭人来《わじんきた》りて新羅《しらぎ》の金城《きんじょう》を囲《かこ》む」と伝えているが、これは高句麗が倭国と戦っていると「広開土王碑文」が伝える時期に重なる。また、四〇二年にも新羅の奈忽王《なこつおう》が人質として子の未斯欣《みしきん》を倭国に送ったと記している。その後も倭国の新羅侵攻はやまず、四五九年にも倭人が軍船百余艘で侵略して月城（王城）を攻めたが、かろうじて撃退したと述べている。倭国は百済にも圧力をくわえ、早くも三九七年に百済は太子の腆支《てんし》を人質として倭国に差し出している。

こうした朝鮮半島への出兵という歴史的背景に立って、倭王も高句麗に対抗するように「大王」と称するのである。また、中国の「宋」に対し、「百済《くだら》 新羅《しらぎ》 任那《みまな》 秦韓《しんかん》 慕韓《ぼかん》の諸軍事《しょぐんじ》 安東将軍《あんとうしょうぐん》倭国王《わのこくおう》」の称号の公認を求めたのである。「秦韓」は「辰韓」の、「慕韓」は「馬韓」の別名とすれば洛東江以東の地域と考えられ、「任那」は洛東江の中・下流域から蟾津江《せんづ》流域で、現在の慶尚北道《けいしょうほくどう》と慶尚南道《けいしょうなんどう》にわたる地域といわれている。

倭国から朝鮮半島におもむくとき、まず接触するのがこれらの国々であった。また、これらの国々は長らく小国にわかれ、新羅や百済に併呑《へいどん》される危険にさらされていた。そのため、早くから倭国と同盟関係をむすび、倭国の軍事的援助をたよりにしていたのである。同時に、倭国が中国に対して新羅や百済への軍事力の執行権を主張するのも、これらの国々が騎馬軍団をひきいて侵攻してくる高句麗に対抗するのに忙殺されており、できるだけ倭国との軍事的衝突を回避しようとしていたのを見込んでのことであった。有利に外交をすすめるために、倭国は新羅と百済に小刻みに出兵をくりかえし、代償として当時もっとも必要としていた文物を献納させたのである。極言すれば、出兵は一種の外交手段で、貴重な文物を手に入れるための政治的デモンストレーションにすぎなかったのである。

倭国は新羅や百済を属国として支配したわけではなかったし、また、完全に支配するだけの実力も持ちえなかった。外交折衝の優位性を誇示することが目的だったのである。

百済から渡来した中国遺民集団

倭国がもっとも関心を示し、新羅や百済などに求めたのが、先進技術や中国文化であったことはいうまでもない。

とくに倭国では製鉄技術がおくれていたから、良質な鉄の産地であった新羅や百済から鉄の延板（鉄鋌《てってい》）を大量に輸入しなければならなかった。当時は鉄製の武器が戦争を有利にみちびき、鉄製の農具がいちじるしく農業生産を高めたことを考えれば、倭国がなぜその原料を強く新羅に要求したかご理解いただけるだろう。

「神功皇后紀《じんぐう》」四十七年の条にも、百済の肖古王《しょうこおう》が五色《ごしき》の綵絹《しみのきぬ》と、角弓箭《つののゆみや》と、鉄鋌四十枚を献じたとあるが、この鉄鋌の一部にあたるといわれる遺物が奈良県の宇和奈辺《うわなべ》古墳の陪冢《ばいちょう》*から出土している。また、大型の鉄鋌《てってい》二百八十個以上、小型の鉄鋌も六百個近く出土したといわれている。このような大量の鉄鋌が主軸二五六メートルという巨大な古墳の陪冢から出土するのは、ヤマト王権が鉄鋌を独占的に握っていたことを示唆している。

倭国にとっては中国の先進文化を取り入れることも緊急課題であった。文化国家としての体面をもちつつ中国や朝鮮諸国と接することは、外交上、欠くことのできない重要な要素であった。そのために、早くから百済や新羅に中国文化を身につけた人物の派遣をもとめたのである。

「応神紀」十五年の条には、百済の王が阿直岐《あじき》をつかわして良馬二頭を送ってきたところ、阿直岐が「能《よ》く経典《けいてん》を読《よ》む」ことを知った応神天皇が、皇子菟道稚郎子《うじのわきいらつこ》の学問の師に任じた。そして阿直岐に命じてすぐれた学者を招請せしめている。その人物が王仁《わに》である。王仁は「王」姓であるから、中国遺民であった可能性が強い。百済はかつて中国の植民地の拠点であった帯方郡《たいほう》を中心とした地域から興って建国したから、百済の領内には少なからぬ中国遺民が残存しており、代々中国の文化遺産を伝えていた。

王仁は書首《ふみのおびと》*らの祖である西文氏《かわちのふみうぢ》の始祖といわれるが、文字どおり王仁の子孫は朝廷の文書作成や管理にかかわっていた。国家の体制がととのえられていくにつれて政治・外交・経済関係の文書の作成が必要となり、倭国は漢文に習熟した人物がぜひとも欲しかったのである。

王仁の子孫は河内国古市《ふるいち》郡古市郷（現在の大阪府羽曳野《はびきの》市古市《ふるいち》）を本拠としている。ちなみに羽曳野市誉田《こんだ》には応神《おうじん》天皇陵が築かれており、応神天皇と王仁一族との結びつきを暗示している。

のちの桓武天皇の時代に至って、王仁の子孫の文忌寸《ふみのいみき》が宿禰《すくね》の賜姓《しせい》を請《こ》うたときの上表文には、みずからの出自《しゅつじ》を漢の高祖とし、その系統を引く鸞《らん》の子王狗《おうく》が百済におもむいたと記されている。そして、百済の久素王《くそおう》（貴首王《きしゅおう》）のとき、倭国から文人《ふみひと》を徴召《めしまね》きたいとの要請があったので、王狗の孫にあたる王仁が選ばれて倭国におもむいたというのである（『続日本紀』延暦十年四月条）。

この上表文にみえる「文人」は現在のように文学にたずさわる人の意ではなく、「文《ふみ》」つまり文書をあつかう役人の意である。ちなみに、古代では「史」が「フヒト」と読まれて国家の文書記録を作成する人をさし、現代のような歴史家ではない。しかし、司馬遷《しばせん》のような歴史家は国家の歴史にかかわり、国家の記録文書を史料として『史記』にまとめているから、「史」と歴史家はけっして無関係ではないのかもしれない。この意味からすれば、「文人」も王仁のように『論語』などを講ずるから、

＊陪冢　大古墳の付随して、その近くにつくられた小さい古墳。近親者や従者を葬ったとされる。
＊書首　朝廷の文書作成や管理にあたる職で、百済から渡来した王仁を始祖とする氏族集団の西文氏がこれにあたった。彼らは中国遺民集団と考えられる。

今でいう「文人《ぶんじん》」に近かったといってよい。

ところで、王仁《わに》を漢の高祖の子孫とするのは、文忌寸《ふみのいみき》がみずからの出自を飾り、高貴な家柄の出であると主張して、「宿禰《すくね》」の賜姓《しせい》に有利にはたらくことをねらったものであろう。『新撰姓氏録《しんせんしょうじろく》』左京諸蕃上にも「文宿禰《ふみのすくね》 漢《かん》の高皇帝《こうこうてい》の後《あと》の鸞王《らんおう》より出《い》ず」と同じ主張を記している。

「漢氏《あやし》」と「秦氏《はたし》」の役割

王仁だけでなく、応神天皇の時代の前後に「漢氏《あやし》」や「秦氏《はたし》」などが日本に渡来し、その後、文化面だけでなく政治面にも大きな影響をあたえたことは注目されるべき事実である。なぜなら、国家が大きく飛躍する時期に、大量の中国遺民が渡来するという現象が起きているからである。その大きな波のひとつが応神《おうじん》・仁徳《にんとく》朝であった。

「漢氏」は四、五世紀のころに朝鮮半島の帯方郡《たいほう》のあたりから日本に集団で移民した中国系の一族だったようである。帯方郡は後漢の建安《けんあん》年間（一九六〜二二〇年）から西晋《せいしん》の建興《けんこう》元年（三一三年）まで中国による朝鮮支配の政治的拠点で、多くの官人やその家族が居住していた。だが、建興元年に北の楽浪郡《らくろう》が高句麗の手に落ち、それと前後して帯方郡も韓族の支配下に入る。百済は扶余《ふよ》族という騎馬民族の一族が農民を支配して帯方郡に建国した国である。その都がどこにおかれていたのかについては定説はないが、一説では現在のソウル市付近の漢江流域としている。また、黄海道鳳山郡《こうかいどうほうざんぐん》文井面石城里《ぶんせいめんせきじょうり》を中心とする地域とする説もある。

百済の古都は「漢城」と称し、ソウル市を流れる河川を「漢江」と呼ぶことから、わたくしはこの地域も百済の中心地の一画であったのではないかと想像している。とすれば、この地域には中国遺民が少なからず居住し、百済の建国にも大きな影響をあたえたのではあるまいか。

しかし、高句麗の勢力が拡大し、漢江北岸近くまでせまってくると、百済は必然的に高句麗の脅威にさらされる。百済の王族は扶余《ふよ》族という騎馬民族の一族であったが、民衆の多くは韓民族である。ほとんどが農民であったから、その兵力は農民兵であり、歩兵を主体とするものであった。そのため、機動性にすぐれた馬を駆使して集団で戦う高句麗軍にしばしば敗れ、苦戦する。このような状況下に、百済も急いで騎兵の養成につとめ、対抗しようとしたが、十分に成果をあげるには至らなかった。

一方、高句麗との戦いの苦い経験から、倭国も朝鮮半島から駿馬を輸入し、各地に牧をもうけて繁殖させる必要性に迫られたのである。それでも倭国では馬は依然として高貴なもので、軍馬にもちいることもままならないありさまであった。当時の馬は一種のステータスシンボルだったようである。

豪族の墳墓から出土する埴輪の多くは「飾り馬」である。

話をもどすと、ついに百済は高句麗に圧倒されて漢城を放棄せざるをえなくなり、南遷して白馬江流域に後退し、公州や扶余に都を移すのである。長期にわたって戦場となった漢江流域の人びとは家を焼かれ、田畑を荒らされて、命からがら南へ逃れなければならなかった。そして、その一部の集団が安住の地を求めて倭国に渡ったのである。彼らは中国遺民の系統であり、百済の「漢」と呼ばれる地域の住民であったことから、倭国に渡来して「漢氏《あやし》」と自称したのである。『新撰姓氏録《しんせんしょうじろく》』の逸文にも、応神天皇の時代に「本国《ほんごく》の乱《らん》を避《さ》け」て一族の者が他氏族をひきいて帰化したと記されている。「帰化」という言葉は「王化《おうか》に帰《き》す」という意味である。王の徳治をしたってその支配下に入ることである。

戦後の一時期に、「帰化人」という用語を避ける傾向がみられたが、「王化に帰す」という言葉は適当でないとする主張の根拠のひとつになったのが、当時の日本にはまだ統一国家は形成されていないという点であった。そのために、「帰化人」は韓国民を蔑視する言葉としてきらわれたのである。

しかしわたくしは「帰化人」はけっして侮蔑語ではないと思っている。実際、日本では王をいただく倭国は少なくとも四世紀代には成立していた。倭国の宮廷につかえたこれらの人びとも官僚として尊敬され、一族も日本人と変わらず繁栄していく。帰化人系の人びとは文化人として尊敬されこそすれ、けっして賤視されることはなかったのである。

一方の「秦氏《はたし》」は、「応神紀」によれば弓月君《ゆみづきのきみ》が百二十県《こおり》の民をひきいて来朝した部族集団とされている。「漢氏《あやし》」が漢の高祖を祖先にかつぎだしているのとおなじように、秦氏《はたし》はみずから秦の始皇帝の子孫だと主張している。両氏とも中国の有力な朝廷の始祖をみずからの血統の源としているのは、おたがいに対抗する意図があったからであろう。

「太秦公宿禰《うずまさのきみのすくね》」について、『新撰姓氏録』左京諸蕃上には、応神天皇の十四年に融通王《ゆづ》（弓月君）が二十七県の百姓《ひゃくせい》をひきいて帰化し、天皇に金《きん》、銀《ぎん》、玉帛《ぎょくはく》（玉と布）などを献上したという記述がある。ここに記されている「百姓」は「ヒャクセイ」と読み、「ヒャクショウ」とは発音しない。ここでいう「百姓」は多くの姓《かばね》をもつ人々をさし、現在の農民の意味ではない。おなじ言葉でも、時代によって意味をちがえてもちいられることがままあることに注意していただきたい。

仁徳天皇の時代には二十七県の秦氏を日本の各地に住まわせ、とくに養蚕《ようさん》を司らせて、蚕の繭《まゆ》からつむいだ絹糸で絹織物を生産させたという。天皇は秦氏が貢納する絹布が大変しなやかで温かく、あたかも肌膚《はだ》のようだとほめられ、「波多《はた》」の姓をあたえたという。

雄略天皇の時代に秦公酒《はたのきみさか》は美しく織れた絹布をうず高く山のように積んで天皇に献じた。そこで、天皇は秦公酒に「禹都万佐《うづまさ》」の姓をあたえた。「ウヅマサ」は「太秦」とも表記されるが、「ウヅ」は

「うづ高き」をあらわし、「マサ」は「勝《まさ》る」で、すぐれた品質と技能をしめす。秦公酒《はたのきみさか》は秦氏《はたし》の本宗としてしだいに力をたくわえていったが、彼の本拠は現在の京都市太秦《うづまさ》を中心とする地域であった。

この一族からは聖徳太子のブレーンとして活躍した秦造河勝《はたのみやっこかわかつ》（川勝）が出るが、彼は太子から弥《み》勒菩薩像《ろくぼさつのぞう》をさずかり、太秦の地に蜂岡《はちおか》寺を建立した（「推古紀」十一年十一月条）。この寺が広隆寺の前身であり、この仏像こそ、わが国の国宝第一号として選ばれた半跏思惟像《はんかしいぞう》と考えられている。

「漢氏《あやし》」が百済系とされるのに対して、この「秦氏」は新羅から来朝した一族であったようである。かつて新羅の北東部に辰（秦）韓と呼ばれる地域があった。『魏志倭人伝』「東夷伝」によれば、辰韓は馬韓の東にあったが、この地の古老たちは、秦の始皇帝の時代に過酷な労役に耐えかねて亡命した人びとの一部が、朝鮮半島に逃れてこの地に来たと伝えている。そこで馬韓は東側の土地を彼らに割譲したが、その地には柵がめぐらされ、長いあいだ隔離されていたという。そのため、彼らは長い間、韓族とは異なる風俗を保っていた。話す言葉も韓族の言葉とはきわめて異なっていたようである。たとえば「国《こく》」を「邦《ほう》」といい、「賊《ぞく》」を「寇《こう》」、「行酒《ぎょうしゅ》」*を「行觴《ぎょうしょう》」といったという。『周礼《しゅうらい》』の「注」に「大なるを邦《ほう》といい、小なるを国《こく》という」とあるから、中国系移民のプライドからそのようなむずかしい大げさな表現をもちいたのかもしれない。実際、彼らの風貌は秦人に似ていたので、その地をみずから「秦韓《しんかん》」と称していた。これに照応する記事が『三国史記』「新羅本紀」の赫居世居西汗《かっきょせいきょせいかん》三十八年の条にも記されているから、この伝承をむげに否定することはできないと思う。

だが、秦韓も安住の地ではなかった。『三国史記』「雑志」に、辰韓（秦韓）は馬韓の東にあって海に面し、北は濊《わい》に接していると記されているように、この地は国境に近いところにあった。現在の地名では蔚珍《うるちん》付近ともいわれているが、濊や高句麗が大挙して押し寄せてきたために、秦韓の人びとはふたたび故郷を失うことになったのである。四世紀後半に至って新羅と高句麗の友好関係が破れ、高句麗が新羅に兵をすすめて国境地帯を蹂躙《じゅうりん》したからである。（『三国史記』「新羅本紀」訥祇麻立干三十四年条、慈麻立干十一年条など）。

一般的に、農民は土地への愛着がきわめて強く、よほどのことがないかぎり生活の糧を得ていた農地を放棄し、祖父の地を捨てることはない。その土地が天災や戦乱によって復興できないほど荒廃したり、敵兵に蹂躙されて追われるような緊急事態が起こらないかぎり、彼らは故郷を離れることはないのである。中国遺民が集団で海を渡って倭国へおもむいたのは、倭国が中国の先進技術や文化を身につけた人びとを積極的に受け入れていることを耳にしたからであろう。

＊行酒　盃をもって人に酒をすすめること。「行觴」も同じ意。

ヤマト王権の権威をたかめる戦略

このように、倭国は朝鮮半島から中国遺民と称する人びとを集め、事務官僚として積極的に登用して国家の支配体制をととのえていく一方、日本列島に割拠している豪族を服属させていくのである。同時に外交活動にも力をそそぎ、朝鮮半島南部にしばしば出兵して政治的優位を誇示している。そして五世紀代に、つまり「倭の五王」の時代になると、国際的にも高句麗などに対抗するため、みずから「大王」と称していくのである。倭国が新羅や百済に王子を「人質」として要求するのも政治的優越を誇示する政策であった。

第四章（天皇家と大和の豪族たち）で述べたように、倭国は「大王」と自称するだけでなく、東アジアの盟主であった中国の宋に「新羅《しらぎ》、百済《くだら》、任那《みまな》、加羅《から》、秦韓《しんかん》、慕韓《ぼかん》の六国《りっこく》の諸軍事」権の承認を求めている。もちろん軍事権はほとんど認められず、単に「安東将軍《あんとうしょうぐん》」という名誉職が授与されたにとどまっているが、五世紀後半の「倭王済《わおうせい》」（允恭天皇《いんきょう》）の代になると「新羅、任那、加羅、秦韓、慕韓」の諸軍事と「安東将軍」が認められ、「倭王武《ぶ》」にはふたたびこれらが許可されている。

ここで注目されるのは、宋が一貫して「百済」に対する軍事を認めていない点である。百済はつねに倭国に軍事援助を要請しているから、倭国としては百済への軍事権は当然許可されると考えていたのだが、宋に拒否されているのである。おそらく、百済は早くから宋に近づいて朝貢《ちょうこう》を行っていたから、宋は百済も倭国もおなじ東夷《とうい》の国とみなしていたのであろう。あるいは、百済にはしたたかな外交交渉力があったというべきかもしれない。

それでも五世紀末ころまでに六国の諸軍事が認められていったことは注目されてよいだろう。諸軍事が認められていくことは、宋国そのものが衰亡していく過程と重なっているから、宗主国としての宋の権威が失われつつあったことは念頭におかなければならないが、このことが国内的に有効なデモンストレーションになった点を見落としてはならないだろう。

対外的にも「倭王武」の有名な上表文の一節に「東《ひがし》は毛人《もうじん》を征《せい》すること五十五国、西は衆夷《しゅうい》を服《ふく》すること六十六国、渡《わた》りて海北《かいほく》を平《たい》ぐること九十五国」と豪語し、国威伸張をたからかにうたっている。国内のみならず、南鮮にまで出兵したことを誇らしげに宣言しているのである。だが、この上表文にも高句麗が無道にして「見呑《けんどん》を欲《ほっ》し、辺隷《へんれい》を掠抄《りゃくしょう》」していると記し、高句麗が南鮮の諸国に侵略し、国境を越えて領地を併呑《へいどん》していく実情をうったえている。倭国は「路を進むといえども或は通じ、或は通ぜず」ありさまで、高句麗が中国への道を妨害していると述べている。つまり、南鮮出兵もままならず、高句麗の南下を阻止するのも困難であるというのである。

こうしたことから、倭国はしばしば朝鮮半島に出兵したにもかかわらず、そこに植民地をもうけたこともなく、もうけたとしてもそれを維持しうる実力もなかったことがわかる。倭国としては、外交の場で南鮮諸国に対する政治的優位性を主張できればよかったのである。さらには、大陸の先進技術や文化をスムーズに導入できればそれでよかったのである。そうすれば、国内的にヤマト王権の権威をたかめることになるからである。

別の言い方をすれば、ヤマト王権は大陸の先進文化を独占的に手に入れ、それを利用して国内支配を進めていったのである。

第六章　ヤマト王権の拡大

四、五世紀ころに朝鮮半島に出兵しえたのは国内統一がほぼ完成していたからであろう。国内が乱れ、争いに明け暮れていたなら、海外にまで派兵することはとうてい不可能であった。騎馬軍団をひきいる高句麗軍と戦っていた新羅や百済などが倭国に援軍を要請するのは背後をつかれる心配からのがれるためであろうが、同時に倭国がかなりの武力を擁しているのを知っていたからであろう。実際、五世紀代には、ヤマト王権は日本列島の大半を支配下におく武力を保持していたのである。

地方豪族の平定――三種の宝器の統合

「倭王武《わおうぶ》」（雄略天皇）の上表文には「祖禰《そでい》」のときから甲冑を身につけてみずから各地を転戦しているとの記述があるが、「祖禰」とは「祖父」の意である。「禰」は偏の「ネ」（「示」）があらわしているように、本義は「親の廟《みたまや》」であるが、転じて父親をさすという。「祖禰」または「禰祖《でいそ》」は祖父や父をさす言葉である。一説に、「禰」を「彌」の書き誤りとみなし、「祖彌《そび》」は雄略天皇の祖父にあたる仁徳天皇をさすといわれている。

五世紀代の雄略天皇の祖父や父たちの功績を記した「倭王武」の上表文は倭王みずからが先頭にたっ

て軍隊をひきいて戦ったと伝えているが、わたくしは文字どおり事実であったとは考えていない。たしかに「景行紀《けいこうき》」には景行天皇が熊襲《くまそ》征討におもむいたことが記されているが、戦いのようすを描いた記述はほとんど見当たらず、大半の豪族は天皇の姿を見ると武器をすてて降服している。

たとえば、天皇の使者があらわれると、豊前の神夏磯姫《かむなつそひめ》はすぐさま磯津山《しつのやま》の賢木《さかき》（榊）をとり、その榊の上の枝に八握剣《やつかのつるぎ》をかけ、中の枝に八咫鏡《やたのかがみ》をかけ、下の枝に八尺瓊《やさかのに》の玉《たま》をとりつけ、素幡《しらはた》をかかげて臣従《しんじゅう》を誓っている（「景行紀」十二年九日条）。この記述は、豪族の継承者であることをしめす三種の宝器を天皇に献じて服属の意をあらわしたものであろう。地方でも歴代の豪族が宝剣（八握剣）と神鏡（八咫鏡）と宝玉（八尺瓊の曲玉《まがたま》）を継承していたが、これを天皇に献ずるということには、その土地の支配権を差し出す意味があった。天皇家の「三種の神器」もこれに類するが、むしろ地方豪族の三種の宝器を統合したものと考えるべきであろう。

もちろん景行天皇の遠征の話を史実とする確証はないから、天皇親征の証明にはならない。当時の天皇の性格からみて、わたくしは天皇が実戦の先頭にたつことはきわめてまれで、実際には天皇の代理としての皇族将軍が、物部《もののべ》や大伴らの軍事的伴造《とものみやつこ》ないしは畿内《きだい》を中心とした豪族をひきいて戦ったのではないかと想像している。

この時代の物語が「倭建命《やまとたけるのみこと》」（日本武尊）の物語に結集されて伝えられたのである。「ヤマトタケル」は固有名詞ではなく、「倭でもっとも武勇のすぐれた男」の意であることは先述のとおりである。「若建命《わかたけのみこと》」（幼武尊《わかたけ》）と呼ばれた雄略天皇もこれに類するが、幼武尊の場合はみずから戦いの場におもむいた稀有の例と考えるべきだと思っている。

この雄略天皇の時代は国力が飛躍的に発展したいわば転換期であり、支配領域はすくなくとも東は北武蔵まで、西は九州中部まで広がっていた。このことを証明するのが行田《ぎょうだ》市の埼玉《さきたま》古墳群の稲荷山《いなりやま》古墳から出土した鉄剣の銘文である。この銘文には、上祖「意富比垝《おおひこ》」より八代にわたって杖刀人《じょうとうじん》として朝廷につかえてきた「乎獲居臣《おおわけのおみ》」が「獲加多支鹵《わかたける》(鹵)大王《だいおう》」（雄略天皇）の統治を助けたと銘記されている。「八代」を文字どおりに解釈するなら、一世代を二十年として八代はおよそ百五十年である。雄略天皇の治世は西暦四五六年から四七九年であるから、これを基準にして百五十年以前にさかのぼると四世紀の初頭になる。

言葉をかえれば、仁徳天皇の在位が五世紀前半とすると、仁徳天皇より五、六代前にさかのぼった四世紀はじめが「意富比垝《おおひこ》」の時代ということになる。『記紀』に記された天皇家の系譜をさかのぼると、応神天皇、仲哀《ちゅうあい》天皇、成務《せいむ》天皇、景行《けいこう》天皇、垂仁《すいにん》天皇、崇神《すじん》天皇となるが、この崇神天皇の前後が四世紀のはじめであろう。また、多くの学者の考えから「乎獲居臣《おわけのおみ》」の始祖「意富比垝」が『記紀』にみえる「大彦命《おおひこのみこと》」だとすれば、「大彦命」は崇神天皇の伯父であり、崇神朝に皇族将軍として活躍している人物である（「崇神紀」十年九月条）。

とすると、四世紀はじめの崇神天皇の時代が、ヤマト王権出現の謎をとく大きな鍵を秘めているとみなしてよいのではないか。

ヤマト朝廷「建国の日」のシナリオ

『古事記』では崇神天皇が「初国知らし《はつくにし》し御真木天皇《みまきのすめらみこと》」と称されていることを想起すべきであろう。『日本書紀』では初代天皇とされる神武《じんむ》天皇を「始馭天下之天皇《はつくにしらすのすめらみこと》」と称している。しかし、学者の多くは、聖徳太子の時代に暦の干支《かんし》を紀元前六百六十年にさかのぼらせて皇紀を引き延ばし、辻褄をあわせるために神武天皇から八代の天皇を加えて崇神天皇につなげたと考えている。

この見解にしたがえば、神武天皇と崇神天皇はもともとおなじ天皇であったことになる。それゆえ『記紀』それぞれに「初国治す《はつくにしらす》」として初代天皇と記されたのである。『記紀』をみると、たしかに加えられた八代の天皇の記事はきわめて簡約であり、天皇家の家譜である「帝紀」しか伝えておらず、事件や物語はほとんど記載されていない。しかも、この八代の天皇はきわめて長命なのである。

『日本書紀』では神武天皇の崩御《ほうぎょ》の年齢は百二十七歳とされ、つぎの綏靖《すいぜい》天皇は八十四歳、安寧《あんねい》天皇は五十五歳、懿徳《いとく》天皇は七十七歳、孝昭《こうしょう》天皇は百十三歳、孝安《こうあん》天皇は百三十七歳、孝霊《こうれい》天皇は百二十八歳、孝元《こうげん》天皇は百十六歳、開化《かいか》天皇は百十一歳（または百十五歳）である。このように『記紀』は無理をして紀元前六百六十年を神武天皇の即位の年としているのである。

『日本書紀』には、神武天皇は辛酉《かのととり》年の春正月《むつき》の庚辰《かのえたつ》の朔《さく》（一日《ついたち》）に橿原《かしはら》の宮で即位されたと記されている。「辛酉」の年は中国では「革命《かくめい》」の年で、天帝の命が改《あら》まる年と考えられていた。ちなみに「甲子《きのえね》」の年は「革令《かくれい》」＊の年である。さらに正月一日は年の始めであるから、国家が誕生した日としてはまさに辛酉年の正月一日がもっともふさわしいとされたのである。国家が誕生した日を正確に知っていた人間はいなかったであろうが、のちに日本に入ってきた中国思想の影響により、国家誕生の日としてものごとの始めにふさわしい日を選んだと、わたくしは考えている。

このことは、伝説ではすぐれた人物の誕生日を冬至の日とする場合が多いのと類似する。冬至は太陽が再生する日であるから、古代の人びとにとって神聖な日であった。それゆえわたくしは、国家起源の日は史実というより、むしろ信仰上の問題にかかわっていたと考えているのである。

ちなみに、現在、日本の建国の日は二月十一日とされているが、これは明治六年（一八七三年）の太政官布告で定められたもので、辛酉年の正月一日が太陽暦の二月十一日にあたるとされ、この日を「紀元節《きげんせつ》」と呼ぶことが決められたのである。そして、明治二十二年（一八八九年）の紀元節に欽定憲法《きんていけんぽう》が発布され、小学校教育の普及とともに紀元節の式典が学校でも行われるようになっていった。戦後、紀元節は廃止されたが、昭和四十一年（一九六六年）に「建国記念の日」として国民の祝日に加えられたことはご承知であろう。

東夷征討の氏族

ところで、稲荷山《いなりやま》鉄剣銘には「大彦命《おおひこのみこと》」（意富比跪《おおひこ》）の名が記されていたが、『古事記』では大彦命は高志《こし》（越）の国*におもむいたという。また大彦命の御子「建沼河別命《たけぬかわわけのみこと》」は東国の平定に尽力し、のちに父の大彦命と「相津《あいづ》」で行き会ったという（「崇神記《すじんき》」）。これが現在の「会津《あいづ》」の地名由来伝承であるが、真偽はともかく、この一族が北陸や東国に勢力基盤を築いていたのは事実のようである。

『新撰姓氏録《しんせんしょうじろく》』「左京皇別上」に「安倍朝臣《あべのあそみ（あべのあそん）》孝元天皇《こうげんてんのう》の皇子《おうじ（みこ）》、大彦命《おおひこのみこと》の後《あと》なり」とあり、『古事記』

＊革令　陰陽道の用語で干支の甲子《きのえね》の年をいう。この年には変乱が多いとされ、日本では改元をするならわしであった。

＊高志（越）の国　北陸道。また越前、越中、越後の北陸道の国。

にも「大毘古命《おおひこのみこと》の子《こ》、建沼河別命《たけぬかわわけのみこと》は安倍《あべ》臣らの祖なり」（「孝元記《こうげんき》」）と記されているように、大彦命《おおひこのみこと》は安倍氏の始祖とされている。また、注意すべきは『新撰姓氏録』「左京皇別上」でも「杖部造《はせつかべのみやつこ》」を大彦命の後裔氏族としている点である。この「ハセツカベ」の原義は「駆使部《はせつかべ》」であろうが、おそらく天皇の命を奉じて全国に派遣され、豪族の動向をさぐることを任とした氏族である。彼らは天皇の権威の象徴である「杖」をさずけられ、諸国に派遣されたのである。

とすると、稲荷山《いなりやま》古墳の鉄剣銘にみえる「杖刀人《じょうとうじん》」はこの「杖部」（丈部）の始原的な役職ではなかろうか。時代がくだって、奈良時代にも武蔵国のとくに北部には有力な「杖部」が散在していたことも、わたくしの考えを補強するものであろう。たとえば横見《よこみ》郡の郡司《ぐんじ》少領《しょうりょう》（郡の次官）は「杖部直《はせつかべのあたい》」であった（『正倉院宝物銘文集成』）。さらに武蔵国造《むさしのくにのみやつこ》も「丈部直不破麻呂《ふわまろ》」である（『続日本紀』天平宝字八年十月条）。「横見郡」は中世に「吉見郡」とあらためられるが、現在の吉見町が中心地であるという。吉見町は埼玉県行田《ぎょうだ》市の南七、八キロに位置し、この一帯に「杖部」が少なからず散在していたのである。

以上の点を勘案すると、ヤマト王権は四世紀ころから安倍氏などを東国に派遣し、豪族を服属せしめていったようである。『常陸国風土記』にも古老の所伝として、美麻貴《みまき》の天皇《すめらみこと》（崇神《すじん》天皇）の時代に東夷《とうい》を征するために比奈良珠命《ひならすのみこと》を常陸の国に派遣したと記されている（『常陸国風土記』新治《にいはり》郡の条）。単なる伝承にすぎないかもしれないが、東国平定をあえて崇神天皇の時代としている点はやはり留意しておいたほうがよいだろう。もちろん伝承の内容そのものは架空に満ちており、たとえば「比奈良珠《ひらなす》」は「夷を治《ひなら》す」つまり「東夷を平定する」という意からつけられた名で、実在の人物というより「東夷《とうい》の征討にあたった者」という意味であろう。

ヤマト王権の発祥地にある巨大な前方後円墳

このように東国まで領域におさめていたということは、ヤマト王朝がすくなくとも四世紀のはじめころにはすでに成立していた証拠のひとつと考えてよいだろう。考古学の時代区分によれば四世紀のはじめは前期古墳時代に属する。『古事記』は崇神《すじん》天皇陵を「山辺道勾の岡上《やまのべのみちまがいおかのうえ》」にありと記しているが、この陵墓は、山の辺の道に沿う現在の奈良県天理市柳本《やなぎもと》町のアンド山にある全長二百四十二メートルの、通称「行灯山《あんどんやま》古墳」であるといわれている。現在は周囲に濠がめぐらされ、三百四十メートルにおよぶ規模となっている大古墳である。築造当初から濠がめぐらされていたかどうかは疑問であるが、巨大な前方後円墳が山の辺の道に接して築かれたことは、この地域がヤマト王権の故郷であることを暗示している。

また、行灯山《あんどんやま》古墳の近くには景行《けいこう》天皇陵とされる「渋谷向山《しぶやむかいやま》古墳」（全長三百十メートルの前方後円墳）が築かれているのである。この古墳からは古式の土師《はじ》器や須恵器が出土しており、比較的早期に属する古墳とされているが、規模としては全国七位にランクされる巨大な前方後円墳である。これらの古墳を造営せしめた人物の権力がきわめて強かったことをうかがわせる規模である。

こうした巨大な前方後円墳は倭迹迹日百襲姫《やまとととひももそひめ》の墓と伝えられる「箸墓《はしはか》」や、奈良県天理市中山町の「西殿塚《にしとのづか》古墳」（全長二百三十四メートルの前方後円墳）、桜井《さくらい》市外山《とび》の「桜井茶臼山《さくらいちゃうすやま》古墳」（全長二百七メートルの前方後円墳）などの古い時代の前方後円墳とともに、奈良盆地東南部の山の辺の道沿いに築かれているのである。

奈良盆地東南部は、古代の大和国磯城《しき》郡（城上《しきのかみ》郡・城下《しきのしも》郡）を中心とした地域である。城下郡に「大和郷《おおやまと》」の名をとどめているように、まさに本来の「大和」の地であった。この地こそヤマト王権の発祥地とみなされ、これらの巨大な前方後円墳は初期墳墓とされているのである。

残念なことに日本の古墳にはいわゆる「墓誌銘」を置く習慣がなかったから、被葬者を具体的に知ることはきわめて困難である。考古学者は被葬者の決定には非常に慎重で、天皇陵と伝えられる陵墓も「行灯山古墳」（伝崇神《すじん》天皇陵）とか「渋谷向山《しぶやむかいやま》古墳」（伝景行《けいこう》天皇陵）と称し、具体的な天皇名をあげるのを避けている。もちろん『延喜式《えんぎしき》』「諸陵寮」の条には瓊瓊杵尊《ににぎのみこと》の日向《ひむか》の埃山陵《えやまりょう》を筆頭に歴代の天皇の陵墓名とその所在地が記されている。だが、多くは単なる伝承にすぎず、実際の古墳築造年代と天皇が在位した時代とがあまりにもちがいすぎるケースが多々あるという。

だが考古学は、「箸墓」は三世紀中葉、柳本《やなぎもと》古墳群に属する「行灯山古墳《あんどんやま》」と「渋谷向山古墳《しぶやむかいやま》」は四世紀前半から中ごろの造営と考えており、古式の前方後円墳に属するとしている。とすれば、三世紀中葉ころからしだいに権力を強めてきた大和国磯城《しき》地域の豪族が四世紀ころから奈良盆地を越えて勢力をのばし、五世紀に入ってほぼ全国を支配下におさめたというストーリーを描くことも許されるだろう。

「瑞宝十種《みずのたから》」による鎮魂の法

天皇家の祖先がまず大和盆地の諸豪族をまとめたのは、あくまで宗教的な権威によるものであって、武力による統合ではなかった。天皇家の祖先は当初から諸豪族より上位にあり、隔絶した地位にあった。先にもふれたように、全国統一にあたっても、実際にヤマト王権の兵力を指揮したのはおもに豪族たちで、それぞれの私兵をひきいて転戦していったのである。重要な戦いに天皇の権威の代行者として皇族将軍を奉戴することもあったが、天皇みずからが親征することはほとんどなかったと思われる。

天皇の軍隊とされる「物部氏《もののへ》」などは宗教的な色彩を濃厚にとどめていた氏族であった。物部氏は天理市の石上《いそのかみ》を中心とした地域に本拠地を置く豪族であるが、古くから「破邪《はじゃ》の剣」を奉斎する氏族であったらしい。ご存知のように物部氏は石上神社を祀《まつ》る一族である。「布留《ふる》の石上」と呼ばれるように、石上神社のご神体は穂先に神が降臨されるという神聖な宝剣である。一般には「布留《ふる》」は「フッ」と音をたててものを断ち切る刀剣の切れ味の意とされているようだが、わたくしは「神降《かみふ》り」の意をあらわす語と考えている。

古代の神はつねに「ホ」先に降臨されるが、「ホ」はものの先端の意である。「稲穂《いなほ》」の「ホ」も「炎」の「ホ」もおなじであることは前述したとおりであるが、特定の剣の穂先に神が降臨されると、その剣は「破邪の剣」あるいは「破魔の武器」に聖化される。一般の剣から「聖別」された宝剣になるのである。

物部氏はこの霊剣を奉じ、軍隊をひきいて戦った。この剣にやどるのは「モノ」と呼ばれておそれられた神である。三輪山《みわやま》の神も「大物主神《おおものぬしのかみ》」で、大きなたたりをなす「モノ」（神霊）であった。「モノ」は具体的な姿を見せぬ精霊であるので、いっそう人びとにおそれられた。

物部氏が実際に鎮魂の儀礼にたずさわったことは多くの史料が示すところである。わたくしは鎮魂には大きくいって二義があったと思っている。ひとつは「魂鎮《たましず》め」であり、もうひとつが「魂振《たまふ》り」であった。そのために「鎮魂」は「タマシズメ」と読まれ、「タマフリ」とも呼ばれていたのである。「魂鎮め」は降臨された神霊が長くとどまるように鎮めることである。また、悪霊の活動を鎮め抑えることも「魂鎮め」といわれるようになっていった。一方、「魂振り」はしだいに衰弱していく霊魂を振って覚醒させ、霊力を復活させることである。だが、これらの儀式の前段階で、まず神を招きおろさなければならない。この「神おろし」が「降《ふ》る」つまり降臨の儀式であった。とすれば、魂降りが鎮魂の原義であったとも考えられる。

物部氏の魂振りの神事のひとつに「天璽瑞宝十種《あまつみしるしのみずのたから》」をもちいる呪法がある。物部氏の祖が天から下ったとき、祖神からさずかったといわれる神宝が「瑞宝十種」である。十種の瑞宝とは、「瀛《おき》都鏡《つかがみ》」ひとつ、「辺都《へつ》鏡」ひとつ、「八握剣《やつかのつるぎ》」ひとつ、「生玉《いきたま（いくたま）》」ひとつ、「死反《まかる》玉」ひとつ、「足《たる》玉」ひとつ、「道反《おかえし》玉」ひとつ、「蛇《へび》の比布《ひれ》」ひとつ、「蜂《はち》の比布」ひとつ、「品々《くさぐさ》の比布」ひとつである（『旧事本紀』天神本紀）。この十種の瑞宝を合せて「一《ひ》、二《ふ》、三《み》、四《よ》、五《いつ》、六《む》、七《なな》、八《や》、九《ここのつ》、十《とう》」ととなえながらゆらりゆらりと振れば、痛みはたちどころに消え、死者も生き返るという。これを「布留《ふる》の言本《こともと》」といっている。きわめて不可思議な呪法のようであるが、これらの呪具はけっして物部氏独特のものではなかったようである。

「瀛都鏡《おきつかがみ》」は「辺都鏡《へつ》」と対をなすもので、神殿の奥深くに祀《まつ》られる鏡と、拝殿に置かれて参拝する人の間近に祀られる鏡であろう。古代の鏡は実用品ではなく、神の姿をうつしだす聖器であり、また、光を反射するところから太陽神のシンボルともみなされた聖なる呪具でもあった。卑弥呼が魏に「銅鏡百枚」を要求したのも、おそらく神祀りに必要な呪具であったからであろう（『魏志倭人伝』）。

「八握剣《やつかのつるぎ》」は、文字どおりに解せば長さが手の握り幅の八倍ある剣である。天皇家をはじめ諸豪族の継承の際には、かならずといってよいほどこの「八握剣」が授与されている。また、「八」にこだわるのは、古代の「八」は、実数というより「大きいこと」や、「多いこと」をあらわす言葉であったからである。「八百神《やおよろずのかみ》」、「大八洲《おおやしま》」などがこれにあたる。また、「八」は「末広《すえひろ》」のかたちであるから、時代がくだると将来の繁栄を意味するようになった。江戸時代に「八百八町」「八百万石」「銀座八町」などとさかんにもちいるようになるのはこのためである。

「八握剣」は物部氏《もののへ》が斎《いつ》く「破邪の剣」そのものであり、病魔や死霊も退散せしめる呪力を秘めていた瑞宝《みずのたから》であった。神が降臨されるのは霊剣の剣先だと前述したが、たとえば建御雷《たけみかづち》の神が出雲国におもむき、国譲りの交渉にあたった場面を思い出していただきたい。

『古事記』では、建御雷の神は出雲国の伊那佐《いなさ》の浜に降り、十掬《とつか》の剣《つるぎ》の柄を波頭に刺して、その剣の穂先の上に足を組んだと伝えている。『日本書紀』では建御雷の神（武甕槌《たけみかづち》の神）とともに出雲国におもむいた物部氏の祖である経津主《ふつぬし》の神も切っ先の上に踞《あぐら》を組んだと記している。これは剣先に神が降臨する場面を文学的に表現したものである。

「生玉《いきたま》」「死反《まかる》玉」「足《たる》玉」「道反《おかえし》玉」の玉類であるが、古代には「玉」は「魂《たま》」そのものとみなされていた。すべての「玉」は生命を左右しうる呪能をもつものと考えられていたのである。「玉」は生命を付与したり、生命を充実させたり、あるいは死者の身体にふたたび魂をもどして蘇生（甦生）させたりする呪法にかかわるものであった。古代には死にかけている人間をこの世に引き戻すことができると信じられていたのである。「道反玉」については、『古事記』に伊邪那岐《いざなぎ》の神が黄泉《よみ》の国から脱出し、黄泉比良坂《よもつひらさか》をふさいだ岩を「道反之大神《ちがえのおおかみ》」と名づけたと記されている。これは黄泉の悪霊を追い返し、死者の霊を生還させることができると考えられていたことを示す物語であろう。

玉を振るのは、まさに死にのぞみ、意識朦朧としている人の身体を激しくゆさぶって蘇生させることに成功した古代の人びとの体験がもとになっているのであろう。この体験から玉（魂）を振ることを思いついたのではなかろうか。真偽はともかく、「魂振り」は覚醒をうながす秘儀なのである。

古代朝廷の秘儀とされる「八十島祭《やそしままつり》」もそのひとつであろう。祭祀を命ぜられた女官（典侍《てんじ》）が天皇が身に着けた御衣《ぎょい》を筥《はこ》におさめて難波津《なにわづ》に持参し、琴の音にあわせて御衣をゆさぶる儀式である。天皇の玉体《ぎょくたい》を直接ゆさぶることは許されなかったから、天皇の御魂《みたま》が付着した御衣で代用するのである。これは天皇の御魂の再生呪礼である。この秘儀を難波津で行うのは、国土誕生の神話の舞台がこの地であったからだとわたくしは考えている。

古代では、北からは淀川が、南からは大和川が難波の海に流れこみ、多量の土砂を運びこんでいた。それがしだいに堆積して多くの島となり、いつしか島には葦が茂っていくのである。この島々は「八十島《やそ》」と呼ばれ、国土形成の具体的なモデルを提供したのである。

『古事記』の天地創造の神話に登場する「宇比地邇《うひぢに》の神」が、『日本書紀』では「渥土煮《うひじに》」と表記されて「泥が堆積した」状態を示し、妹の「須比智邇《すひぢに》の神」は『日本書紀』では「沙土煑《すいじみ》」とされているから、おなじ性格の「めおと」の神であろう。ものの生成には男女神の協力が必要なのである。

つぎにあらわれる「角杙《つのぐい》の神」「活杙《いきぐい》の神」は杙《くい》を神格化したもので、島のめぐりに杙をうち、島が崩れないようにすることであろう。また杙を打つことは、占有を示す行為でもあった。「意富斗能地《おおとのじ》」「大斗乃辦《おおとのべ》」のペアの神は『日本書紀』では「大苫辺《おおとまべ》」とされているから、「苫《とま》」（茅《かや》などで編んだ覆《おお》い）の意であろう。つぎの「於母陀流《おもだる》の神」は「日本書紀」では「面足《おもだる》」と記されているから、島の完成を意味するのであろう。これらの記述は、土砂の堆積からしだいに島としてかたちをととのえていった過程を神話化したものであると思っている。つまり、八十島誕生の物語を神名で説明したのであろう。とすれば、日本列島誕生の秘密を物語る難波津は天皇霊の再生の場にもっともふさわしい聖地であったのである。

さて、「瑞宝《みずのたから》十種」の「蛇《へび》の比布《ひれ》」「蜂《はち》の比布」であるが、これも『古事記』に登場している。大《おお》穴牟遅命《あなむちのみこと》が根の国の須佐之男命《すさのおのみこと》のもとに送られて、種々の試練を受ける場面に登場する呪具である。須佐之男命は大穴牟遅命を毒蛇がたむろする穴に閉じ込めるが、これを垣間見た須佐之男命の娘須勢理毘売《すせりひめ》が、愛する命《みこと》を助けるために「蛇の比布」をひそかにあたえ、蛇に向かってこの比布を打ち振るように告げるのである。大穴牟遅命がいわれたままに比布を振ると、蛇はたちまち静まり、命に害をあたえることはなかったという。

大穴牟遅命の無事をみて不思議に思った須佐之男命は、ふたたび命を蜂や呉公《むかで》（「蜈蚣」の略字）の室に追いこんでしまった。だが今回も須勢理毘売があたえた「蜂の比布」で事なきをえたのである。

大穴牟遅命に与えられたこのような試練は文化人類学でいう「通過儀礼」のひとつで、成人式に行われる秘儀を物語るものと、わたくしは考えている。古代には、少年期を脱して一人前の男性と認知されるためには、種々の苦悩や試練に耐えなければならなかった。とりわけ君主の就任にはきわめてきびしい試験が課され、体力と知力で克服しなければならなかった。大穴牟遅命は試練に耐えてはじめて須佐之男命から「大国主命《おおくにのぬしのみこと》」という名と、須勢理毘売《すせりひめ》をあたえられた。つまり「国主」として認められたのである(『古事記』)。

さて、ここで呪具としてもちいられた「比布《ひれ》」(比礼)は女性の首に巻くスカーフのたぐいであるが、「霊」を招き降ろし、まねく呪能を有するものでもあった。『肥前国風土記』松浦《まつら》郡の条には、大伴狭手彦《おおとものさでひこ》が妻の弟日姫子《おとひめこ》を九州の地にとどめて任那《みまな》遠征に船出したとき、弟日姫子が鏡山《かがみやま》に登っていつまでも「褶《ひれ》を用《も》ちて振《ふ》り招《お》ぎ」したことから、鏡山を「褶振《ひれふ》りの峯《みね》」と名づけたという。弟日姫子は若い日の巫女の意であるが、「比布」を振るのはおそらく「魂乞《たまこ》い」で、離れてゆく魂をみずからのもとに引き寄せる呪術である。一説に「魂乞い」を「恋《こ》う」の語源としているようだが、当否は別にしても他人の魂をわが身に引き寄せて付着させる行為である。そしていつまでも離れぬように鎮《しづ》めておくことを願うものであった。

この「鎮め」が「やすらかに鎮まる」ことを意味したから、しだいに悪霊の鎮定もふまえるようになったといわれている。しかしわたくしは、「比布」で強力な神を招き降ろし、邪霊をうち鎮めさせたと考えるほうがよいと思っている。このような呪能を具有した「十種の瑞宝《みずのたから》」をすべて合せる「鎮魂の法」はきわめて強力な呪力を発揮した。

ヤマト王権の「姓《かばね》」と格づけ―臣《おみ》と連《むらじ》の違い

こうした宗教的秘儀の司祭者が「物部《もののへ》」であったのである。また、この「もののへ」から「もののふ」（武人）の言葉が派生するように、物部は破邪の宝剣を奉じて抵抗する諸国の豪族たちを服属させていった武人集団であった。

武人としての物部氏が神聖な剣をはじめとする武具の管理者を兼ねていたことは、石上《いそのかみ》神社にそれらを収納する「兵庫《ひょうこ》」が存在していたことからもうかがえる。「垂仁《すいにん》紀」には「五十瓊敷命《いそにしきのみこと》」が茅渟《ちぬ》の菟砥《うと》の川上宮《かわかみのみや》で剣一千口を作って石上神宮に納めたと記されている（「垂仁紀」三十九年十月条）。その後、この天《あま》の神庫《ほくら》の管理が「物部十千根《とちね》」にゆだねられるようになったのである。

また「神功《じんぐう》皇后紀」には、百済の久氐《くで》らが千熊長彦《ちくまのながひこ》にしたがって来朝し、「七枝刀《ななつさやのかたな》」一口、「七子《ななこ》の鏡《かがみ》」一面などを献じたとの記述がある（「神功皇后紀」五十二年条）。今日でも石上神社の神宝とされている「七支刀」がこの「七枝刀」であろうと考えられている。「七支刀」の銘文によれば「泰《たい》和《わ》四年」（三百六十九年）、百錬の鋼を鍛えて製造した刀としているが、この「泰和四年」が東晋暦の「太和《たいわ》四年」であるとすると、『日本書紀』の神功《じんぐう》皇后の摂政四十九年にあたるから、この剣が「七枝刀《ななつさやのかたな》」であると考えてもさしつかえないだろう。

宝剣の神である「経津主神《ふつぬしのかみ》」を斎《いつ》く物部《もののへ》氏は、配下に鉄剣の製造者をかかえているだけでなく、種々の武器製造に従事する部民集団も支配していた。その代表が矢の製作にあたる「矢作部《やはぎべ》」であり、弓を製作する「弓削部《ゆげべ》」であった。「部《へ（べ）》」は職業集団をあらわす古代の語である。

物部氏とならんで「大伴《おおとも》氏」も天皇家直属の氏族であった。「大伴」の氏姓も「天皇の伴造《とものみやつこ》」の最高位のもの」という意味である。「トモ」には二義があり、「友《とも》」と表記すれば同輩や仲間の意であり、「伴《とも》」とすれば伴われる者、つまり「従者」の意である。大伴氏は天皇家の直属の従者であり、かつそれを誇りにしていた一族であった。「神武紀」にも、熊野から大和に北進したとき、頭八咫烏《やたのからす》*のみちびきにしたがって先頭にたったのが、大伴氏の祖日臣命《ひのおみのみこと》であると誇らしげに記されている。

奈良時代にいたっても、大伴氏は長歌の一節に

大伴《おおとも》の　遠《とお》つ神祖《かむおや》の　その名《な》をば　大来目主《おおくめぬし》と　負《お》ひ持《も》ちて　仕へし官《つかさ》　海行《うみゆ》かば　水浸《みづつ》く屍《かばね》
山行《やまい》かば　草《くさ》生す屍《かばね》　大君《おおきみ》の　辺《へ》にこそ死《し》なめ　顧《かへり》みはせじ　（巻十八・四〇九四　大伴家持《やかもち》）

と歌い、早くから天皇家に隷属し、軍事をつかさどってきた家柄の忠誠心を誇示している。「葛城《かつらぎ》氏」「平群《へぐり》氏」「蘇我《そが》氏」などの豪族とは出自《しゅつじ》を異にしていることを端的に示唆するものといえよう。

「葛城氏」「平群氏」「蘇我氏」などは大和盆地の地域名を冠していることからもわかるように、それらの地域の生え抜きの豪族であった。初期にあっては天皇家と同列にならぶ土着の豪族であったといってよい。だが、宗教的権威によって天皇家が君主として諸豪族から擁立されると、当然のことながら天皇家の上級家僚はみずからを昇格させ、しだいに葛城氏などと肩をならべるまでになったのである。しかし、いかに地位が上がっても葛城氏などとは身分的にはっきりと、区別されて遇されていた。たとえば、葛城氏などは最高位の姓《かばね》である「臣《おみ》」をあたえられ、葛城臣、平群臣、蘇我臣と呼ばれたが、物部氏や大伴氏は「連《むらじ》」であった。「連」は職業集団の長である「伴造《とものみやつこ（ばんぞう）》」にあたえられる姓である。安倍氏が安倍臣と称すように、皇族出自の氏族にも「臣」の姓があたえられている。

　とくに天皇家の后《きさき》は皇族と臣系氏族から召されることが多く、連系からはほとんど召されなかった。崇神《すじん》天皇は大彦命《おおひこのみこと》の娘御間城姫《みまきひめ》を、垂仁《すいにん》天皇は皇族の出と称する和邇《わに》臣《おみ》系の狭穂姫《さほひめ》を、景行《けいこう》天皇は吉備臣《きびのおみ》の播磨稲日大郎姫《はりまのいなびのおおいらつめ》を、仲哀《ちゅうあい》天皇は叔父にあたる彦人大兄《ひこひとのおおえ》の娘大中姫《おおなかつひめ》や気長宿禰王《おきなかのすくねのみこ》の娘

＊頭八咫烏　「神武紀」で神武天皇が熊野から大和に東征したときに、険路の先導をしたという大きな鳥。『姓氏録』では賀茂建角身命《かもたけつのみこと》の化身としている。中国古代説話では太陽の中にいる三本足の赤い烏とされ、「金烏」ともいわれ、太陽の異称である。

気長足姫《おきながたらしひめ》（神功皇后《じんぐう》）を、応神天皇は景行《けいこう》天皇の皇子五百城入彦《いほき》の孫仲姫《なかつひめ》やその姉高城入姫《たかきのいりひめ》を后妃とし、ほとんどが皇族出身である（『日本書紀』）。

前例をつくる。

仁徳天皇にいたって葛城襲津彦《かつらぎのそつひこ》の娘「磐之媛命《いわのひめ》」を后妃とし、大和の有力な豪族の娘が召される

前例をつくる。履中《りちゅう》天皇も葛城襲津彦の子葦田宿禰《あしだのすくね》の娘黒姫《くろひめ》を皇后としている。反正《はんぜい》天皇は和迩《わに》系の大宅臣《おおやけのおみ》の娘津野媛《つののひめ》を、允恭《いんぎょう》天皇は応神天皇の皇子稚渟毛二岐皇子《わかぬけふたまたのみこ》の娘忍坂大中姫《おしさかのおおなかつひめ》を、雄略天皇は大草香皇子《おおくさかのみこ》の妹草香幡梭姫《くさかのはたびひめ》を召している。つまり、后妃を出す家は皇族出自か有力な臣系氏族にかぎられ、権力を強めていったとはいえ、連《むらじ》系氏族は皇妃を差し出すことはできなかったのである。

皇統の危機と天皇親政

しかし、ヤマト王権の全国制覇の過程で、物部《もののべ》氏と大伴《おおとも》氏は将軍としてかがやかしい功績をたてているから、しだいに葛城《かつらぎ》氏や平群《へぐり》氏などとともに朝廷で重きをなしていったのは事実である。この流れに沿って、五世紀代の後半から六世紀にかけて、この「臣《おみ》」系の豪族グループと、「連《むらじ》」系の豪族の代表がともに国政を担当する執政官をつとめるようになっていく。それぞれの系列の代表者は、臣

系氏族は「大臣《おおおみ》」、連系氏族は「大連《おおむらじ》」と呼ばれ、この場合の「大」は代表者を意味している。おそらく天皇が親政されることはきわめて異例で、主として「マツリ」の最高位の司祭者として君臨されるのが慣例であったのだろう。その天皇のもとで、「マツリゴト」、つまり政治は、「大臣」と「大連」が協議して行っていくのである。かかる伝統が日本独自の政治形態を生み出す素因となっていったのである。

このような政体のもとでは、政治上の失敗や外交上の失策はすべて担当執政官の責任となり、辞職しなければならなかった。たとえば欽明《きんめい》朝のはじめに、任那の四県《よつのあがた》を百済に割譲した外交上の失敗から責任を問われた大連の大伴金村《かなむら》は、病《やまい》と称して住吉《すみよし》の住まいに引退せざるをえなくなっている（「欽明紀」元年九月条）。

この時代から、政治はあくまで執政官が行い、天皇の親政は行わないという不文律が根強く伝えられていく。この伝統は平安朝の藤原北家による摂関政治にも、封建時代の征夷大将軍の幕府政治にも一貫して継承されていったが、とくに注意すべきは、執政官の地位を守るために、多くは天皇家と姻戚関係を結び、血縁関係を深めることに努力している点である。

代表的な例としては、古くは葛城氏や蘇我《そが》氏であり、「大化改新」以後は藤原氏である。徳川幕府にいたっても後水尾《ごみずのお》天皇の皇后に将軍秀忠《ひでただ》の娘和子《かずこ》が入内《じゅだい》している。外戚の地位が執政官の地位を保証する仕組みであるから、最高位にある天皇家の権威をバックにすることで、この特権を手にしたのである。執政官がみずから天皇の位につくことは、けっしてなかったのである。

長い歴史の中で「天皇親政」はほとんどなかったと述べたが、もちろん皆無だったわけではない。天皇親政は皇統の危機が意識されたり、時代が大きく転換する時期にかぎって、異例のかたちで出現したのである。その早い例のひとつが五世紀後半の雄略天皇の時代であろう。（以下については第一章「皇統断絶の危機の時代の天皇の系図」〈三七頁〉を参照されたい）

父の允恭《いんぎょう》天皇が崩じ、長子である安康《あんこう》天皇が即位したが、安康天皇は「安康紀」でも「太子《ひつぎのみこ》、暴虐《ぼうぎゃく》行《おこな》いて、婦女《おみな》に淫《たわけ》たまう。国人謗《くにびとそし》りまつる」と酷評される人物であった。実際、叔父の大草香皇子《おおくさかのみこ》を殺し、皇子の妻中蒂姫《なかしひめ》を皇后とされたが、在位三年にして姫の連れ子の眉輪王《まよわのみこ》に暗殺されてしまうのである。安康天皇の弟の雄略天皇は皇位継承の有力者である兄の八釣白彦皇子《やつりしろひこのみこ》と坂合黒彦皇子《さかあいくろひこのみこ》、従兄弟の市辺押磐皇子《いちのべのおしはのみこ》をつぎつぎと殺して天皇となり、眉輪王をかばったとして当時の執政官であった葛城円大臣《かつらぎのつぶらのおおおみ》を攻め滅ぼしてしまうのである。そのために雄略天皇は「心《みこころ》を以《も》て師《さかし》としたまう。誤《あやま》りて人《ひと》を殺《ころ》したまうこと衆《おお》し。天下《あまがした》、誹謗《そしり》て言《もう》さく『大《はなは》だ悪《あ》しくましします天皇《すめらみこと》なり』」（「雄略紀」二年十月条）と酷評され、同時に恐れられたのである。

『日本書紀』でこのように痛烈な批判をあびている天皇は雄略天皇と武烈《ぶれつ》天皇だけであるが、ともに皇統の危機をまねいた天皇である。武烈天皇は「頻《しきり》に諸《もろもろの》悪《あしき》を造《なし》たまう。一《ひとつ》の善《よきこと》を修《おさめ》たまわず」（「武烈紀」即位前紀）として悪逆無道の天皇とされている。

雄略天皇のあとを継いで清寧《せいねい》天皇が即位するが、病弱で子をもうけることができず、允恭《いんぎょう》天皇から続く雄略↓清寧の血統はここで断絶することになる。雄略天皇が権力奪取のために兄や従兄弟の皇子をつぎつぎに殺し、皇位継承者をほとんど抹殺したむくいであった。だが、第一章で述べたように、わずかに死をまぬがれた市辺押磐皇子の遺子たちが縮見屯倉《しじみのみやけ》で発見されたのである。この二人の皇子は伊予来目部小楯《いよのくめべのをだて》にともなわれて都にのぼり、清寧天皇の皇嗣《こうし》にたてられるのである。この皇子たちが億計王《おけのみこ》（仁賢《にんけん》天皇）と弘計王《をけのみこ》（顕宗《けんぞう》天皇）であった。しかしながら、この二天皇の在位年数もわずかであり、執政官である平群《へぐり》氏の権力の前に影が薄かったようである。当時の大臣平群眞鳥《へぐりのまとり》は「国政《こくせい》を擅《ほしいまま》にして」日本の王《きみ》たらんとする野心をいだいていたと記されている（「武烈紀」即位前紀）。武烈天皇が即位したのは皇統がもっとも不安定なこの時期であった。

眞鳥の息子鮪《しび》と物部麁鹿火大連《もののべのあらかひのおおむらじ》の娘影媛《かげひめ》をめぐる歌垣の席での争いに敗れた若き武烈天皇は、大伴金村大連《おおとものかなむらのおおむらじ》にそそのかされて一気に平群氏を滅ぼしてしまう。しかし、歌垣の争いで女性不審におちいった武烈天皇は皇嗣をもうけることができず、またもや皇統断絶の危機をむかえるのである。

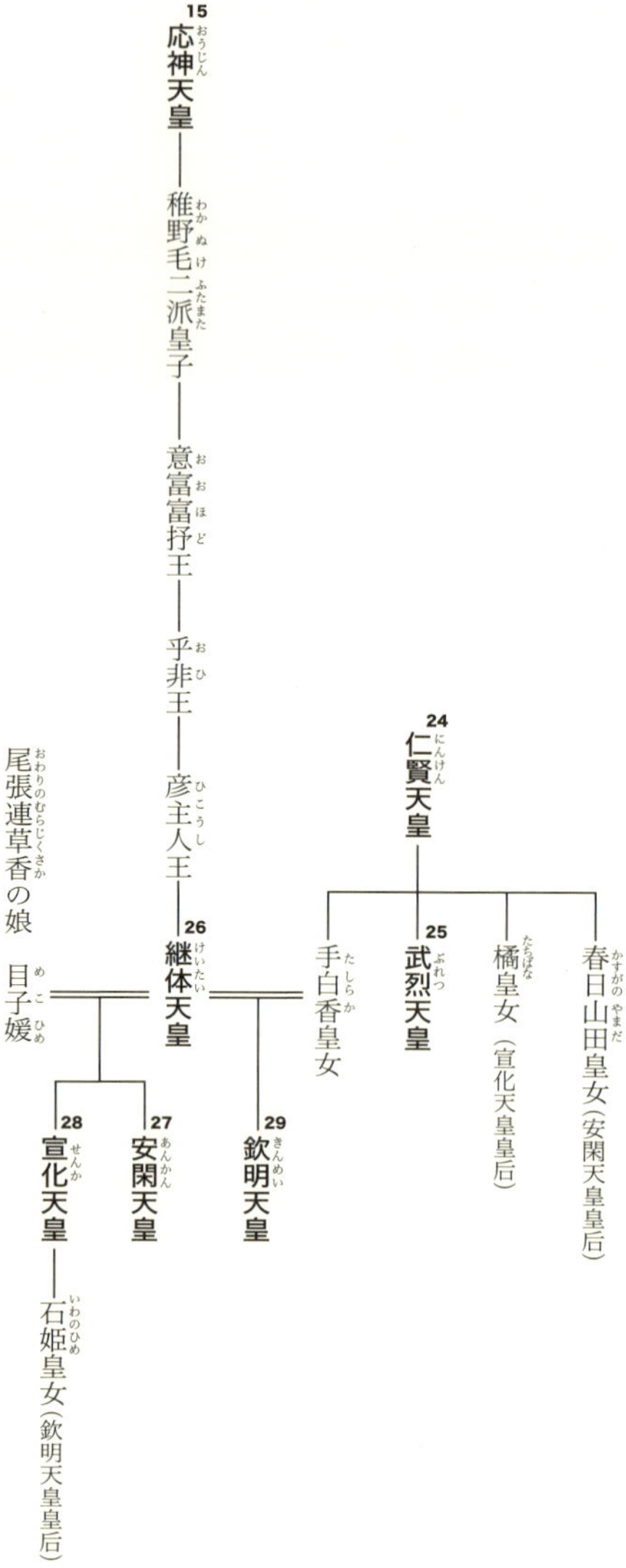

武烈天皇前後の系図

このときも大伴金村大連《おおとものかなむらのおおむらじ》が独断で応神《おうじん》天皇（次頁系図参照）の五代目の孫と称する継体《けいたい》天皇を越前の三国《みくに》よりむかえ、皇位継承の危機を回避することに成功する。

大化改新直前もまた大変な時期であった。敏達《びだつ》天皇の皇后であった推古女帝が崩ぜられたとき、聖徳太子の長子山背大兄皇子《やましろのおおえのみこ》と、敏達天皇の孫田村皇子《たむらのみこ》が皇嗣《こうし》候補者にあげられたが、ときの権力者であった蘇我蝦夷《そがのえみし》が強硬に田村皇子を即位させてしまった。この田村皇子が舒明《じょめい》天皇である。舒明天皇が崩ぜられると、皇后の宝《たから》皇女が中継の天皇として即位し、皇極《こうぎょく》女帝となった。かねてから蘇我氏は人望高い山背大兄皇子の皇位継承をはばみ、蘇我馬子《うまこ》の娘法堤郎媛《ほてのいらつめ》が生んだ古人大兄皇子《ふるひとのおおえのおうじ》を皇位継承者にせんとするたくらみをいだいていたからである。その後、蘇我入鹿《いるか》が斑鳩《いかるが》にある山背大兄皇子の館を急襲し、一族を滅ぼしてしまうのである。

このように、蘇我蝦夷とその子の入鹿の時代に入ると、執政官としての立場をはるかに超え、みずからを天皇になぞらえるまでにいたった。「大臣《おおおみ》（蘇我蝦夷）の家《いえ》を呼《よ》びて上《うえ》の官門《みかど》と曰《い》う。入鹿《いるか》の家《いえ》を谷《はざま》の御門《みかど》と曰《い》う。男女《おのこめのこ》を呼《よ》びて王子《きみ》と曰《い》う」ありさまであったと記されている（「皇極紀」三年

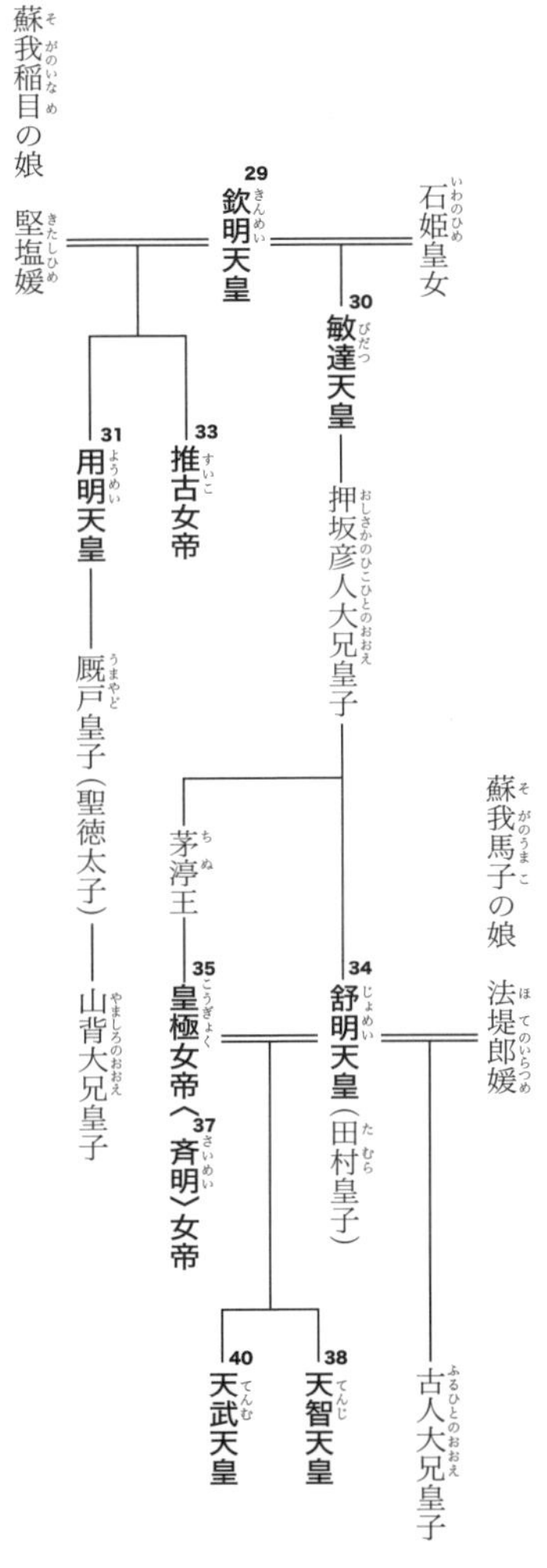

大化改新前後の天皇の系図

十一月条)。

この危機を一気に打開したのが皇極《こうぎょく》女帝の皇子中大兄皇子《なかのおおえのおうじ》であった。のちの天智《てんじ》天皇である。ただ、この大化改新(六四五年)の背後には、古い国政を変革し、中国風の律令体制に移行せざるをえなかった国際情勢があったことも考慮しなければならないだろう。この国内の政体の変化は、単に国内事情だけでなく、広く東アジアの政治変動の影響をも反映しているのである。すでに六一八年に中国では「隋《ずい》」が滅び、大帝国「唐《とう》」が建国されていたのである。それより先に、聖徳太子は遣隋使の一員として僧旻《みん》、高向玄理《たかむこのくろまろ》、南渕請安《みなぶちのしょうあん》らを留学僧・留学生として派遣している。彼らは隋が滅び、新しい大帝国の唐が建国されてゆくさまを現地で身をもって体験し、この貴重な体験が大化改新に大いに役立てられるのである。中大兄皇子は彼らを国博士《くにのはかせ》などのブレーンに任じているのである。わたくしは聖徳太子の「先見の明」というか、将来を見越した布石《ふせき》に高い評価をあたえてよいと思っている。政治にはつねに二十年先、百年先を展望する能力が求められるのである。

このように天皇家は何度か皇統の危機に見舞われはしたが、そのつど天皇親政などでたくみに切り抜けてきたのである。この意味からいっても、わたくしは、天皇親政はきわめて特殊な一時的な政治形態であったと考えている。危機が回避されれば、ふたたびもとの執政官が政局にもどされているからである。

第七章　天皇の宗教性

天皇は宗教的な権威によって諸豪族に君臨したと述べてきたが、宗教的権威の根源、あるいは天皇そのものの性格はどのようなものだったのであろう。

太陽神・穀霊神としての天照大神

天皇家の祖神は天照大神《あまてらすおおみかみ》とされるから、当然のことながらまず「日継《ひつ》ぎの御子《みこ》」という性格が浮かび上がってくる。「天照《あまてらす》」は「天上にあって地上を日の光で照らす」ものと解されているが、先述のように「照《てる》」は「垂《た》る」と同義で、日光を天上から地上へ「垂《た》らす」神を称するのである。「垂《た》る」は『万葉集』の志貴皇子《しきのみこ》の歌に

石《いわ》ばしる垂水《たるみ》の上《うえ》のさ蕨《わらび》の萌《も》え出る春《はる》になりにけるかも　（巻八・一四一八）

とあるように「垂水《たるみ》」は「滝」を意味し、水が崖の上から滝つぼに流れ落ちるさまから名づけられたものであろう。ゆえに「日の光」は「天照《あまてらす》」そのものなのである。

栃木県の二荒山に徳川家康の廟が設営されたとき、「二荒《ふたら（にっこう）》」を音読みして「日光」とあらため、東照大権現《とうしょうだいごんげん》と称したのも、みずからを東方の天照（日光）の権現（仮にこの世に出現した神）になぞらえたからである。「日光」が民衆にとくに尊崇されるのは、水田耕作に欠くことのできぬ恩恵をもたらすからである。水稲の作柄は日照時間によって左右されるから、日光の神は太陽神であると同時に、作物を恵む農耕神としての性格もつねにあわせもっていたのである。

「神代紀」の一節にも、皇孫瓊瓊杵尊《ににぎのみこと》が高天原《たかまがはら》から降臨されたとき、天照大神は宝鏡をさずけて斎鏡《いわいかがみ》とするようにと命じたが、同時に高天原に所御《きこしめ》す斎庭《ゆにわ》（神聖な土地）の「穂《いなほ》」をあたえている。鏡は日の光を反射するから、太陽神、つまり天照大神の身代りとしての聖器である。あわせて斎庭、つまり神田の稲穂を皇孫にさずけたのは、天照大神が農耕にかかわていたことを如実に物語っているのであろう。天照大神から斎庭の稲を託されたのは皇孫瓊瓊杵尊であったが、この瓊瓊杵尊みずからが穀霊神の性格を体現した神であった。

「瓊瓊杵《ににぎ》」は「にぎにぎしい」（賑々《にぎにぎ》しい）、つまり豊作そのものの意味である。『日本書紀』には「瓊《けい》」と記されているが、『説文繋伝《せつもんけいでん》』に「瓊《けい》は赤玉《せきぎょく》なり」と註されているように「赤い玉」である。「美しい玉」の意味ともいわれているが、「瓊瓊杵《ににぎ》」は真っ赤に熟した稲穂をさすと考えられている。

また、「稲荷《いなり》の神」は「稲成りの神」であるから、赤く熟した稲穂を象徴して社殿や鳥居を赤く塗る。

稲荷《いなり》の神は「宇迦《うか》の御魂《みたま》の神」と呼ばれるが、「宇迦」は「迦《か》」つまり「禾《か》」に、神聖であることを意味する接頭語の「ウ」を冠した名称である。『説文繋伝《せつもんけいでん》』に「禾《か》は嘉穀《かこく》なり」とあり、「禾」は穀物のなかでももっともすぐれた稲をさすのである。こうしたことから、日本人がいかに穀霊神を尊崇し、もっとも親しい神とみなしていたかを知ることができると思う。

太陽神である天照大神はなぜ女神なのか

ところで、天皇家の祖神を祀る伊勢神宮は内宮《ないぐう》と外宮《げぐう》にわかれて祀《まつ》られているが、内宮が日神の天照大神《あまてらすおおみかみ》（伊弉諾尊《いざなぎのみこと》の女）を祀っているのに対し、外宮は穀霊神である豊受《とようけ》の神を祀っているのである。豊受の神は豊に稔る「受《うけ》」、つまり「宇迦《うか》」の女神である。子を産むのは女性であるから、女神が穀霊神とされたのである。それでは、太陽神である天照大神はなぜ女神なのか、という疑問が当然浮かんでくるであろう。

世界の神話をみると、太陽神の多くは男神である。太陽神の「陽」は「陰」に対するもので、男女に比すれば「陽」は男性、「陰」は女性とするのが通例である。「太陽」に対するのは「太陰」であり、「太陰」はいうまでもなく「月」をさす。月の満ち欠けにもとづく「太陰暦」という言葉を思い出していただければ理解していただけるであろう。

にもかかわらず、なぜ女神である天照大神が太陽神とみなされるのであろう。ひとつの解釈によれば、太陽神を斎《いつ》く巫女《みこ》が次第に太陽神に代わって祀られるようになったというのである。古代には、太陽を祀る巫女は東方の空や山にのぼる太陽の位置を見きわめ、農耕を開始する日を神のお告げとして民衆に告げたという。少しずつ位置を変えてのぼる太陽を入念に観察し、真東からのぼる時期を民衆に告げたのである。

卑弥呼の例からもわかるように、「日の巫女」はつねに人目をさけ、神殿の奥深くに住んで宣託したから、しだいに神秘性を増し、やがて神そのものと考えられるようになったという。しかも巫女は神霊をやどす依代《よりしろ》、つまり「玉依姫《たまよりひめ》」であったから、神の母神としても尊崇されたのであろう。おそらく太陽神を祀る巫女には、実際に太陽の運行を観察する巫女や男たちがつねに付き添って仕えていたのであろう。彼らこそ「日読《かよ》み」と呼ばれる者たちであった。

「読み」とは太陽の移動とその位置を読み取ることである。この「日読み」から「暦《こよみ》」の語が生れるのである。「日読み」に対する者が「月読《つきよ》み」で、月の満ち欠けを観察し、月の位置で日時を定めることを職掌としていた。天照大神の弟として『記紀』にあらわれる月読尊《つきよみのみこと》は「月読み」たちの集団の神であろう。ここで注意すべきは、男神の太陽神を祀《まつ》るのが女性で、女神とされる太陰（月）を祀るのが男性だったらしいと思われる点である。

「天《あま》の岩窟《いわや》の神隠れ」に見る古代の呪礼

太陽神としての天照大神《あまてらすおおみかみ》は一年に一度、再生の呪礼を行わなければならなかった。この呪礼は太陽光がもっとも弱くなるとされる冬至の日に執り行われたのである。この呪礼を神話化したものが「天《あま》の岩窟《いわや》の神隠れ」であろう。『記紀』には弟の素戔嗚尊《すさのおのみこと》の乱暴にたえかねた天照大神が「梭《かい》」で身体を傷つけ、天の岩窟に籠られたとある。『古事記』には「天の服織女《はおりめ》」が梭で女陰《ひと》を突いて死んだと記されているが、女陰を傷つけることは巫女がみずから生殖の機能を失う一種の秘儀であったようである。「祟神紀《すじんき》」にも三輪山の巫女倭迹迹日百襲姫《やまとととひももそひめ》が「箸《はし》に陰《ほと》を撞《つ》きて薨《かむさ》りましぬ」とあるように、生命を生み出す女陰を傷つけることは、玉依姫《たまよりひめ》としての能力を失うことを示すものであったのであろう。

天照大神が天の岩窟に隠れたとたん、昼夜の区別もつかぬ真っ暗闇となってしまった。そこで諸神は急遽相談し、長鳴鳥《ながなきどり》を集めて鳴かせたり、天《あま》の香具山《かぐやま》からもってきた真榊《まさかき》の上枝《かみつえ》に八坂瓊《やさかに》の五百《いほ》箇《つ》の御統《みすまり》を掛け、中枝《なかつえ》に八咫鏡《やたのかがみ》を掛け、下枝《しづえ》に青和幣《あおにぎて》と白和幣《しろにぎて》をかけてそなえるのである。そして天《あまの》鈿女命《うずめのみこと》が茅纏《ちまき》の矟《ほこ》を手に持ち、伏せた槽《おけ》の上でわざおぎ（作俳優）して舞うのである。『古事記』には天鈿女命が伏せた槽を「踏《ふ》みとどろかせた」とあるが、これは先述したように、死者の魂を振動させ、覚醒せしめる呪術である。能舞台で能楽師が足を踏み鳴らすのは、悪魔を調伏《ちょうぶく》し、天から神を降臨せしめる作法であることを思い出していただきたい。

「天の香具山」とことさらに「天《あま》」を冠する香具山《かぐやま》は、天神《あまのかみ》の神坐《かみくら（かぐら）》の山で、神が降臨して坐《い》ます聖山の意である。「榊《さかき》」は「神木」を一文字にしたものであり、「栄《さか》えの木《き》」が原義といわれている。つまり、榊は神の依代《よりしろ》であり、神を招き降ろす霊木である。その榊の枝に輪につらねた多くの玉や大きな鏡を飾り、麻の御幣《ごへい》（青和幣）と木綿《ゆう》の御幣（白和幣）を掛けたのである。

「八咫鏡」は『古事記』に「八尺を訓みて八阿多《やあた》と云う」とあるから、径八尺の鏡をいうのであろう。中国の『説文解字』には「中婦人の手の長さ八寸を咫《し（あた）》と謂う」とあるが、これを基準として八咫鏡を復元すると巨大な鏡になってしまう。『記紀』では「八」は大きいことや多いことを示す言葉であるから、「大きな鏡」と解するほうが妥当であろう。この鏡はいうまでもなく日神の依代である。また、ネックレス状に宝石をつらねるのは神霊《たま》（玉）を多く身に依りつかせたいという願いを示すものであろう。

「御幣《ごへい》」は神の依代《よりしろ》そのものであるが、「青」「白」と冠するのは、青は若々しさの、白は清浄のシンボルカラーだからである。たとえば出雲の「国造家《こくそうけ》」（とくに「こくそう」と読む）の新たな神官が就任にあたって、天皇に「玉六十八枚（赤水精《あかすいしょう》八枚、白水精十六枚、青石玉四十四枚）」を献じており（『延喜式』臨時祭条）、その時、奏される「出雲神賀詞《いづものかむよごと》」には「白玉《しらたま》の大御白髪《おおみしらが》まし、赤玉《あかたま》の御《み》赤《あか》らびまし、青玉《あおたま》の水《みず》の江《え》の玉《たま》の行相《いきあい》に」と記されている。これは、天皇が白髪になるまで長寿をたもち、赤玉のように健康で生命力にあふれ、さらには春先に川の青い水流が青い（緑）の川藻に行き会って永遠に美しい音をひびかせるように、若々しいことを願うものであった。白色の玉は長寿、赤色の玉は強い生命力、青（緑）色の玉は若々しさの象徴なのである。

当時、日本でも流行した中国の五行説では、東に青色が配され、南に赤色がおかれている。東は「春」、南は「夏」とされ、ともに「陽」とされている。換言すれば一年の前半であり、生命が誕生し成長する「陽月」である。ちなみに、古代でいう青は緑《みどり》から青までをふくむ色である。現在でも交通信号の緑色を青信号と呼んでいる。また、春には青が配されるところから「青春」の語となり、人生の若々しい時代をさすのである。南は夏で赤（朱）が配されるので「朱夏《しゅか》」といい、もっとも強い生命力あるいはもっとも盛んなさまを象徴する。秋は白であるから「白秋」というが、みのり豊かな穀物の収穫の季節でもあった。日本では白は清浄と長寿を象徴する色とされ、現在でも神官の浄衣は白色が主流である。第二章の「方位・四神・色・四季の関係」(六一頁)の表も参照していただきたい。

これらの意味から、青和幣《あおにぎて》と白和幣《しろにぎて》は神の誕生と、神の永遠性と清浄さをともにたたえるものと考えられる。天《あま》の岩窟《いわや》のまえにこれらを掛ける神木(榊)を置くのは、新しい太陽神の再生を願うためであろう。

天鈿女命《あまのうずめのみこと》が神懸《かみがかり》して「胸乳《むなち》を掛《か》き出《で》て、裳紐《もひも》を番登《ほと》(女陰)に忍《お》し垂《た》れ」(『古事記』)歌舞したとあるが、この記述はギリシャ神話に登場する穀霊神の女神デーメーテールの話を思い出させる。冥府王プルートーンに愛する娘を誘拐されたデーメーテールが、娘を求めてエレウシースの領主ケレオスの館を訪れたとき、館の侍女で道化のうまいイアンペーが女陰を見せて女神を笑わせ、慰めたという話である。悲しみに沈む心を開かせ、笑わせる呪法のひとつに、女陰を人前にさらすことがあったのであろう。

「笑《わら》う」は閉ざした心を一挙に開くことで、「破《わ》れる」と語源を一《いっ》にするといわれている。また、天の岩窟のまえに参集した神々が天鈿女命のしぐさを見ていっせいに「笑う」のは、天の岩窟を閉ざす岩戸を「破る」呪法であった。『古事記』では「笑う」にあえて「咲《わら》ひ」の文字を当てているが、花が「咲《さ》く」ということは固く閉じたつぼみが割けて開花することである。つまり「咲《さ》く」は「割《さ》く」であり、「破《わ》れる」と同義であった。

籠《こも》りの神事と聖なる岩

　このようにして天照大神《あまてらすおおみかみ》は天《あま》の岩窟《いわや》を出て再生するが、これはいうまでもなく冬至の「一陽来復《いちようらいふく》」、つまり若々しい新太陽神の誕生であり、太陽神の「死と再生」の神事であった。おそらく、冬至の日に太陽神を演ずる巫女が岩窟に籠り、神官たちが執り行う種々の祭儀によってふたたび姿をあらわすという宗教的行事が行われていたのであろう。その際に重要だったのは、巫女が岩窟や穴、または聖なる器に籠ることだった。

　神々の再生は籠りの神事から始められる。今でも妊娠することを「身籠《みご》る」という。母体に新しい生命がやどり、しだいに成長して新しい生命が誕生するから、母体は生命の籠りの場所であり、その意味から「玉依《たまより》」の聖器でもあった。

　月の満ち欠けも籠りの神事とみなされていたようである。月は新月として月立《つきた》ちをはじめる。「月立ち」、つまり月の旅立ちの日が「一日《ついたち》」と呼ばれ、「三日月《みかづき》」(三日目の月の日)を経て十五日目が「望月《もちづき》」である。中国では「一日」は「朔《さく》」、つまり「朔日《さくじつ》」とされ、十五日は「望《ぼう》」、月末は「晦《かい》」

といい、これにならって「十五夜」を「望月《もちづき》」というのである。そして月が完全に姿を隠す「晦」を日本では「ツゴモリ」（月籠《つごも》り）と呼んでいる。現在では一般に「三十日《みそか》」（晦日《みそか》）がもちいられるようであるが、樋口一葉の時代でも「月隠り」と称している。ちなみに、一年の最後の月隠りは年の締めくくりの日であるので、とくに「大月隠《おおつごも》り」という。新しい月として誕生するためには月も聖なる穴に籠り、あるいは海や大地をくぐって再生しなければならないと考えられていたからであろう。

太陽や月だけでなく、古代の人びとはすべての生命は「死と再生」をくりかえすと考えていたようである。太陽は朝日として東の山や海からのぼり、夕べになると西の山や海にしずむ。翌日にまた東からのぼるのは、太陽が大地や海をくぐって西から東へと移動したからだと考えたのである。「潜《くぐ》る」ことも「籠《こも》る」（隠る）ことと同様に再生のための重要な呪法であった。

「胎内くぐり」という言葉をお聞きになったことがあるだろう。鎌倉の大仏の胎内くぐりも、長野の善光寺の堂下にもぐるのも、再生の呪術にもとづくものなのである。暗い穴をくぐり抜けることが重要なのである。後世になると簡単な穴状のものを設けてそこをくぐらせるように変化するが、神社の鳥居をくぐることも「茅《ち》の輪《わ》くぐり」も再生のためである。茅《ちがや》をもちいて輪を作るのは、「茅《ち》」が「霊《ち》」に通じるからであろう。「チ」は「厳《いか》つ霊《ち》」（雷）とか「水霊《みずち》」（水神としての蛇）などの例からもわかるように、神霊を意味していた。

「穴」は再生するものが出現する場所であり、日本の神々の多くは神聖な穴から生れたと伝えられている。女陰を「ホト」と呼ぶのも、「ホ」つまり「すぐれた穴」の「ト」（戸口）の意味ではあるまいか。

神が穴から出現するといったが、さらに重要なのは、神霊を宿す入れものがまず聖化されていなければならないということである。高天原《たかまがはら》から降臨したとき、瓊瓊杵尊《ににぎのみこと》は天《あま》の磐戸《いわと》を排分《おしわ》け、「眞床《まどこ》の覆衾《おぶすま》」にくるまれていたという。（「神代紀」天孫降臨の条）。「眞床」の「眞《ま》」は美称の接頭語で神聖な床（牀）をあらわし、「覆衾」はその床を覆《おお》う衾《ふすま》（夜具）である。新しい天皇が踐祚《せんそ》＊され、即位の神事である大嘗祭《だいじょうさい》を行うとき、大嘗宮には衾三条、敷衾《しきぶすま》三条が置かれ、新天皇が衾にくるまれるという（『延喜式』巻七・踐祚大嘗宮の条）。

この聖なる衾に覆われることを、「死から再生」の宗教的行為とする説と、「新生児」誕生の象徴とする説とがあるようだが、本質的な見解の相違はないと思う。前者はベッドから起き上がることで死から再生することをあらわすとし、後者は胎児を包む胞衣《えな》とみなすのである。

いずれにせよ、聖なる袋状のものや器のなかから生れ出ずる者は聖化され、聖別された者である。後世の物語でも、桃太郎は桃のなかから生れてくる。古代から桃は悪霊を追い払う果実であった。伊邪那岐命《いざなぎのみこと》が黄泉《よみ》の国から脱出するときも、追いすがる黄泉の軍に桃の実を投げつけて撃退している

（「神代記」）。

天照大神《あまてらすおおみかみ》は天《あま》の岩窟《いわや》に籠られたが、古代の人びとにとって岩は永遠のシンボルでもあった。「神代記」によれば、降臨された邇邇芸命《ににぎのみこと》（瓊瓊杵尊）に、土地の神である大山津見神《おおやまづみのかみ》（大山祇神）は花のように美しい木花佐久夜毘売《このはなさくやひめ》だけでなく、姉の石長比売《いわながひめ》も妻としてあたえている。そしてその理由として「雪零《ゆきふ》り風吹《かぜふ》くとも、恒《つね》に石《いわ》の如《ごと》くに、常盤《ときわ》に堅《かた》はに動《うご》かぬ」生命を付与するためだと記している。つまり、岩は永遠性と不動性を具有したものとみなされていたのである。

日本国歌とされる「君が代」の歌も、岩のごとき永遠の長寿を祈願する祝福の歌である。「わが君は千世に八千世にさざれ石の巌となりて苔のむすまで」は『古今和歌集』巻七・賀歌の筆頭歌であり、今日では「君」はもっぱら天皇をさすと考えられているが、平安朝の用例からすると広く主人や恋人を意味しているのである。

このように、聖なるものとみなされていたから岩に神がやどり、それがいわゆる「岩坐《いわくら》」（岩倉）として信仰の対象となったのである。『出雲国風土記』楯縫《たてぬい》郡の条では、「神名樋山《かんなびやま》」の嵬《いただき》の西《にし》に高さ一丈《つえ》、周《めぐ》り一丈ばかりの「岩神《いわがみ》」があるが、天御梶日女命《あめのめかじひめのみこと》がこの地で多伎都比古命《たぎつひこのみこと》を生んだときにこ

＊践祚　天皇の崩御や譲位により、天皇の位を受け継ぐこと。また、その儀式。

の岩神《いわがみ》に多伎都比古命《たぎつひこのみこと》の神霊がやどったと述べている。現代でも各地の岩倉《いわくら》には注連《しめなわ》がめぐらされているから、ご覧になった方もおられるだろう。

神がやどるものといえばまず「神奈備山《かんなび》」であろう。『播磨国風土記』賀古《かこ》郡の条に、景行《けいこう》天皇（大帯日子命《おおたらしひのみこと》）が印南《いんなみ》の別嬢《わきいらつめ》に求婚されたとき、別嬢が「南毗都麻嶋《なびつましま》」に逃げ隠れたと記されている。「南毗都麻嶋」は「隠妻《なびつま》」の意である。「ナビ」は「隠れる」、あるいは「隠《こも》る」の意であった。神奈備山は神霊の隠る山の意なのである。こうした聖山の頂にある岩こそ、神が降臨されるのにもっとも適したところであった。聖なる岩への信仰は仏教が取り入れられてからも継承され、岩の側面に仏像が刻まれて磨崖仏《まがいぶつ》として残されたのである。

大嘗祭《だいじょうさい》（新嘗祭《にいなめさい》）の本質

ところで、「冬至の祭」、つまり「大嘗祭」（新嘗祭）は「仲冬《ちゅうとう》（旧暦十一月）の仲《なか》の卯《う》の日《ひ》」にとり行われる（『神祇令義解』）。ご存知のように中国では一月、二月、三月を春の季節とし、四月、五月、六月を夏、七月、八月、九月を秋、十月、十一月、十二月を冬とした。そして春のはじめの一月を「孟春」、二月を「仲春」、三月を「季春」と称した。つまり、「孟《もう》」は「はじめ」、「仲《ちゅう》」は「なか」、「季《き》」は「すえ」の意である。八月は「仲秋」であり、十一月は「仲冬」である。もちろん新暦では一ヶ月以上おくれるが、現在でも一年を「四季」というのは、一年に四つの「季」がふくまれているからである。わたくしは旧暦のほうが実際の季節感に合っていると思っている。

	春	夏	秋	冬
孟《もう》《はじめ》	一月	四月	七月	十月
仲《ちゅう》《なか》	二月	五月	八月	十一月
季《なか》《すえ》	三月	六月	九月	十二月

旧暦の四季と月

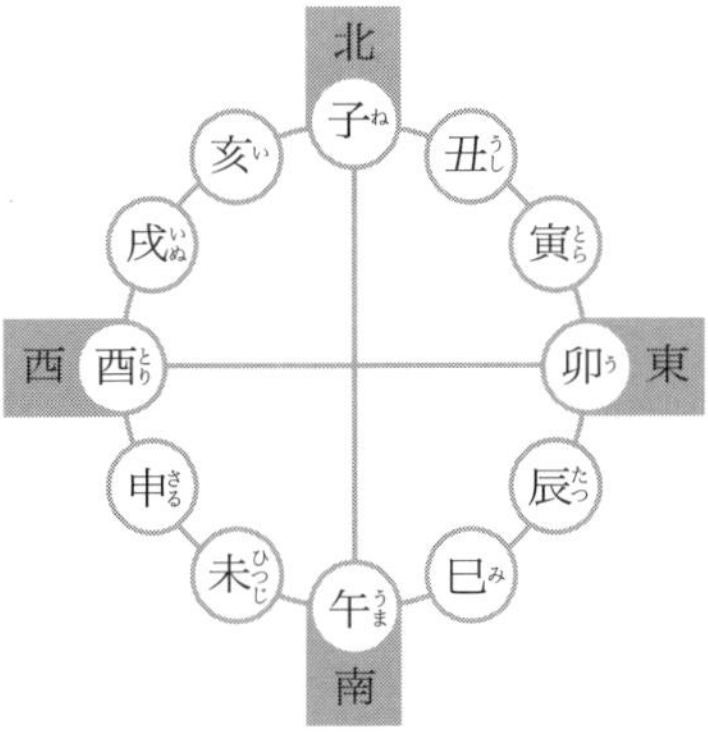

十二支と方位

古代では中国の十二支を取り入れて日を数えた。また、現在でも北極と南極を通過する大円を「子午線」と呼ぶことからもおわかりのように、十二支は方角もさし、「卯《う》」の方角は真東にあたる。東こそ朝日がのぼる方角であり、再生した太陽の出発点である。それゆえ、古代から「卯《う》の日」に祭を行うことが少なくなかったのである。たとえば、京都の賀茂神社の葵祭《あおいまつり》も大同元年（八〇六年）に旧暦四月の仲の卯の日と定められ、賀茂の臨時祭も藤原時平の時代に十一月の下の卯の日に行われることとなった。

もちろん諸国祭礼は卯の日だけではなく、真北をさし、十二支の筆頭にあげられる「子《ね》の日」や、真南の「午《うま》の日」、真西の「酉《とり》の日」にも行われることは「初子《はつね》」「初午《はつうま》」「御酉様《おとりさま》」などからも知られよう。だが、朝廷にかかわる祭儀はとくに再生の方角である「卯」にこだわりをみせているのである。「大嘗祭《だいじょうさい》」の前日の寅《とら》の日に行われるのが「鎮魂祭《たまふりのまつり》」である。即位式に先立ち、まず日神の衰弱した魂《たま》を振動せしめて覚醒させ、新たなる生命力を復活させたのである。天皇家にとってもっとも関心があるのは日神の「死と再生」であり、新しい太陽神の誕生であったから、新天皇の即位式である「大嘗祭」は「新嘗《にいなめ》」の日に行われたのである。「新嘗」は毎年行われるが、新天皇の即位式が行われる年の新嘗はとくに「大嘗祭」と称し、特別な意味をもつものである。

新嘗の日は現在の新暦でいえば十二月の末の冬至のころである。冬至は太陽が再生する日である。しかし、新嘗を狭義で解すると、本義は穀霊神の復活であった。一見、矛盾するように思われるが、日本では太陽神は穀霊神でもあったからである。この点についてもう少し論を進めていこう。

穀霊神である瓊瓊杵尊《ににぎのみこと》が真床《まどこ》の覆衾《おぶすま》にくるまって降臨したのは日向《ひむか》の槵日《くしひ》の高千穂《たかちほ》の峯《みね》であった（「神代紀」）。宮崎県の高千穂町や鹿児島県の霧島山などが高千穂の候補地とされているが、「高千穂」は本義的には文字通り、うず高く積まれた稲穂や稲殻である。神田で丹精こめて作った神穀を神倉《かみくら》にうず高く積み上げて穀霊神の依代《よりしろ》とし、そこに新しい穀霊神を招き降ろす。また、神田の米の一部をご飯に炊き、新しい酒を作って新しい穀霊神にそなえ、そのおさがりを祭祀に参加した人びとがともに食した。神が新穀をきこしめすことが「新嘗」であるが、そのおさがりを祭祀に参加した人びとがともに食することが重要な意味をもつのである。おなじ新穀を口にし、新穀で作られた新しい酒を回し飲むのは同体化《インカーネイション》の儀礼であった。

茶道で狭い茶室にみちびかれ、一碗のお濃茶を喫するのも「一味同心《いちみどうしん》」であり、同体化である。「一味」はともに食事をする意味であったが、同体化することを通じて「仲間」という意味が生れたのである。キリスト教でもパンはキリストの肉体、ぶどう酒はキリストの血とされ、このふたつをいただくことによって信者はキリストと一体化する。つまり血肉を一《いっ》にするのである。

このような儀礼は、古くは共同体ごとに行われた農耕儀礼であったと思われる。つまり、もともとは翌年の穀物の豊作を願うために古い穀霊神が死に、新しい穀霊神を誕生させる儀式だったのである。そして「直会《なおらい》」（神事の後の酒宴）をともにし、共同体の団結を強固にしたのである。

新しい穀霊神を降霊せしめる農耕儀礼の新嘗《にいなめ》が冬至の日に結びつけられ、日神の再生の祭とともに行われたのは、天皇が日神であると同時に穀霊神であったことを示唆しているのであろう。また、初代天皇とされる神武天皇の兄弟の皇子は「彦五瀬命《ひこいつせのみこと》」「稲飯命《いなひのみこと》」「三毛入野命《みけいりののみこと》」とされていることも思い出す必要があろう。「五瀬《いつせ》」は「斎稲《いつせ》」、「稲飯《いなひ》」は「稲の霊《いねひ》」であり、「三毛《みけ》」は「御禾《みか》」であって「神聖な稲」の意に解されるとすれば、すべて穀霊神そのものの名であったと考えてよい。「神代紀」の一節に、神武天皇も「狭野尊《さののみこと》」と称したとあるが、「狭野」は「稲野《さ》」であろう。

ちなみに、『日本書紀』で「ミコト」を「尊」と「命」に書き分けているのは、律令時代の身分の差異にもとづいているのである。天皇や皇嗣《こうし》にたてられた皇子は「尊」であり、その他の皇子は「命」と書き分けられているのである。「ミコト」は神言《かみこと》で、その「御言《みこと》」を、神や君主が民衆にくだす「御言葉《みことば》」が原義であり、御言葉を発する尊貴な人物も「ミコト」と称されるのである。そして大勢の「ミコト」(「君」、つまり豪族)の上にたって彼らを統率する「大君」が「スメラミコト」であり、「ミコト」を統《す》べるものであった。ゆえに天皇を「スメラミコト」と称するのである。また、天皇の「御言」(詔勅)を奉じて地方を治める者が「ミコトモチ」(国司)であった。

天皇は「日継ぎの御子」であり「穀霊神」であった。現在でも毎年天皇が田植をされ、新穀を収穫されて祖霊にそなえられるのも、天皇家が農耕儀礼と深くかかわっていることを示している。

天皇家が「日継ぎ」の家系であるとすれば、出雲の「国造家《こくそうけ》」が「火継《ひつ》ぎ」の家系であったことも注目されるべきであろう。新たに国造《こくそう》に就任した神官は大庭《おおば》の社で燧臼《ひきりうす》と燧杵《ひきりきね》を継承し、これをもちいて神火をおこす「火継ぎ」の神事を行う。「日」は天上の火であり、「火」は地上の火である。天上の火（日）をつぐ家系が祀《まつ》るのが「天神」で、地上の火をつぐ家系が斎《いつ》く神が「地祇《ちぎ》」（地の神）であったとわたくしは考えている。上代の特殊な仮名遣いでも「日」と「火」は区別されている。

第八章　全国統一への道

出雲の国造家《こくそう》が継承する聖なるものは火おこしの燧臼《ひきりうす》と燧杵《ひきりきね》であるが、天皇家が継承するのは八咫鏡《やたのかがみ》と天叢雲剣《あまのむらくものつるぎ》（草薙剣《くさなぎのつるぎ》）と八尺瓊曲玉《やさかにのまがたま》の「三種の神器」である。「神代紀」は天照大神《あまてらすおおみかみ》が瓊瓊杵尊《ににぎのみこと》に「八坂瓊の曲玉及び八咫鏡、草薙剣、三種《みくさ》の宝物」を賜ったと記している。鏡や剣や宝玉はセットとして弥生時代や古墳時代の族長層の古墳から出土しているから、この伝統にたって天皇家も王権のシンボルにしたのであろう。

天璽《あまつみしるし》の八咫鏡《やたのかがみ》と草薙剣《くさなぎのつるぎ》

はじめのころは三種の神器のうちでとくに鏡が重視されていた。「神代記」の一書には「此《こ》の宝鏡《たからのかがみ》を視《み》まさんこと当《まさ》に吾《われ》（天照大神）を視《み》るごとくすべし」とあり、天照大神が天孫に賜ったのは斎鏡《いわいのかがみ》のひとつであった。この鏡は天照大神の依代《よりしろ》そのものとみなされていたのである。

『古語拾遺《こごしゅうい》』は天皇家の祭祀にかかわった「忌部《いんべ》（斎部）氏」の伝承を記したものであるが、ここには、八咫鏡と草薙剣のふたつの神宝を皇孫に授け、永遠の天璽《あまつみしるし》としたと記しており、とくに鏡と剣を重視している。忌部氏が伝えたという「大殿祭《おおとののまつり》」の祝詞《のりと》にも「天津璽《あまつみしるし》の剣、鏡《かがみ》を捧《ささ》げ持《も》ち賜《たまい》て」とあり、剣と鏡だけが天璽とされている。曲玉は加えられていない。また、『古語拾遺』の即位大嘗祭の条にも「天富命《あまとよのみこと》、諸《もろもろ》の斎部《いんべ》を率《い》て、天璽《あまつみしるし》の鏡《かがみ》、剣《つるぎ》を捧《ささ》げ持《も》ちて御殿《みあらか》に安《お》き奉《たてまつ》り、亦《また》、瓊玉《まがたま》を懸《か》けて」とあり、三種の神器の本体はあくまで鏡と剣であり、瓊玉(曲玉)は添えられたにすぎないように記されている。

崇神《すじん》天皇の時代に斎部氏は「護《まも》りの御璽《みしるし》(神璽)」として新しく鏡を鋳造し、剣をつくったという。ここでも鏡と剣のみであることは注意すべき点であるが、記述によると神璽を忠実に模造したものが作られたようである。この鏡と剣が践祚《せんそ》の日に献上される神璽だという。

最初に伝えられた天璽の鏡(八咫鏡)は天皇の御所を離れて皇女豊鍬入姫《とよすきいりひめ》が祀《まつ》った。ついで垂仁《すいにん》天皇の時代に倭姫《やまとひめ》が伊勢の五十鈴《いすず》川の川上《かわかみ》に移し、斎宮《いつきのみや》を建てて祀ったという。「崇神紀」六年の条にも天照大神の依代である鏡を豊鍬入姫に託し、倭《やまと》の笠縫《かさぬい》の邑《むら》に祀らせている。これを「磯堅城《しかたぎ》の神籬《ひもろぎ》」と称した。

このように、垂仁天皇の時代には八咫の鏡は倭姫命が斎《いつ》くこととなったが、倭姫命は天照大神を鎮める場所を求めて菟田《うだ》の筱幡《ささはた》(大和国宇陀《うだ》郡榛原《はるばら》町筱幡神社。現宇陀市榛原区)から、近江、美濃を経て伊勢国に至ったと伝えている。伊勢に来た天照大神は倭姫命に「是《こ》の神風《かむかぜ》の伊勢国《いせのくに》は、常世《とこよ》の浪《なみ》の重浪帰《しきなみよ》する国《くに》」(「垂仁紀」二十五年条)と託《つ》げ、ここに鎮座することを命じたという。倭姫命は天照大神の「御杖《みつえ》」となったといわれるが、御杖は依代《よりしろ》であり、神霊の降臨する聖木を奉持する巫女である玉依姫《たまよりひめ》の意であろう。

一方の「草薙剣《くさなぎのつるぎ》」はもともと素戔嗚尊《すさのおのみこと》が出雲で八岐大蛇《やまたのおろち》を退治したときに、その尾から取り出した宝剣である。大蛇がいるところはつねに厚い雲におおわれていたので「天叢雲剣《あまのむらぐものつるぎ》」と名づけられ、姉の天照大神《あまてらすおおみかみ》に献じられたのである（「神代紀」）。蛇は「水霊《みずち》」と呼ばれたから、大蛇から水雲がたちのぼるという伝承が生れたのであろう。

ご承知のように、景行《けいこう》天皇の皇子倭建命《やまとたけるのみこと》は東征におもむくとき、伊勢の倭比売《やまとひめ》（倭姫）からこの剣をさずけられる。そして相武《さがむ》（相模《さがみ》）の地で火攻めにあった倭建命がこの剣で草を苅《か》り揆《はら》って敵を滅ぼしたことから、「草薙剣」と改称したというのである。その場所は駿河国の焼津というから、『古事記』の「相武国」は誤伝であろう。その帰りに尾張《おわり》の美夜受比売《みやずひめ》のもとにこの宝剣を置き忘れたという。そのために倭建命はこの神剣の庇護を受けられなくなり、苦難を重ねてついに死にいたってしまうのである。この物語は、草薙剣が護身の霊剣であったことを示唆するものであろう。現在、尾張の熱田《あつた》神宮の祭神とされる神剣が、この草薙の剣であると伝えられている。

このように「八咫鏡《やたのかがみ》」は伊勢神宮に祀られ、「草薙剣」は熱田神宮の祭神と伝えられているが、このことは天璽《あまつみしるし》を考えるときにおもしろい問題を提起するのである。

まず、問題になるのは、天璽が祀られているところが、伊勢と尾張であると伝えられている点である。

このふたつの国はヤマト王権の中枢地とされる畿内《きだい》に属してはいないのである。もちろん、このふたつの国は畿内の周辺部に接していたし、東国への軍事的拠点でもある要衝の地であった。都がおかれた大和盆地から東国におもむく古代の幹線道は、三輪山の麓（現在の奈良県桜井市）から長谷川《はせがわ》（泊瀬川）を流れにそって東に下る、いわゆる伊勢路であった。そして伊勢の港から船で北上して熱田の港にいたるのである。つまり、東国へおもむく拠点に位置する国に天皇家ゆかりの神社が配され、しかも天皇家の神璽《みしるし》が祀られているのである。

このことから、わたくしは、ヤマト王権が東国に勢力を拡げた時期にこうした政治的処置がなされたのではあるまいかと考えている。端的にいえば、すくなくとも尾張の大豪族「尾張氏」がヤマト王権に服属した時期と、神璽の祭祀が成立した時期は無関係ではないと考えているのである。具体的には、五世紀後半の雄略朝前後ではなかろうか。雄略天皇は長谷《はつせ》の朝倉宮《あさくらのみや》で即位し、大長谷若建命《おおはつせわかたけのみこと》と称している。朝倉は現在の奈良県桜井市榛原町朝倉であり、泊瀬川の上流に位置している。雄略天皇がこの地を都としたのは、ひとつには東国を服属させる意図があったからではなかろうか。実際この時期に、ヤマト王権の勢力は関東地方にもさかんに進出しているのである。

「部民《べのたみ》」からわかるヤマト王権の勢力範囲

日本で二番目に古い戸籍といわれる養老五年（七二一年）の『下総国葛飾郡大島郷戸籍《しもうさのくにかつしかぐんおおしまごう》』に記載されているのは「孔王部《あなほべ》」の一族が大半で、「刑部《おさかべ》」らが若干ふくまれている。大島郷の「甲和里《こうわり》」と「嶋俣里《しままたのり》」は現在の東京都葛飾区の小岩《こいわ》と柴又《しばまた》に比定されるが、どちらも江戸川沿いの地域である。利根川が東京湾に乱流し、川中に島が形成され、デルタ状になったところが「嶋俣《しままた》」と呼ばれたのであろう。新しく開発されたこの村落の住人が、孔王部一族であった。

この孔王部が「穴穂部《あなほべ》」だとすれば、石上《いそのかみ》の穴穂の宮で即位した安穂皇子《あなほのみこ》の、つまり安康《あんこう》天皇の部民《べのたみ》ということになる。天皇家の部民が生れる過程をきわめて図式的に説明すると、およそつぎの通りである。

地方豪族がヤマト王権に服属する場合、証《あかし》としてみずからの領地の一部を天皇に献上した。これが「県《あがた》」つまり「献上田《あげた》」である。この場合、耕地だけではなく、耕地を耕作する人びともいっしょに献じられ、これらの人びとは一般に「田部《たべ》」と呼ばれていた。この田部の「部《へ（べ）》」は天皇家に仕える職業集団をさす。皇室領の田を耕作する者が田部である。土師器《はじき》を製作する集団が「土師部《はじべ》」であり、職業の種類におうじて「服部《はとりべ》」「玉作《たまつくり》（造）部《べ》」「山部《やまべ》」「海部《あまべ》」などと称した。

毎年「県《あがた》」から収穫された作物が天皇家に献納され、これが天皇家の主たる経済的基盤をなしたのである。「県」の大半は天皇の所有とされたが、一部は皇后、皇子、皇女にも分与され、それぞれの財力の基盤を形成することになった。そこで「県」の所有者を明確にするために、所有者の御名を冠してそれぞれの「県」の田部を呼ぶようになったのである。天皇の部民はその宮号《みやごう》を冠することが多く、ゆえに「安康天皇」、つまり「穴穂皇子」の県の田部は「穴穂部」となるのである。

大島郷の戸籍に孔王部(穴穂部)とともに記載されている「刑部」は、允恭《いんぎょう》天皇の皇后で穴穂皇子（安康天皇）と大長谷命《おおはつせのみこと》（雄略天皇）の生母である忍坂大中津姫《おしさかのおおなかつひめのみこと》の部民であった（「允恭記」）。「刑部《おさかべ》」は「忍坂部《おしさかべ》」の意である。この安康天皇の弟が雄略天皇であり、埼玉古墳群に属する稲荷山《いなりやま》古墳から出土した鉄剣の銘により、雄略天皇が現在の埼玉県行田《ぎょうだ》市周辺の地域を支配していたことがあきらかになったのである。これらの事実から、五世紀後半には、すくなくとも東海道に属する武蔵《むさし》や下総はヤマト王権の傘下にあったと考えられるのである。

さらに常陸《ひたち》国南部の地域にも、すでに五世紀前半ころにヤマト王権の勢力が浸透していたようである。わたくしがながらく奉職していた筑波大学のあるつくば市には、「谷田部《やたべ》」の地名など、仁徳天皇前後の皇室部民《べのたみ》の史料が集中的に存在している。たとえば、正倉院に残る調布には「常陸国筑波郡《ひたちのくにつくばぐん》栗原郷多治比部《くりはらごうたぢひべ》」とある。栗原郷はつくば市の栗原で、筑波大学の東部に接する地域であり、ここに「多治比部」が居住していたのである。多治比部は多治比の宮で即位された「水歯別命《みずはわけのみこと》」、つまり反正《はんぜい》天皇の名代《なしろ》部民＊である。反正天皇は仁徳天皇の皇子である。「谷田部《やたべ》」（矢田部・八田部）は仁徳天皇の皇后八田若郎女《やたのわかいらつめ》の部民であった（「仁徳記」）。この矢田部町の地域には「葛城《かつらぎ》」という地名もあるが、これも仁徳天皇の皇后葛城石之日女《かずらぎのいわのひめ》（磐之媛命《いわのひめのみこと》）の部民である。

仁徳天皇（大雀命《おおさざきのみこと》）の部民は「雀部《さざきべ》」である。つくば市には「大角豆《おおささぎ》」といううめずらしい地名があるが、「ササゲ」ではなくとくに「ササギ」と読ませている。また、「雀部」が常陸国行方《なめかた》郡行方郷に居住していたことは、正倉院所蔵の調布に「雀部根麻呂《ささぎべねまろ》」と記されていることからも知られるのである。このように、つくば市を中心に仁徳天皇の皇后や皇子の部民が集中していることは、筑波山を斎《いつ》く筑波の豪族が五世紀代前半のころにヤマト王権に服属していたことを示唆するものであろう。

埼玉《さきたま》古墳群の被葬者も代々「杖刀人《じょうとうじん》」であったといわれ、雄略天皇以前からヤマト王権に臣従していた。また、埼玉古墳群が存在する行田《ぎょうだ》市付近には武蔵国播羅《はら》郡（現在の埼玉県深谷市周辺）に「刑部《おさかべ》」がおり（『宮城県多賀城跡調査研究所年報』）、「白髪《しらかべ》神社」が祀《まつ》られている。埼玉郡には「藤原部《ふじわらべ》」がいた。

足柄《あしがら》の御坂《みさか》に立《た》して袖振らば家《いは》なる妹は清《さや》に見《み》もかも

右の一首は、埼玉《さきたま》郡の上丁藤原部等母麿《ともまろ》のなり（『万葉集』巻二十・四四二三）

また、横見屯倉《よこみのみやけ》がおかれた地には、「日下部《くさかべ》」が存在している（『平城宮発掘調査出土木簡概報』二九）。雄略天皇の生母忍坂大中津姫《おしさかのおおなかつひめ》と、その妹で藤原宮に住まわれた衣通姫《そとおりひめ》の部民（藤原部）や、雄略天皇の皇后草香幡梭姫《くさかのはたびひめ》（若日下部王《わかくさかべ》）の部民が埼玉古墳群の周囲に配されていたのである。

この地域がヤマト王権に重視されたのは、この北には利根川をはさんで大豪族「毛野氏《けぬ》」の本拠地が存在していたからであろうし、毛野氏への牽制をねらった政治的配置だったと思っている。関東第一の規模をほこる群馬県太田市の天神山古墳《てんじんやま》は毛野氏の首長を被葬者とするものだが、埼玉古墳はその南二十キロばかりの地域に位置している。毛野氏に対峙したのは、ヤマト王権の尖兵であるこれら北関東の勢力であった。東国の征服に将軍として戦いの指揮をとったのは物部《もののへ》氏や大伴氏であったが、ほかにもとくに「安倍氏《あべ》」をあげなければならない。

安倍氏の本拠は、三輪山からさほど遠くない奈良県桜井市安倍である。現在でも有名な安倍文珠院《あべもんじゅいん》

＊名代部民　天皇や皇后の名を冠した皇族の部民をいう。

があり、民衆の信仰を集めていることはご存知であろう。その地理的な位置からも察せられるように、東国におもむく泊瀬《はつせ》路との関係は緊密であり、当然のことながら東国出兵の将軍として活躍する条件をそなえていた。また、一族は伊勢神宮の御饗《みあえ》*に奉仕したから「阿閉《あへ》」と名乗り、伊勢国阿拝《あへ》郡（阿閉）を本拠としている。「安倍《あべ》」は御饗の「アヘ」を氏の名の起源とする。もともと天皇家の御饗を供する一族が「安倍」であり、伊勢神宮の神饌《しんせん》をつかさどるのが「阿閉」であったが、安倍氏の本家はしだいに武人化していった。御饗を供するための土地と、そこから貢納するものを確保するために、武力が必要だったからであろう。その一部は膳《かしわで》氏となり、供御《くご》の任にあたった。

安倍氏は天皇家の尖兵をつとめる「杖部《はせつかべ》」を管轄下においていた。杖部は天皇の依代《よりしろ》であり、権威の象徴でもある杖をさずけられ、「駆《は》せ使《つかい》」として全国に派遣されたために「ハセツカイベ」、あるいは「ハセツカベ」と呼ばれた。埼玉古墳群の稲荷山《いなりやま》古墳の鉄剣銘に「杖刀人《じょうとうじん》」とあるが、おそらくこの杖部の一種か、杖部に先行する職掌名であろう（第六章「ヤマト王権の拡大」参照）。

東国のこの「ワカタケル」の鉄剣銘に対するものが、熊本県玉名郡菊水《きくすい》町の江田船山《えたふなやま》古墳出土の鉄剣銘「治天下獲□□□鹵大王」で、「天《あめ》の下治《したしろし》めす獲加多支鹵《わかたける》大王《おおきみ（だいおう）》」と判読される。従来は「獲」を「獲《たぢひ》」と読み、「獲《たぢひ》の水歯別大王《みずはわけのだいおう》」（履中《りちゅう》天皇）を意味するといわれてきたが、埼玉県古墳群出土の鉄剣銘を参照して、現在は「ワカタケル」つまり履中天皇の甥にあたる雄略天皇とされている。

とすれば、肥後北部の地域は、あきらかに雄略朝には支配下に入っていたことになる。つまり、雄略天皇の時代には、北は北武蔵から南は肥後北部にわたる広大な領域を完全に支配下におさめていたのである。

ここで注目したいのは、埼玉《さきたま》古墳群が毛野《けぬ》の天神山古墳に対峙しているのと同様に、江田船山古墳は、九州の最大の豪族筑紫君《つくしのきみ》の墳墓地である福岡県八女《やめ》市の岩戸山古墳などに対峙していることである。八女は江田船山古墳からわずか二十キロばかり北に位置し、九州最大の古墳である岩戸山《いわとやま》古墳や石人山《せきじんやま》古墳などが築かれていた。

江田の船山古墳の被葬者を、わたくしは「日置氏」と考えている。「日置」は「ヒオキ」「ヒキ」「ヘキ」などと読まれるが、日置氏の祭神は式内社の「肥後国玉名郡疋石神《ひきぬのかみ》」である（『続日本紀』承和七年七月条）。『和名抄《わみょうしょう》』にも「肥後国玉名郡日置郷」の記述があるが、現在の熊本県玉名市西部と岱明町《たいめいまち》をふくむ地域である。隣接する菊水町なども勢力の中心地であろう。菊池川流域も日置氏の領地だったのである。菊池川は古代から優良な砂鉄を産する川であった。

もともと日置氏は火をつかさどる家柄であり、鋳鉄にもかかわっていたようである。たとえば河内《かわち》

＊御饗　神殿に飲食を捧げたり、貴人の飲食のもてなしをすること。

国丹南郡日置荘《へきのしょう》（大阪府堺市日置荘《ひきしょう》）の日置氏であるが、仁安二年（一一六七年）の『真継《まつぎ》文書』に「日置荘鋳物師《いもじ》」が供御人《くごにん》*として記載されている。また、『出雲国風土記』の出雲《いづも》郡河内《かわち》郷の条では「河内郷」を「斐伊大河《ひいのおおかわ》、此《こ》の郷《ごう》のうちを西流《せいりゅう》す。故《ゆえ》に河内《かわち》と云う」と説明されているが、この「斐伊河」こそ、八岐大蛇《やまたのおろち》伝承に登場する「肥河《ひのかわ》」であった。出雲の砂鉄を産する有名な斐伊川《ひいがわ》である。この川の流域に日置一族が居住していることは、天平十一年（七三八年）の「出雲国大税賑給帳《たいぜいしんごうちょう》」（『大日本古文書』二）からもうかがい知ることができる。また、河内郷に隣接するのが、出雲国神戸《かんど》郡日置《ひおき》郷（島根県出雲市上塩冶《えんや》町周辺）である。

　菊池川流域の砂鉄の産地を握る日置氏も「ワカタケル大王」に奉仕していたのであるから、雄略朝は、日本列島の最北端のいわゆる「蝦夷《えみし》」の地と、南九州の「隼人《はやと》」の地以外の広大な地域を支配下においていたことになる。もちろん、いちおう臣従しても、ヤマト王権にとっては、周辺部の大豪族は少しも気をゆるすことができぬ存在であった。そのため、大豪族の領地に接する中小豪族層を早くから皇室部民《べのたみ》とし、大豪族を牽制したのである。地方の中小豪族もつねに大豪族に併呑《へいどん》される危険にさらされていたから、大豪族にまさるヤマト王権のうしろだてがほしかったのである。ヤマト王権もこれを利用し、大豪族の周辺をかためたのである。

大豪族が生れた背景

ここでいう大豪族とは、具体的にいえばつぎのような豪族である。まず、群馬県・栃木県を中心とする「毛野《けぬ》氏」であり、つぎに岡山県を中心とした「吉備《きび》氏」、福岡県を中心とした「筑紫君《つくしのきみ》」、熊本県の「火《ひ》（肥）君《のきみ》」、島根県を中心とした「出雲《いずも》氏」（とくに「神門臣《かんどのおみ》」）である。どの大豪族も共通して「毛野《けぬ》」「吉備《きび》」「筑紫《つくし》」「火《ひ》」といった大国の地名を冠している。「毛野」は、律令時代に上毛野《かみつけぬ》（上野《こうずけ》）と下毛野《しもつけぬ》（下野《しもつけ》）に分国される以前の大国の名であった。「吉備」も同様に、備前《びぜん》（吉備《きび》の前《くち》の国）、備中《びっちゅう》（吉備の中《なか》の国）、備後《びんご》（吉備の後《しり》の国）および美作《みまさか》の四国に分かれる以前の国の名である。「筑紫」は、筑前《ちくぜん》、筑後《ちくご》の二国に分かれる。「火君《ひのきみ》」も、肥前《ひぜん》と肥後《ひご》の二国に分かれる以前の「火国」（のちに「火」を忌み「肥」に改めた）を豪族名に冠している。

もちろん、「大分君《おおいたのきみ》」（「神武記」）、「佐賀君《さがのきみ》」（『日本霊異記』）などの地名を冠する豪族も散見されるが、大分君は律令期の豊後《ぶんご》国大分郡の国造《くにのみやつこ》層であり、佐賀君も肥前国佐嘉《さが》郡の国造層にすぎない。これ

＊供御人　朝廷に供御（天皇をはじめとする皇室の飲食物）を献ずる役目の民。

らの豪族の領地は広くても郡程度である。

当然のことながら、大国の名を冠する大豪族が発生する共通の歴史的要因はあったと考えている。「吉備《きび》氏」の例でみていくと、まず海上交通の要衝を押さえていることが注目される。吉備は、当時の海上交通の根幹をなす瀬戸内のほぼ中央に位置している。この海上交通の要《かなめ》をおさえることは、単に国内的に有利であるばかりか、大陸の先進文化を導入する際にもきわめて有利であった。平和時には海上貿易を行ったり、漁業に従事している海人は、戦時には機動力をフルに発揮する水軍として活躍する。岡山の広い平野は温暖な気候にめぐまれ、豊かな農業生産を誇っていた。平野の後背地である山地には狩猟に従事する山の民がいた。戦時には彼らは山部の民として動員され、弓矢を駆使する優秀な軍隊となって戦った。

このように、大平野を中核として、山と海を支配するのが大豪族に成長する条件のひとつであった。なぜなら、単に軍事的優位を保持するだけではなく、平野の農業生産を介して、山の幸と海の幸を交換しうる経済的利点もあったからである。さらに重要なのは、吉備地方は古代からすぐれた砂鉄の産地だったことである。備前《びぜん》に流れる吉井《よしい》川はきわめて良質な砂鉄を産する川であった。後世、名刀「備前長船《おさふね》」を生み出した地域である。中国山脈を水源とするすべての川は砂鉄の川であるといえる。古代には鉄はきわめて貴重な金属であった。青銅製や木製の農具にくらべ、鉄製の農具は格段に鋭利であり、武器についてもおなじことがいえる。つまり、鉄を制する者が、すべての点で優位に立つ可能性を有していたのである。

鉄といえば出雲《いずも》もおなじである。『出雲国風土記』の飯石《いいいし》郡の条に、神戸川《かんどがわ》の支流の「波多《はた》の小川」に「鉄《まがね》あり」と註するなど、砂鉄産出の記載が散見される。しかも、出雲は朝鮮半島からじかに先進文化を取り入れることができる有利な地域であった。日本海には対馬海流が流れ、海に突き出た半島状の地域は格好の船着場であって、その最大の地域が島根半島と能登半島の西側だったのである。徳川時代でも、漂流した朝鮮の漁民の多くが島根半島にたどりついたという。

対馬海流をさえぎるように海に突き出た能登半島の西側も重要な地域であった。敦賀《つるが》（古代の角鹿《つぬが》）は大陸交通の重要な港であり、早くからヤマト王権が掌中におさめていた。『記紀』は応神天皇と深い関係があると伝え、角鹿には笥飯大神《けひのおおかみ》が祀《まつ》られている。この角鹿から琵琶湖を南下して淀川を下り、木津川を経て大和にいたるルートが早くから作られていたのである。琵琶湖周辺には朝鮮半島の文化にちなむ遺物が多いのもそのためである。東大寺のお水取りでもちいられる聖水の源は「若《わか》狭水《さみず》」であり、堂前の「若狭井《わかさい》」の水を汲むことからもうかがえるように、敦賀と大和との関係は現在も切れてはいないのである。

話をもどすと、出雲は銅や鉄の産地であったから、早くから青銅剣や鉄剣の製造法を大陸に学んだのであろう。また、古代に出雲《いずも》が重要視されたのは、いわゆる漢方薬導入の中心地でもあったからである。『出雲国風土記』に出雲の産物として記載されている植物の多くは漢方薬にもちいられるものである。『延喜式』巻三十七「典薬寮」の条にかかげられている「出雲国五十三種」の薬草は、『出雲国風土記』に記載されているものとほぼ同じである。「神代紀」にも大国主神《おおくにぬしのかみ》の業績を伝えて、「小彦名命《すくなひこなのみこと》と、力《ちから》を戮《あわ》せ心《こころ》を一《ひとつ》にして、天下《あめのした》を経営《つく》る。復顕見蒼生及《またうつくしきあをひとくさおよ》び畜産《けもの》の為《ため》は、其《そ》の病《やまひ》を療《おさ》むる方《みち》を定《さだ》む。又《また》、鳥獣《とりけだもの》・昆虫《はふむし》の災異《わざわい》を攘《はら》はむが為《ため》は、其《そ》の禁厭《まじないや》むる法《のり》を定《さだ》む」（第六の一書）と記している。大国主神と小彦名命は病気を平癒する方法（医学）と、作物に被害をあたえる害虫や鳥獣を駆除する呪いの法を民衆に伝えたというのである。

『古事記』には、大国主神が稲羽の素兎《しろうさぎ》に、真水《まみず》で膚《はだ》を洗い、ころがって身体に蒲黄《がまのはな》の花粉をまぶすよう教え、素裸にされた兎を助けた話が記されている。『和名抄』には、蒲の花の黄色い花粉は「蒲黄（加万乃波奈《がまのはな》）」と記され、治血治療の漢方薬の一種とされている。ちなみに、『古事記』に記されている「素兎」は白い毛の兎の意ではなく、ワニ（熊鰐）に毛皮をはがされて赤むけにされた兎の意であり、その治療に蒲の花粉がもちいられたのである。

大国主神も八十神《やそがみ》に迫害され、猪に似たかたちの真っ赤に焼けた石を抱きしめて殺されるが、御祖《みおや》の神（母神）が神産巣日之命《かんみむすびのみこと》に願って𧏛貝比売《きさがいひめ》と蛤貝比売《うむがいひめ》を集め、母《おも》の乳汁《ちしる》をまぜて大国主神を復活させている。「𧏛貝」、つまり「赤貝」と、「蛤《はまぐり》」の貝殻を削り、このふたつの貝の汁にまぜて火傷に塗るのも当時行われていた民間療法である。

『伊予《いよ》国風土記』逸文（『釈日本紀』巻十四）には、伊予の道後温泉にまつわる説話が記されており、大穴持命《おおあなもちのみこと》（大国主神）が小彦名命を温泉に湯浴《ゆあ》みさせ、蘇生させた話を伝えている。『伊豆国風土記』逸文にも「大己貴《おおなむち》と小彦名《すくなひこな》命と、我《わ》が秋津洲《あきつしま》に民《たみ》の夭折《あからさまにし》ぬることを憫《あわれ》み、始《はじ》めて禁薬《くすり》と湯泉《ゆあみ》の術《みち》を制《さだ》めたまいき」と記されている。また、『和名抄』には「石蔛《せっこく》」を「須久奈比古乃久須禰《すくなひこのくすね》」と記しており、医薬の祖である小彦名命がこの薬で治癒した故事にもとづくという。「久巣禰《くすね》」は「薬《くすり》」の意で、『本朝和名』にも、石蔛は山の精で「伊波久須利《いはくすり》」と呼ばれていたとある。

「神功《じんぐう》皇后紀」十三年二月の条には、角鹿《つぬが》の笥飯大神《けひのおおかみ》に参詣して帰った太子《ひつぎのみこ》（応神天皇）に、母の神功皇后が觴《さかづき》を捧げて、「此《こ》の御酒《みき》は　吾《わ》が御酒《みき》ならず　神酒《くし》の司《かみ》　常世《とこよ》に坐《いま》す　いはたたす　少御神《すくなみかみ》の　豊寿《とよほ》き　寿《ほ》き廻《もと》ほし　神寿《かむほ》き　寿《ほ》き狂《くる》ほし　奉《まつ》り来《こ》し御酒《みき》そ」と歌ったと記している。ここでは小彦名命は「神酒《くし》の司《かみ》」とされ「岩たたす神」と呼ばれている。「岩たたす神」とは立岩を依代《よりしろ》とする神の意であろうが、そこから連想して「伊波久須利《いわぐすり》」（石蔛）つまり「須久奈比古乃久須禰《すくなひこなのくすね》」と結びついたのであろう。

これらのことから、古代に出雲国が大きな勢力を保ちえたのは、大量の砂鉄の産出と、踏鞴《たたら》*に代表されるすぐれた製鉄技術をもっていたためであり、さらに「古代の呪医」としての宗教的権威をあわせもっていたためと考えられるのである。

大豪族の反乱から朝廷の直接支配へ

九州の筑紫君《つくしのきみ》も砂鉄の産地を握っていた。筑紫君の本拠地は現在の福岡県八女《やめ》市付近である。古代でいう八女県《やめのあがた》であった。だが、筑紫君は博多湾の東側にあたる糟屋《かすや》の地を所有し、そこを対外交渉の窓口として南朝鮮の新羅と深く結びついていた。また、この糟屋の地に流れる多々良川の周辺では、その名が示すように蹈鞴による製鉄が行われていたのである。そのために、継体天皇の時代に、筑紫君磐井《いわい》が新羅と結び、朝廷の征新羅軍をはばむ行為に出るのである。一年有余の戦いの結果、磐井が物部麁鹿火《もののべのあらかひ》のひきいる朝廷軍に敗れると、磐井の子葛子《くずこ》に贖罪として糟屋の地を献ずるよう命じ、ただちに「糟屋屯倉《かすやのみやけ》」として朝廷領に編入するのである（「継体紀」二十二年十二月条）。

この「磐井の乱」をはじめとして、五世紀後半ころから六世紀初頭にかけて大豪族の反乱が起っている。この時期に、朝廷の支配が間接支配から直接支配に転換したのである。ヤマト王権が豪族を介して民衆を間接統治する支配形態から、旧来の豪族の支配権をしだいに排除し、中央官僚が地方におもむく直接支配に移行する大きな過渡期であった。もちろん、中央から官僚を派遣することは困難をともない、抵抗も少なくなかった。そのため、臣従を誓った豪族を国造《こくぞう》（くにのみやつこ）に任じ、支配機構の末端に位置づけたのである。いわば過渡期の妥協の産物であったが、国造の権力もしだいに奪われていき、大化改新以後は地方官僚の末端に位置する郡司《ぐんじ》層に編入され、中央から派遣される国司《こくし》の統率下におかれたのである。

一方、服属した大豪族の権力を抑制するため、まず海に進出する軍事的拠点を押さえる政策が採用された。筑紫君の「糟屋」の地がまさにそれである。吉備《きび》の最大豪族「下道臣《しもつみちのおみ》」に対しては、高梁川《たかはしがわ》の河口にある児島を「児島屯倉《こじまのみやけ》」として取り上げている。その名が示すように児島はかつては小島であったが、瀬戸内のほぼ中央に位置する交通の要衝であった。また、児島は備中《びっちゅう》の重要河川である高梁川の河口にあり、この高梁川をさかのぼった中流域こそが下道《しもつみち》氏の本拠地であって、ここには前方後円墳で全国四位の規模をほこる造山《つくりやま》古墳（主軸三五〇メートル）などが造営されている。さらに舒明《じょめい》天皇の時代に吉備の五つの郡に「白猪屯倉《しらいのみやけ》」を置いたとあり（「舒明紀」十六年七月条）、その一

＊踏鞴　足で踏んで空気を送る大きなふいごで、砂鉄から鉄を精製するために使う道具。

部に製鉄の地がふくまれていたようである。

「毛野《けぬ》氏」の領地でもこのような政策がとられている。毛野の名が示唆するように、毛野氏の基盤は「禾《け(か)》」(穀物)が豊かに稔る平野で、あなどることのできぬ経済力を保持していた。また蝦夷《えみし》に接するフロンティアであっただけに、強力な軍事力を保有する軍事大国でもあった。毛野氏は群馬県太田市郊外に、関東一の規模をもつ天神山古墳をはじめ、多くの古墳群を造営している大豪族であった。しかし、現在の群馬・栃木両県にまたがる地域を治める毛野氏の最大の課題は、海へ出るルートを獲得することであった。港をもつ吉備《きび》氏や筑紫君《つくしのきみ》とはこの点が異なる。唯一残されたルートは多摩川をくだって東京湾に出る道であったと思われるが、このルートも武蔵国造《こくぞう(くにのみやつこ)》をめぐる争いで失ってしまうのである。朝廷が推す笠原直使主《かさはらのあたいおみ》にさからい、笠原直小杵《おずき》を強力に担ぎ出した上毛野君小熊《かみつけぬきみおぐま》が敗れたからである。小熊は、横渟《よこぬ》、橘花《たちばな》、多氷《たひ》、倉樔《くらす》の四つの屯倉を献じざるをえなかったのである(「安閑紀」元年閏十二月条)。

この「横渟」は『和名抄』にみえる武蔵国横見郡で、現在の埼玉県比企郡吉見や東京都東村山市の一部に比定されている。「橘花」は武蔵国橘樹《たちばな》郡の御宅《みやけ》郷や橘樹郷に比定されるが、現在の川崎市高津区子母口《しぼぐち》付近である。「多氷《たひ》」は「多末《たま》」の誤記とされ、武蔵国多摩《たま》郡の地に比定されている。「倉樔」は「倉樹《くらき》」の誤記であり、武蔵国久良《くらき》郡で横浜市の一部にあたるという。これらの屯倉は、ほぼ荒川と多摩川流域に位置しており、とくに、橘花屯倉は多摩川の河口をおさえる場所に置かれている。つまり、朝廷はこれらの地をとくに選んで毛野氏に献上させたのである。その目的はいうまでもなく、毛野氏の海へ出るルートを遮断することにあった。

毛野氏は古くから海上に進出していたと伝えられている。上毛野氏の祖荒田別《あらたわけ》は、しばしば百済におもむいている（「神功《じんぐう》皇后紀」四十九年三月条・五十年二月条、「応神紀」十五年八月条）。内陸を本拠地とする毛野氏が古くから海外にまでさかんに出兵できたのはこの多摩川ルートを握っていたからであろう。多摩川は武蔵国を流れているが、武蔵国はかつて上野《こうずけ》とともに東山道《とうさんどう》に属していた。当時は利根川が東京湾に乱流し、南武蔵の交通の大きなさまたげとなっていたから、武蔵国西部を流れる多摩川をさかのぼって上野にいたるルートが開かれ、この流域が武蔵国の中心となっていたのである。武蔵国の国府は多摩郡に置かれたが（『和名抄』）、東京都府中市にある「大国魂《おおくにたま》神社」付近とされている。ちなみに、武蔵国が東山道から東海道に編入されたのは奈良朝末期の宝亀《ほうき》二年（七七一年）であった（『続日本紀』）。

ヤマト王権―覇権の条件とは

大化前代の大豪族が勢力を形成していくための必要条件をいくつかあげた。とするとかならず、ヤマト王権には他の大豪族に比べて有利な条件がそろっていたのではないか、それはどのようなものであるのかと問われるであろう。

たとえば大陸のすぐれた文化の導入ということについても、地理的な位置からすれば、筑紫《つくし》、吉備《きび》、出雲《いずも》より不利であったと考えられる。だが、ヤマト王権は瀬戸内ルートである難波津《なにわづ》のほかにも、角鹿《つぬが》（敦賀）を入り口とするルートを早くから確保していた。角鹿は対馬海流が能登半島にぶつかるところに位置し、半島からの船舶の重要な停泊地になっていた。角鹿は比較的早くからヤマト王権に重要視され、領域下におさめられていたようである。応神天皇は皇子のとき武内宿禰《たけのうちのすくね》にともなわれて角鹿の気比《けひ》神社に参詣し、気比の大神である伊奢和気《いさわけ》の大神と名を交換したと伝えられている（「仲哀記」）。

履中《りちゅう》天皇のとき、膳臣余磯《かしわでのおみいわれ》が若桜部臣《わかざくらべのおみ》を賜姓され、履中天皇の朝廷部民の管掌者に任ぜられた

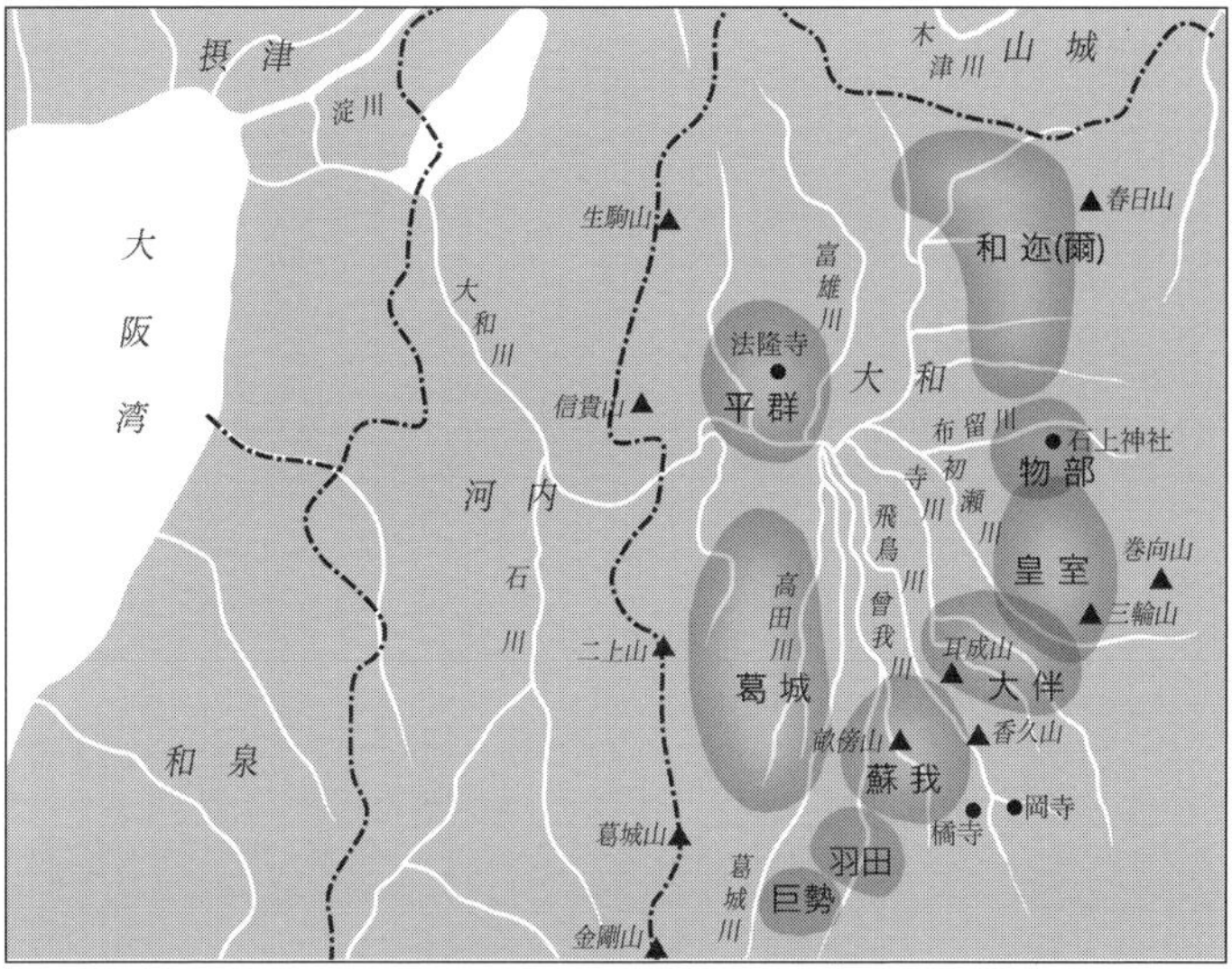

古代大和の河川と豪族の分布図（推定）

が、この「若桜部」がおかれた地が「若狭国《わかさのくに》」と呼ばれたのである。こうした伝承から、少なくとも四世紀後半から五世紀前半には、この地域はヤマト王権に掌握されていたとみてよい。天皇家の御饗《みあえ》をつかさどる「膳《かしわで》氏」にまつわる伝承に象徴されるように、若狭は早くから天皇家に御食《みけ》を供する国でもあった。先に述べたように、若狭の角鹿を起点として琵琶湖を通過し、大津から淀川を下って、さらに木津川を経て大和にいたるルートが開かれていたのである。現代のわたくしたちは水運をあまり意識していないが、時代をさかのぼればさかのぼるほど河川は重要な交通路であった。

　大和は内陸の盆地にあり、そのために豪族層の団結を比較的容易にしたが、この盆地からいくつかの河川が海に出る道を形成していたことも見落としてはならないと思う。まず「大和《やまと》川」である。この川は古代には難波《なにわ》の海に注いでいた。流路が変わって今は堺市に河口があるが、近世以前には難波津に流れ込んでいたのである。上流は「泊瀬川」（初瀬川）であり、大和盆地を流れる数々の中小河川の水を集め、王寺町の亀《かめ》ノ瀬《せ》を通って河内《かわち》平野に出てから、生駒山脈の西側を北進して古代の難波に注ぎ込んでいたのである。

この河口の近くにあった摂津国百済郡（『和名抄』）は、現在の大阪市天王寺区の一帯に比定されているが、ここに百済から渡来した王仁《わに》の一族の調氏《つきし》、広井《ひろい》造《みやつこ》などが定住していた。その本家の西文氏《かわちのふみし》は河内国　古《ふるち》　市（ふるいち）郡古市郷（大阪府羽曳野《はびきの》市）に定住し、名刹西琳寺《さいりんじ》は彼らの氏寺である。

ひきつづき、あらたに百済から渡来した王辰爾《おうしんじ》の一族が大和川流域の各地に定住し、朝廷の海外交渉事務を担当するようになるのである。王辰爾は欽明《きんめい》天皇の時代に船の賦《みつぎ》を監督する船長《ふねのつかさ》に任ぜられ船史《ふねのふひと》を賜姓されている（「欽明紀」十四年七月条）。桓武天皇に捧げた上表文は「葛井《ふじい》、船《ふな》、津連《つむらじ》」（『続日本紀』延暦九年七月条）の三氏を王辰爾直系の氏族としている。

ちなみに、この一族から出た津連真道《つのむらじまみち》は、菅野朝臣《すがのあそみ》と賜姓され、桓武天皇に親任されて側近の臣として活躍している。葛井氏の本拠は河内国志紀《しき》（志貴）郡長野《ながの》郷の葛井《ふじい》寺（藤井寺）を中心としており、現在の大阪府藤井寺市藤井寺付近である。「津連」は、もともと難波津《なにわづ》を管掌するものであろう。

こうしたことからもうかがえるように、ヤマト王権は海外交渉の面からも難波津に流入する大和川をきわめて重視し、百済系の文人官僚をその周辺部に配していたのである。

大和川とならんで西の海に通ずる「紀ノ川」が存在したことも無視できない。紀ノ川の上流は「吉野川」と呼ばれ、紀伊国伊都《いと》郡に入って紀《き》之《の》川（木の川）と称した。現在の和歌山市を河口とする。この付近の名草《なぐさ》郡や海草《かいそう》郡が古代の「紀《き》氏」の本拠地であった。海草郡の日前《ひのくま》と国懸《くにかけす》の二社を祀る豪族である。

この紀氏は『新撰姓氏録』左京皇別上に「紀朝臣《きのあそみ（あそん）》、石川朝臣《いしかわのあそみ》と同祖《どうそ》なり。建内宿禰《たけのうちのすくね》の男《だん》、紀角《きのつの》宿禰《すくね》の後《あと》也」とあり、建内《たけのうち》（武内）宿禰の後裔と称している。石川《いしかわ》氏（蘇我氏）、田口《たぐち》朝臣、桜井《さくらい》朝臣、角《つの》朝臣と同族である。紀氏は、大和盆地の葛城《かつらぎ》、平群《へぐり》、蘇我などと血縁関係を結び、早くからヤマト王権の一翼をになっていた。紀氏の本拠地は「木《き》の国《くに》」と呼ばれ、その名のとおり当時の船材にもちいられた楠《くすのき》が繁茂していた。この楠材で十数メートルにおよぶ構造船を建造し、瀬戸内に進出していたのである。紀氏の一族は、瀬戸内に面する阿波《あわ》、讃岐《さぬき》、伊予《いよ》、周防《すおう》、豊前《ぶぜん》の国などに広く分布している。紀氏の水軍はヤマト王権の勢力拡大に重要な役割を果たしていたのである。

ちなみに、先に大豪族のひとつにあげた「火君《ひのきみ》」（肥君）の本拠地は、肥後国八代《やつしろ》郡肥伊《ひい》郷（熊本県八代郡竜北町付近）の氷川《ひかわ》流域とされるが、この地にも成長の早い楠の大木が繁茂している。火君はこの楠をもちいて建造した船を不知火《しらぬい》の海に浮かべ、勢力をのばしていくのである。ヤマト王権に服属したのちも、筑紫君磐井《つくしのきみいわい》に代わって海上交通の要衝である博多湾西岸の志麻《しま》郡の西部を与えられている（『大日本古文書』巻一・大宝二年筑前国嶋《しま》郡川辺里《かわべのり》所籍）。この志麻郡には韓国《からのくに》におもむくための「韓泊《からどまり》」（韓良郷）と呼ばれる港があった（第二章「邪馬台国の国々」四五頁参照）。「欽明紀」にも、筑紫火君《ひのきみ》が勇士千人をひきいて、百済の皇子恵《くえい》を韓国の弥弖《みで》（慶尚南道の南海島）に送らしめたと記されている（「欽明紀」十七年正月条）。

ヤマト王権は、大和川と紀ノ川をおさえることで船を駆使する集団を配下にもつことが可能となった。同時に、大和盆地から東国におもむく「初瀬川」（泊瀬川）ルートをいちはやく掌握し、あらたな勢力拡大に成功したのである。これらの河川に「角鹿《つぬが》」（敦賀《つるが》）ルートを加えれば、まさに東西南北へ向かう戦略的・経済的路線をおさえたことになるのである。

「崇神紀」には、大彦命《おおひこのみこと》を北陸に、その子の武渟川別《たけぬかわわけ》を東海に、吉備津彦《きびつひこ》を西道に、丹波道主命《たんばみちぬしのみこと》を丹波に遣わしたとある（「崇神紀」十年九月条）。いわゆる「四道将軍派遣」のこの物語は史実としては疑問視されるが、これまでに述べてきた情勢を背景に生れた説話であろう。大彦命と武渟川別は大和盆地に拠をおく安倍氏の祖とされ、先にも述べたように東国出兵の将軍として活躍した。

「吉備氏」は山陽道のおさえとして早くからヤマト王権に協力している。たとえば日本武尊《やまとたけるのみこと》

（小碓尊《おうすのみこと》）の東征伝承には吉備武彦《きびのたけひこ》が従っており（「景行紀」四十七年七月条）、日本武尊の生母播磨稲日大郎女《はりまのいなひのおおいらつめ》も吉備比売《きびつひめ》の娘であるという。このような伝承が生まれたのも、地方豪族の雄である吉備氏が比較的早くからヤマト王権と同盟ないしは服属していたからである。

また、丹波道主命は開化天皇の子孫とされ、垂仁《すいにん》天皇のとき丹波道主命の娘たちが後宮に召されたという（「垂仁紀」五年十月条）。この伝承の信憑性にも問題があるとしても、ヤマト王権にとって丹波路確保は不可欠であり、若狭へおもむく重要なルートをにぎるうえでも丹波の豪族と同盟関係を結ぶ必要があったのである。

このようにしてヤマト王権は四通八達のルートを掌握し、それぞれのルートに位置する豪族とときには婚姻関係を結び、あるいはたくみに味方に引き入れて、全国統一の道を歩んでいったのである。

第九章　皇統は継承されたのか

このようにしてヤマト王権は全国統一を完成していくが、戦後になって、本当に皇統は一貫して継承されてきたのかということがにわかに問題とされるようになった。きっかけとなったのが騎馬民族による征服王朝の提起であり、ついで「継体・欽明朝の内乱」の問題である。

朝鮮の騎馬民族は海を渡ったのか

騎馬民族による征服王朝とは、朝鮮半島南部の任那あたりを根拠地としていた騎馬民族が、日本海を渡って北九州に上陸し、さらに畿内《きだい》に進出して王朝を樹立したとする説である。

南鮮の百済王は、騎馬民族のひとつである扶余《ふよ》族の出身であり、この一族が北から南下して百済国を建国したといわれる。騎馬民族は馬を駆使して機動性にすぐれた軍事力をもっており、農耕民族を主体とする韓族の歩兵と戦って支配下におくのである。しかし、騎馬民族がその力を遺憾なく発揮できるのは陸続きの地に限られる。海を渡る航海術はきわめて不得手とするところであった。相当な数の騎馬軍団を船で輸送するのは至難の業であったから、日本で騎馬民族の征服王朝を想定することには問題があるのではあるまいか。

もうひとつ、征服王朝が任那から渡来した根拠として、御肇国天皇《はつくにしらすすめらみこと》（「崇神紀」十二年九月条）の名がある。崇神天皇はその名を「御間入彦《みまないりひこ》」と称したが、この名が「任那」と結びつけられているのである。仮に崇神天皇を実在の天皇とみなし、征服王とするなら、四世紀初頭の人物でなければならない。なぜなら、仁徳天皇（倭王讃《わおうさん》）は五世紀前半の在位と考えられ、仁徳天皇から五代前にさかのぼるとすれば、およそ百年前となるからである（第四章「『倭の五王』はどの天皇にあたるのか」八五頁参照）。

また、騎馬民族征服の有力な根拠のひとつとして、古墳から馬具や馬の埴輪が出土していることがあげられているが、考古学の立場からは、これは五世紀代に顕著にみられる現象というから、こうした時代のギャップが解消されないかぎり騎馬民族による征服王朝説を肯定することはむずかしい。

さらに、日本には中国や騎馬民族に見られる宦官《かんがん》制度が、纏足《てんそく》の悪習とならんで導入されていないことにも目を向ける必要があるだろう。宦官は去勢された男性奴隷に起源があるようだが、これは馬や羊の雄を去勢する騎馬民族がひろめた風習であったといわれている。あらゆる中国文化の導入に努めていた古代日本が、最後まで宦官制度を導入しなかったのは、当時はまだこうした騎馬民族の習慣が行われていなかったからである。

以上の点からみても、騎馬民族による征服王朝がヤマト王権の前身であるとは考えにくい。五世紀代に入って朝鮮半島から馬が輸入され、牧で飼育されていたのは事実であるが、これはあくまで朝鮮で騎馬民族に対抗するための手段であった。農耕民族で組織される軍隊は一般に歩兵集団であったから、機動性にまさる騎馬軍団との戦いでは苦戦を余儀なくされた。倭軍は高句麗との戦いでしばしば苦杯を喫し、大敗することも少なくなかったのである。そのために急遽南鮮から軍馬を取り寄せ、畿内《きだい》の周辺部に馬の牧を設けて馬を増やすことにつとめたのである。第五章（大王の称号）でも述べたが、当時は馬は貴重品であったから、馬を所有できることは一種のステータスであった。豪族の墳墓に馬や馬具の埴輪が埋葬されるのはステータスの顕示である。日本の馬は大半が軍馬であり、一般庶民にはとても手がとどかないものだったのである。

このように考えてくると、朝鮮半島から騎馬民族軍が日本に侵攻して王朝を樹立したという説にはまだまだ検討の余地が残っていると言わざるをえないのである。しかし、それでは征服王朝説は完全に否定されたのかというと、どうもそうではないのである。朝鮮半島から騎馬民族が海を渡ったという説は否定されたが、今度は北九州の勢力が東征して畿内の政権を倒し、新しい王権を樹立したという学説がにわかに登場したのである。

応神天皇の時代に皇統は断絶したのか

この学説では、征服王朝の王は応神天皇とされている。「神功《じんぐう》皇后紀」によれば、いわゆる三韓征伐のあと、神功皇后は筑紫《つくし》の宇瀰《うみ》(福岡県糟屋《かすや》郡宇美町）で応神天皇を生む。しかし、応神天皇の異母兄の麛坂王《かごさかのきみ》と忍熊王《おしくまのきみ》が、亡き仲哀《ちゅうあい》天皇のあとをうけて皇位につくことを主張した。そこで神功皇后は応神天皇が崩じたといつわり、武内宿禰《たけのうちのすくね》らと水軍をひきいて麛坂王と忍熊王を謀殺し、応神天皇を皇子にたてたという。新たな征服王朝説では、幼い応神天皇を奉じたこの神功皇后を畿内の勢力とは異なる北九州の豪族集団と考え、麛坂王と忍熊王を畿内の勢力とみなすのである。

このように考えれば、たしかに征服王朝説は一応成立する。『記紀』に伝える「神武東征」も始祖伝承ととらえることが可能となり、大変魅力に富んだ学説である。応神天皇陵とされる誉田御陵《ほんだみささぎ》やその皇子である仁徳天皇陵から突然巨大な墳墓が造営されるようになり、その背景に政治的・社会的大変動があるとすれば、征服王朝説はこの時代の大変革を説明するのにまことに好都合である。

しかし、そのためには、まず神功皇后の実在が問われなければならない。仮に実在であるとしても、神功皇后《じんぐう》は「気長宿禰王《おきながのすくねのおおきみ》」の娘であると明記されているのが問題となろう（「神功皇后摂政前紀」）。「気長」（息長）は近江国坂田郡にみられる地名で、現在の滋賀県米原《まいばら》市付近一帯に比定されている。琵琶湖東岸の交通の要衝であり、若狭から大和盆地を結ぶ路線の中途にあたる。このルート沿いにあって息長《おきなが》の豪族は早くから大陸文化に接し、ヤマト王権とも交渉をもっていたのである。実在の人物であるとしても、「気長足姫尊《おきながたらしひめのみこと》」と名のる神功《じんぐう》皇后は近江国坂田郡の出身とみなければならない。つまり、筑紫《つくし》を本貫地《ほんがんち》とする女性ではないのである。

また、征服王朝軍を神武東征軍とみなすにしても、神功皇后の九州の本拠地は北九州の筑前国であり、とすれば、東征の出発点は北九州でなければならないことになる。だが、「神武記」には神武東征は「日向《ひむか》」から出発したと明記されている。『新撰姓氏録』大和神別の大和宿禰《やまとのすくね》の条にも、神日本磐余彦天皇《かむやまといわれひこのすめらみこと》（神武天皇）は日向の地を立ち、大倭の洲《おおやまとくに》に向かったと記されている。神武東征の説話は日向から始まるのである。同じ九州（西海道《さいかいどう》）といっても、北九州と南九州の日向とでは政治的環境はまったく異なる。それを一括して九州の地としてとらえるのは問題であろう。

仮に神武天皇が実在したとみなしても、「神日本磐余彦天皇」の名から推測すれば、大和の「磐余《いわれ》」の地を本拠とする天皇と考えなければならない。磐余は大和国十市郡に属し、天《あま》の香具山《かぐやま》の東北の麓のあたりにかつて存在した磐余の池から西方におよぶ地域である。「神功皇后紀」にも、磐余に都をつくり、若桜宮《わかざくらのみや》と称したとある。神武天皇と神功皇后の結びつきがみられるのは、むしろこの点であろう。磐余はいうまでもなくヤマト王権の中核地であった。

このように、北九州勢力が東征して畿内《きだい》の政権から王権を奪ったとする説もただちに肯定できないようである。考古学では前方後円墳の全国波及の原点を畿内としており、北九州で圧倒的に出土している甕棺《かめかん》などの遺物が畿内ではあまり出土していないことなどを理由に、北九州の権力移動説を認めないようである。今のところわたくしは、応神天皇の時代に皇統の断絶があったとする考え方には同調しがたいと考えている。

「継体《けいたい》・欽明《きんめい》朝の内乱」は存在したのか

つぎに問題となるのがいわゆる「継体・欽明朝の内乱」である。

先にも少し触れたように（第六章「皇統の危機と天皇親政」一三〇頁）、五世紀末期の武烈《ぶれつ》天皇は歌垣の場で恋人影姫《かげひめ》（物部麁鹿火《もののべのあらかひ》の娘）を平群鮪《へぐりのしび》に奪われて女性不信となり、暴虐をほしいままにして崩じたので、皇子をもうけることはなかった。そこで、大連《おおむらじ》の大伴金村《おおとものかなむら》が彦主人王《ひこうしのおおきみ》の子で誉田天皇《ほんだのすめらみこと》（応神天皇）の五代目の孫にあたる「男大迹王《おおどのおおきみ》」を越前の三国《みくに》（福井県坂田郡三国町）から連れ出し、天皇（継体《けいたい》天皇）に擁立したのである。

男大迹王はときに五十七歳で、すでに尾張連草香《おわりのむらじくさか》の娘目子媛《めこひめ》をめとり、のちの安閑《あんかん》天皇と宣化《せんか》天皇の二皇子をもうけていた。だが、即位したとき仁賢《にんけん》天皇の皇女手白香皇女《たしらかのひめみこ》を皇后にむかえるのである。というより、手白香皇女と結婚することが天皇となる条件であった。つまり、継体天皇は天皇家の入り婿であり、手白香皇女の皇子を誕生させて、皇統を継承することが最大の使命だったのである。

もちろん大和の豪族たちは継体天皇を心から歓迎するというより、皇統断絶という緊急事態に、やむなく同意したのである。しかし、継体天皇を探し出し、皇位につけた大伴金村《おおとものかなむら》に対する反感や嫉妬はきわめて強く、のちに大臣の蘇我氏を中核とする勢力が生まれ、大伴氏を排除する素因となったのである。

こうした気配を察知した継体天皇は、ただちに大和の中心地に入るのを躊躇していたようである。そして、大和盆地の周辺で何度か遷都を繰り返すのである。

第一の都は「樟葉宮《くすはのみや》」である。『和名抄』にいう河内国交野《かたの》郡葛葉《くすは》郷で、現在の大阪府枚方《ひらかた》市楠葉である。河内《かわち》国の最北に位置する交通の要衝であり、和銅四年（七一一年）正月に「樟葉の駅」が設けられている（『続日本紀』）。

第二の都は継体天皇五年（五一一年）の山背《やましろ》の「筒城《つつき》」、つまり山城国綴喜《つづき》郡である。交野郡の東が綴喜郡である。この綴喜郷(京都府京田辺市内)には、仁徳天皇の時代に筒城宮が置かれていた。『万葉集』に

空《そら》みつ　大和《やまと》の国《くに》　あをによし　寧楽山《ならやま》越《こ》えて　山代《やましろ》の　管木《つづき》の原《はら》（巻十三・三二三六）

と歌われているように、大和盆地に向かう重要な交通の拠点である。先の「樟葉宮」よりさらに、大和に近い。

さらに七年後の継体天皇十三年（五一八年）に、「弟国《おとくに》」に三回目の遷都をしている。現在の京都府長岡京市北部の今里付近であるという。この弟国は、山陰への水陸交通の要衝地である。この遍歴のあと、継体天皇は即位二十年目にしてようやく大和の磐余《いわれ》にある「玉穂宮《たまほのみや》」にはいることができたのである。玉穂宮は現在の奈良県桜井市池ノ内付近に比定されており、まさにヤマト王権の発祥の地である。

このように、継体天皇は二十年の長きにわたって大和国の北部で遷都を繰り返さざるをえなかったのである。二十年というのは、手白香皇女とのあいだに生れた欽明《きんめい》天皇が成人するのを大和豪族が

確認するための期間だった、とわたくしは考えている。皇位継承者が立派な青年に成長したことを確認するのは、大和豪族が何よりも求めていたことだったのである。

ただ、『日本書紀』では欽明《きんめい》天皇が即位されたときの年齢を「若干《そこばく》」と記すのみで、正確な年齢は知りえないが、おそらく二十歳以前であったろう。即位されたとき「余《おのれ》、幼年《としわか》く識浅《さとりすくな》くして、未《いま》だ政事《まつりごと》に閑《なら》はず」（「欽明即位前紀」）といい、異母兄の安閑《あんかん》天皇の皇后であった春日山田皇女《かすがのやまだのひめみこ》に皇位をゆずることを主張されたが、山田皇后は「皇子《みこ》（欽明天皇）は、老《おきな》を敬い少《わかき》を慈《うつくし》び、賢者《かしこきひと》に礼下《ゐやま》いたまう」「幼《わか》くして頴《すぐ》れ脱《ゆけ》でたまいて、早《はや》く善《よ》き声《な》を擅《ほしいまま》にし」と述べて辞退している。当時、欽明天皇は十五歳から十九歳くらいの若者であったらしい。即位されるとすぐに、異母兄の宣化天皇の皇女石姫《いわのひめ》をめとっているからである。

『日本書紀』を見るかぎり、このように継体《けいたい》・欽明朝の内乱をにおわせるような記載は一切ないのである。仁賢《にんけん》天皇、武烈天皇、手白皇女《たしらかのひめみこ》とつづく皇統は、継体天皇、安閑《あんかん》天皇、宣化《せんか》天皇の婚姻を通じて継承されているのである。

安閑天皇は、仁賢《にんけん》天皇の皇女春日山田皇女《かすがのやまだのひめみこ》を迎えて皇后とし、宣化《せんか》天皇も仁賢天皇の皇女橘仲皇女《たちばなのなかつひめみこ》を皇后として石姫《いわのひめ》らをもうけている。この石姫が欽明天皇の皇后なのである。つまり、継体天皇とその皇子がそれぞれ仁賢天皇の皇女をめとっており、欽明天皇は宣化天皇の皇女を皇后としているのである。仁賢天皇の諸皇女に入り婿しているといってよい。婚姻を条件として天皇に擁立されたのであろう。

継体天皇の嫡子である欽明天皇も、皇后には宣化天皇の皇女石姫を迎えている。そして、石姫の妹

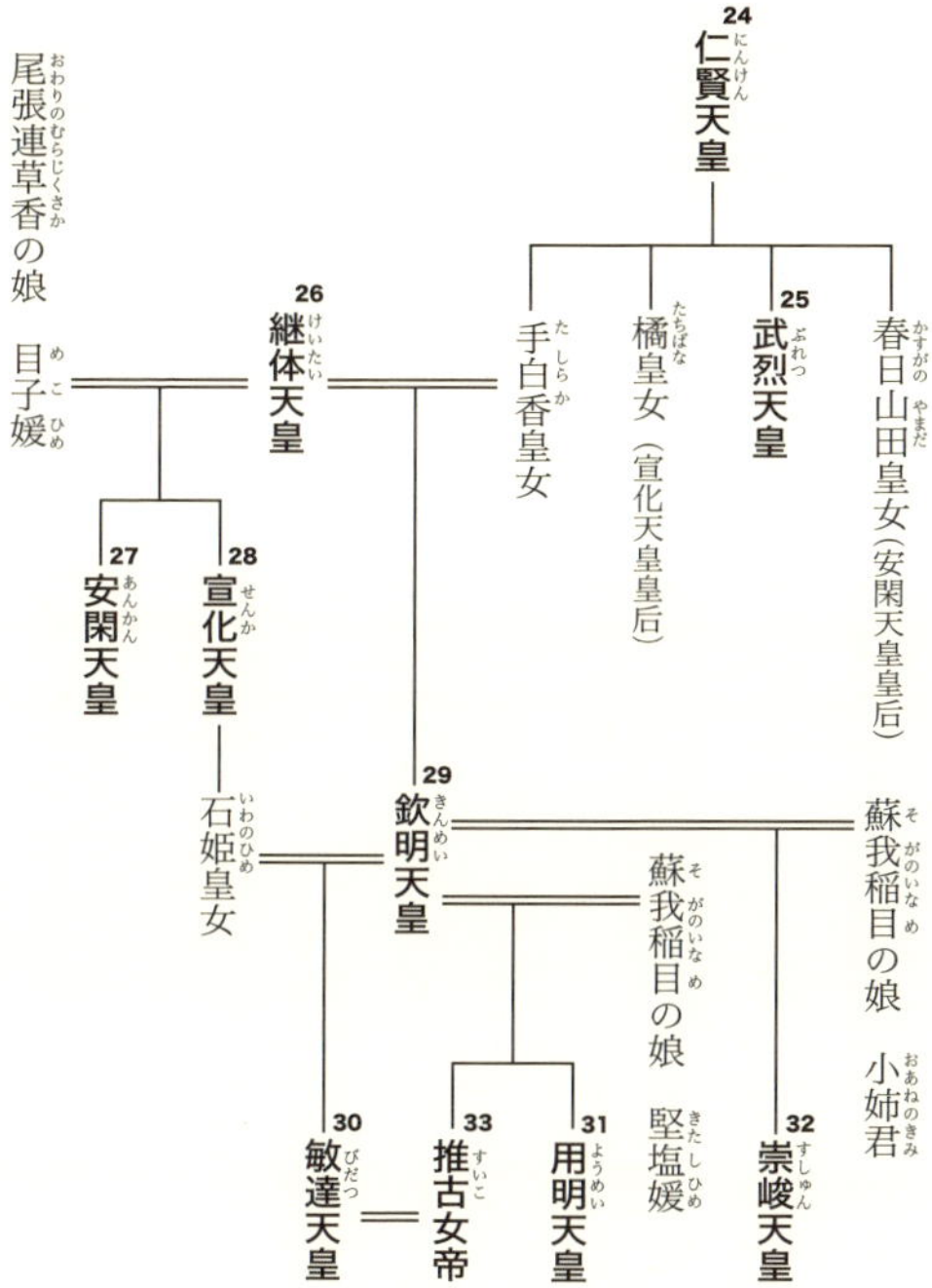

継体・欽明天皇期前後の系図

宮の稚綾姫皇女《わかあやひめのみこ》と日影姫皇女《ひかげひめみこ》を妃として迎え、石姫《いわのひめ》が生んだ渟中倉太珠敷皇子《ぬなくらふとたましきのみこ》（敏達《びだつ》天皇）を皇太子に推している。このように、二王朝の並立という異常な政治的緊張も、ましてや内乱が勃発した形跡もうかがえないのである。

ただ、継体《けいたい》天皇を擁立し、継体天皇、安閑《あんかん》天皇、宣化《せんか》天皇の時代に大連《おおむらじ》として権勢をほしいままにした大伴金村《おおとものかなむら》は、欽明天皇が即位してまもなく、任那の上哆唎《かみたり》、下哆唎《しもたり》、娑陀《さだ》、牟婁《むろ》の四県を百済に割譲した責任を問われ、住吉の宅に隠退することを余儀なくされるのである。

そのころ、欽明《きんめい》天皇は蘇我稲目《そがのいなめ》の娘である堅塩媛《きたしひめ》と妹の小姉君《おあね》を妃として迎えている。この姻戚関係からしだいに政権の中枢に近づいていった蘇我稲目は、欽明天皇が正統であることを強調し、大伴金村が擁立した天皇をいわば傍系とみなすよう仕向けていくのである。欽明朝の正統性を主張することで、「安閑・宣化朝」を皇統のアウトサイダーとして締め出す傾向を強めていったのである。こうした傾向は蘇我氏系がにぎる天皇家の年代記録にも反映されていったろう。その結果、他氏族の「家記」と錯誤をみせるようになったものとわたくしは想像しているのである。

内乱説を主張される学者は、おもに天皇の崩御年代と即位年代の食い違いを問題にされている。とくに『日本書紀』の年紀と、『日本書紀』に引用されている『百済本紀』の年紀が一致していない場合が多い点である。

たとえば、「継体紀」二十五年（辛亥《かのとい》の年・五三一年）二月条は継体天皇の崩御を伝えているが、注記の『百済本紀』では二十八年（甲寅《きのえとら》の年・五三四年）を天皇崩御の年としており、三年間のひらきがある。『古事記』では継体天皇崩御の年を丁未《ひのとひつじ》の年（五三七年）とし、享年四十三歳であるとしている。しかし「継体紀」には「八十二歳」とあり、これはあきらかに「継体紀」にしたがうべきであろう。天皇に擁立されたとき、男大迹王《おおどのおおきみ》はすでに五十七歳だったと記されているのである。

当時は正式な国家記録はまだ存在せず、それぞれの豪族が一族の歴史を中心にした「家記」のたぐいを伝えていたにすぎなかった。当然のことながら一族の政治的立場が優先された「家記」であり、一族に不利益となる記事はすべて隠蔽され、歪曲されることも少なくなかったのである。意図的な改《かい》竄《ざん》もあったのではあるまいか。蘇我氏系の家記では、蘇我氏が支持する欽明天皇が嫡流であることを強調し、必然的に安閑・宣化朝を無視する姿勢がつらぬかれていたのであろう。

以上のことから、「継体・欽明朝の内乱」といわれる戦乱期は存在しなかったと考えるべきであろう。この時期に存在した戦乱は地方豪族の鎮定であり、しだいに困難になってきた対朝鮮問題であった。これらの問題解決にヤマト王権は忙殺されていたのである。

第十章　大王から天皇へ

四、五世紀のころから、ヤマト王権の王は「大王《だいおう》」あるいは「大君《おおきみ》」と称されてきた。『隋書《ずいしょ》』「倭国伝」では開皇二十年（六〇〇年）の条に「倭王《わのおう》あり。姓《せい》は阿毎《あめ》、字《あざな》は多利思比孤阿輩雞弥《たりしひこおほきみ（あめきみ）》と号《ごう》す」とあり、隋の文帝のもとにおもむいた倭国の使いの国書に、倭王はみずから姓を「天《あめ（あま）》」と称し、字《あざな》を「タリシヒコ」または「大君《おおきみ》」（天　君《あめきみ（あまきみ）》）と名乗ったという。

六世紀の欽明《きんめい》天皇は、「天国排開広庭天皇《あめくにおしはらきひろにわのすめらみこと》」（「欽明紀」）と称し、七世紀前半期の皇極《こうぎょく》女帝も「天豊財重日足姫天皇《あめとよたからいかしひたらしひめのすめらみこと》」と呼ばれていた。大化改新後は「天萬豊日天皇《あめよろずとよひのすめらみこと》」（孝徳《こうとく》天皇）、「天命《あめみこと》開別天皇《ひらかすわけのすめらみこと》」（天智《てんじ》天皇）、「天渟中原瀛眞人天皇《あまのぬなはらおきのまひとのすめらみこと》」（天武天皇）など、かならず「天」を冠する称号となっている。あえて「天」を冠するのは、中国の「天」（最高神）の思想が導入されたこともあろうが、ヤマト王権の王は天界から降臨された神の魂（のちの天皇霊）を継承する、という宗教感が投影されたのであろう。

水平型より垂直型の神の出現へ

日本では「神」は天より降るというより、海のかなたから来訪されるという考え方のほうが古いようである。「神代記」にも、大国主神《おおくにぬしのかみ》とともに国づくりに尽力した少名毘古那《すくなひこな》の神は、「波《なみ》の穂《ほ》より天《あめ》の羅摩船《かがみふね》に乗《の》りて、帰《よ》り来《く》る神《かみ》」と記されている。また「神代紀」の一節には、大己貴神《おほあなむちのかみ》が国造りの協力者を見出せずに嘆いていたとき、忽然と「神《あや》しき光《ひかり》、海《うな》に照《てら》らして、浮《うか》び来《く》る」神があって、みずから「汝《な》が幸魂《さきみたま》、奇魂《くしみたま》」と名乗ったという。この神を三輪山の大物主神《おおものぬしのかみ》というが、これも海から寄り来る神であり、海から寄り来る神の乗り物とされたのが「和迩《わに》」であった。

『肥前国風土記』佐嘉《さが》郡の条には、川上の世田姫《せたのひめ》という女神のもとに、海の神が鰐魚《わに》の姿となって川をさかのぼって通ったと記されている。また、神武天皇の皇后媛蹈鞴五十鈴媛《ひめたたらいすずひめ》は三嶋《みしま》の玉櫛媛《たまくしひめ》の娘であるが、事代主《ことしろぬし》の神が八尋熊鰐《やひろのわに》となって通い、生ましめた姫という（「神代紀」）。彦火火出見尊《ひこなほでみのみこと》（海幸彦）は、海神の娘豊玉姫《とよたまひめ》をめとるが、姫は八尋大鰐《やひろのわに》と化して皇子を産み、海に帰っていく（「神代紀」）。

このように、古い神は海のかなたから寄りつくものであった。言葉を変えれば、古い神は水平なところから寄り来るのである。だが、ときがたつにつれて大陸の影響を受け、天上から降臨するようになっていったようである。いわば垂直型の神の出現である。おそらく王権の権威が高まるにつれて、神の住まいをより高いところに想定するようになったのであろう。

古代朝鮮の歴史を伝える『三国遺事《さんごくいじ》』によると、新羅国の発祥地である六村の始祖たちは、聖山や聖林に天降ったという。彼らが自分たちをまとめる人物をもとめていたところ、慶州にある南山の麓の蘿井《らせい》のそばの林の中に天から雷光のようなものが落ち、そこに紫の卵があった。卵を割ると幼児があらわれ、東泉で清めると身体が光り輝いたので「赫居世《かっきせい》」と名づけたという。おなじく『三国道事』の駕洛《から》国の条にも「亀旨《くしふる》の峯《みね》」に神の子が天降ってきたという記述がある。また、天から紫の縄が降りてきたところに六つの黄金の卵があり、その卵からそれぞれ童子が生れて長じて王になったと伝えている。

新羅や伽耶（伽羅）にはこうした卵生型の降臨神話が伝えられていたのである。もちろん、日本の神話には卵生型の始祖神話はないが、『日本書紀』の天地創造神話には「陰陽《めを（いんよう）》分《わか》れざりしとき、混《まろ》沌《か》れたりこと鶏子《とりのこ》の如《ごと》く」（「神代紀」）として、鶏の卵のようなものから天と地が分かれたと記されている。これは『三五歴紀《さんごりやっき》』に「天地混沌鶏子《てんちこんとんけいし》の如《ごと》し」「混沌《こんとん》の状《さま》、鶏子《けいし》の如《ごと》し」とあるのにならった記述で、奈良時代の文人による文飾であろう。

しかし、伽耶の始祖伝承話で、「クシフルの峯」に神が降臨する点は日本の神話と酷似している。「神代紀」の一書に、天孫瓊瓊杵尊《ににぎのみこと》は「筑紫《つくし》の日向《ひむか》の高千穂《たかちほ》の槵觸峯《くしふるみね》」に降臨されたと明記されているからである。「クシフル」はおそらく「奇《く》しきものの降《ふ》る」の意であろう。「奇《く》し」は「霊妙である」の意で、いわゆる「奇御魂《くしみたま》」である。「櫛《くし》」も、神にえらばれた聖女である巫女が髪にさすことから「クシ」と呼ばれた。「酒」の古称も「クシ」であるが、酒は常世《とこよ》の国の少名毘古那《すくなひこな》（少名御神《すくなみかみ》）が作られた神酒と考えられていたからである。神の依代《よりしろ》とされる「楠《くすのき》」も「奇《くす》しき木《き》」が語源である。

このように、日本ではとくに南朝鮮を介して天降る神への信仰がしだいに導入されていったのであろう。この信仰にもとづいて、日本でも神が「高天原《たかまがはら》」から地上に降臨されたと考えられるようになったのである。

「天皇」という称号がもちいられるようになった時期

海の「和迩《わに》」に対して、天からの乗り物は聖なる鳥であった。「天の鳥船」である。あえて「天《あま》の鳥《と》船《ぶね》」というのは、古い時代に「海《あま》」を渡って来る乗り物が「船」であったことのなごりであろう。天からの乗り物である「鳥」を「船」になぞらえたのである。もうお気づきと思うが、「天《てん》」も「アマ」であり、「海《うみ》」も「アマ」である。日本では古いものが変化しても、古い伝統がただちに否定されることはなく、陰に陽に残存していく。日本の天皇の性格を理解するうえで、これは大変重要なことなのである。

水平に出現する古い神は海神や地神であるが、これらの神の性格は天神の中に生き続けていった。

たとえば、天神である天照大神《あまてらすおおみかみ》が「日神」だけでなく「農業の神」を兼ねていたことも古い神の性格を受け継いでいるからである。また、太陽神である天照大神が男性神ではなく女性神とされるのも、縄文時代や弥生時代の地母神的な性格を受け継いでいるのではなかろうか。

つぎに「多利思比孤《たりしひこ》」であるが、「ヒコ」（彦）は「日子《ひこ》」、つまり太陽の血脈をひく聖なる御子《みこ》の意である。「ヒコ」（彦）と一対をなすのが「ヒメ」（日女・姫・媛）である。「多利思」は「帯日《たるひ》」で「日が照《ひて》る」を意味する。皇極《こうぎょく》女帝は重日足姫《いかしひたらしひめ》と称するが、「重《いかし》」つまりおごそかな日を垂《たら》らす日女《ひめ》の意であろう。皇極女帝の夫舒明《じょめい》天皇も息長足日広額天皇《おきながたらしひろぬかのすめらみこと》と称されている。七世紀初頭のころには、天皇の名に「足日」（帯日）という称号を冠していたようである。

ただ、『日本書紀』では第十二代の景行《けいこう》天皇から神功《じんぐう》皇后にいたる天皇に「タラヒ」を冠している。大足彦忍代別天皇《おおたらしひこおしろわけのすめらみこと》（景行天皇）、稚足彦天皇《わかたらしひこのすめらみこと》（成務《せいむ》天皇）、足仲彦天皇《たらしなかつひこのすめらみこと》（仲哀《ちゅうあい》天皇）、気長足姫尊《おきながたらしひめのみこと》（神功皇后）となっているのである。もちろんこれらの天皇が実在したかどうかはあきらかではなく、七世紀以後にもちいられた称号をさかのぼって冠したのであろうといわれている。「七世紀」にもちいられた「タラヒ」の称号は、本質的に「天照《あまてる》」と同義であり、天照大神の皇統を受け継ぐという意識を鮮明に打ち出したものであろう。

「阿輩雞弥」は「アマキミ」あるいは「オホキミ」などと読まれている。「アマキミ」は「天の君」

であり、「オホキミ」は「大君」の意であろう。この「大君」が「天皇」に改められたのは、はたしていつの時代だったのであろうか。

法隆寺の金堂には金銅製の薬師如来が安置されているが、その光背銘には「治天下大王天皇」（天《あま》の下《した》、治《しろ》しめす大王天皇《おおきみすめらみこと》）と記され、さらに「池辺大宮天下天皇」（池辺《いけのべ》の大宮《おおみや》に天《あま》の下《した》しろしめす天皇《すめらみこと》）とはっきり「天皇」の称号が刻まれている。池辺大宮で政《まつりごと》をされたのは磐余《いわれ》の池辺雙槻宮《いけのへのなみつきのみや》（「用明紀」）の用明天皇である。この銘文が聖徳太子の時代のものとするなら、推古《すいこ》朝のころに「天皇」の称号がもちいられたことになる。推古朝のころは遣隋使を派遣し、仏教を盛んにして意識的に国際交流を進めた時代であり、中国風の「天皇」という称号をもちいるのがふさわしいと考えられたのである。

聖徳太子が制定した「憲法十七条」の第三条にも「君《きみ》をば天《あま》とし、臣《やつこら》をば地《つち》となす」（「推古紀」十二年四月条）と記されており、ヤマト王権の「王」が「天」であることをあきらかに意識している。『隋書』「倭国伝」には、倭国の使者が「倭王《わのおう》は天《てん》を以《も》って兄《あに》と為《な》し、日《ひ》を以《も》って弟《おとうと》と為《な》す」と述べたとあり、持参した国書には「日出《ひい》ずる処《ところ》の天子《てんし》、書《しょ》を日没《ひぼっ》する処《ところ》の天子《てんし》に致《いた》す」とあったと記されている。「推古紀」では、このとき隋の皇帝にもたらした国書には「東《ひがし》の天皇《てんのう》、敬《つつし》みて西《にし》の皇帝《こうてい》に白《もう》す」（「推古紀」十六年九月条）とあって、「日出ずる処の天子」が「東の天皇」と同義であったことを示している。

『日本書紀』では「欽明紀《きんめい》」九年四月条の「可畏《かしこ》き天皇」の分註に「西《にし》の蕃《ばん》、皆《みな》、日本《やまと》の天皇《てんのう》を称《しょう》して可畏《かしこ》き天皇《てんのう》としたてまつる」とあり、「天寿国繍帳《てんじゅこくしゅうちょう》」*の一部に「斯帰斯麻宮《しきしまのみや》治天下《あめのしたしろしめす》天皇《てんのう》」として「師木島《しきしま》（磯城島《しきしま》）の大宮《おおみや》に坐して天《あめ》の下《した》治《し》らしめしし」（「欽明記」）と、欽明天皇のことを記している。

このように、文献上で「天皇」の称号があらわれるのは欽明朝から推古朝にかけてであるが、それ以前の五世紀後半の雄略朝に「天王《てんのう》」という称号がみられることにも注目しなければならないだろう。「雄略紀」五年七月条に、「百済新撰《くだらしんせん》に云《い》わく、辛丑《かのとうし》の年《とし》に、蓋鹵王《がいろおう》、弟《いろど》昆支王《こんしおう》を遣《つかわ》して、大倭《おおやまと》に向《もう》でて、天王《てんのう》に侍《はべ》らしむ」と記載されているのである。「辛丑の年」は四六一年である。「雄略紀」二十三年四月条にも「百済《くだら》の文斤王《もんこんおう》、薨《みう》せぬ。天王《だいおう》、昆支王《こんしおう》の五《いつつ》の子《こ》の中《なか》に、第二末多王《だいにまつたおう》の、幼年《わか》くして聡明《さと》きを以《も》て、勅《みことのり》して内裏《おおうち》に喚《め》す」とある。これらはおそらく『百済新撰』などの百済人の記録によったものであろう。

これらの百済側の史料によれば、雄略天皇は「天王《てんのう》」と呼ばれていたようである。この「天王」という称号は、中国では仏教の影響をうけて五世紀ころからしばしばもちいられているのである。雄略朝のころに「大王」にかわって「天王」と称したことは無視できないであろう。なぜなら、雄略朝は大化改新以前にとりわけ国威が伸張した時期であり、それを背景として、「天王」という新しい称号をもちいる歴史的条件がととのっていたからである。

中国では『史記』の「孝文帝紀」に「所謂天王《いうところのてんおう》は乃《すなわ》ち天子《てんし》なり」とあるように、「天王」は「天子」をさす。同時に「天王」は天空にあってもっとも輝きの強い星もさしたようである。とすれば、「天王」がしだいに同音同意の「天皇」に変化していったのではあるまいか。「天皇」の称号が完全に定着するのは七世紀ころであったと考えられる。

「大和」から「日本」へ

しかし、近年になって、法隆寺の薬師如来の光背銘は後世に追刻されたのではないか、という疑問が提示された。光背銘に刻まれている文字は飛鳥朝のものではなく、あくまで後世の書体であるという主張である。この説の可否を決定するには、追刻された文章が後世に作文されたものと認められる必要がある。さもないとこの説は水泡に帰すからである。薬師如来が鋳造されたときにこの仏が製作

＊天寿国繍帳　聖徳太子妃の橘大女郎が太子と太子の母后を偲んで、その往生した天寿国繍帳の様子を待女たちにつくらせた飛鳥時代の綴帳。「天寿国曼荼羅」ともいう。現在、残欠が中宮寺に残る。国宝。

された由来を説く文章が書かれ、のちに残されていたその文章を光背に刻銘した可能性もあるからである。よって、刻銘されている文章の表現ないしはスタイルが、飛鳥時代のものではないことを証明しなければならないと考えるのである。

もちろん、天皇の正式な称号は文武天皇の『大宝令』の時代には確立していた。『大宝令』の「公式令」には、対外的な呼称は「明神御宇日本天皇《あきつかみとあめのしたしろすめすやまとのすめらみこと》」「明神御宇天皇《あきつかみとしろしめすすめらみこと》」であり、国内に対しては「明神御㆓大八洲㆒天皇《あきつかみとおおやしまのくにをしろしめすすめらみこと》」と称したと記されている。『令集解《りょうのしゅうげ》』には『大宝令』の注釈書である「古記《こき》」の註がつけられているから、『大宝令』では確実にこの称号がもちいられていたのである。

『万葉集』では天武天皇の皇太子草壁皇子《くさかべのみこ》への挽歌に

高照《たかて》らす　日《ひ》の御子《みこ》は　飛鳥《とぶとり》の　浄《きよみ》の宮《みや》に　神《かむ》ながら　太敷《ふとし》きまして　天皇《すめろぎ》の　（巻二・一六七）

と柿本人麻呂が歌っているから、持統朝には広く「天皇」の称号がもちいられていたようである。

道教では「天皇」は「北極星」を意味しているという。北極星はつねに北極に不動の位置を保ち、季節によって移動するもろもろの星を統《す》べる星と考えられていた。「北斗七星」は北極星につかえる星群とみなされていたようである。このことから、「すめらみこと」（統《す》べる命《みこと》）の天皇が北極星になぞらえられ、北斗七星は朝廷の官吏と考えられたのである。持統女帝の藤原宮は中国の都市づくりを模したものだが、「大内裏《だいだいり》」とその中心にある天皇の住まいである「内裏《だいり》」は都の真北におかれ、政庁は内裏を囲むように配されている。

ちなみに、五行説では真北の位置は「水」である。東は「木」、南は「火」、中央は「土」、西は「金」で、いわゆる「木《もく》、火《か》、土《ど》、金《こん》、水《すい》」の「水」である。「北斗七星」が水をくむ柄杓《ひしゃく》のかたちをしていることも注目される。ここでも「天皇」と「司水神」つまり農耕神の性格が重なってくるのである。これが仏教の「妙見信仰」*に引き継がれるのである。

とくに壬申《じんしん》の乱をみずからの手で勝ち抜いて皇位を手にした天武天皇は神として仰がれ、『万葉集』にも、

皇《おおきみ》は神《かみ》にしませば天雲《あまぐも》の雷《いかづち》の上に盧《いほり》するかも　（巻三・二三五　柿本人麻呂）

皇《おおきみ》は神《かみ》にし坐《ま》せば赤駒《あかごま》の匍匐《はらば》ふ田《た》ゐを京師《みやこ》となしつ　（巻一九・四二六〇　大伴御行）

大王《おおきみ》は神《かみ》にし坐《ま》せば水鳥《みずとり》の多集《すだ》く水沼《みぬま》を皇都《みやこ》となしつ　（巻一九・四二六一　作者不詳）

＊妙見信仰　北極星、北斗七星を神格化した妙見菩薩を本尊とする信仰。国土を災害から守り、福寿をもたらすという。

などと歌われている。

このように天武天皇は神のような存在として仰がれていたが、信仰とさえいえるこの讃美が「天皇号」を採用する背景をなしたのであり、『大宝令』で正式に法文化されることになった。とすれば、律令体制の確立期が天皇の称号が成立した時期であるといえる。また、この時期の前後に旧名の「倭《わ》」を改めて、「日本」と称するようになったことも無関係ではないといわれている。『唐書』の「東夷伝」には「日本《にほん》は古の倭奴《わのぬ》なり。…倭《わ》の名《な》を悪《にく》みて更《さら》に日本《にほん》と号《ごう》す。使者《ししゃ》、自《みずか》ら言《もう》していわく、国《くに》、日出《ひいづ》ずる処《ところ》に近《ちか》し、以《も》って名《な》と為《な》す」と記されている。

ヤマト王権は古くからその発祥地である「大和《やまと》」を国名としていたが、中国では依然として「倭」と呼んでいた。「倭」の由来は、日本人がみずからを称して「吾《われ》」と言ったことから「倭人《わじん》」とされたとも言われているが、あえて「倭」の文字をあてるのは、「倭人」を「東夷」の一種とみなすところから生じた卑称である。強烈な中華思想をもつ中国は異民族を蔑視しつづけ、「東夷《とうい》」「南蛮《なんばん》」「西戎《せいじゅ》」「北狄《ほくてき》」と呼びならわしてきた。日本に対する賤称の例としては、「ナの国」(那の国)を「奴国」と表記するたぐいである。「奴」は「奴隷」の意である。「ヒミコ」もあえて「卑しい」の文字をあてて「卑弥呼」などと表記している。「倭」は背中をかがめた小人の意であり、日本ではこれを嫌って早くから「和」の文字をもちいていたのである。

聖徳太子が隋への国書で「日出《ひい》ずる処《ところ》の天子《てんし》」と称したのは、「倭」という蔑称を避け、対等の独立国であることを示そうとしたものである。煬帝は「蛮夷の書、無礼なり」と怒ったというが、聖徳太子は隋の高句麗征討が困難であることにつけこみ、みごとに対等な立場であることを認めさせたのである。おそらく、隋が日本のことを知る以上に、日本は隋の内情を正確に把握していたのであろう。タイミングをとらえた外交の勝利であった。

このように、七世紀ころからおもに外交面で「日本」という意識が強くなっていき、その流れの上に「天皇号」も定着していくのである。東アジアの一角にある独立国としての自覚が「天皇」という称号を成立せしめたのである。「天皇」という称号や「日本」という名称は、推古朝にそうした意識が芽ばえ、律令体制が確立した天武・持統朝にいたって完成したと理解するのが穏当であろう。

第十一章　古代の女帝

古代の天皇家は基本的に男系を中心に継承されてきた。だが、ひとたび皇位の継承が紛糾しかかると、ただちに皇女や皇后が擁立されて女帝となった場合が何度か出現している。この場合、女帝には皇統の危機管理者という特性が期待されていたといってよい。危機管理の成否は、女帝を補佐する優秀な皇族や執政官に恵まれるか否かにかかっていることも事実である。皇統空位という非常事態が発生した場合に多く女帝が出現していることから、女帝をささえる皇族や官僚に、どのような人物が配されていたかが大きな問題となるのである。

「共治」した人物の多くは、女帝の近親者や縁故関係の深い執政官であり、比較的公正な政治運営が期待された。だが、ときには女帝の寵愛を利用し、権勢をほしいままにする野心家があらわれる危険もはらんでいたのである。しかし、女帝の情愛のみをたのみとしても、多くは官僚たちとの対立が表面化し、最終的には暫定政権にとどまった。

こうしたことを具体的に検証するために、女帝が出現した政治的背景を考えていくことにしよう。

飯豊青皇女《いいとよあおのひめみこ》

『日本書紀』によれば、清寧《せいねい》天皇が皇子をのこさず崩御されたとき、飯豊青皇女が角刺宮《つぬさしのみや》（奈良県葛城《かつらぎ》市忍海《おしぬみ》）で「臨朝秉政《みかどのまつりごと》」をされたという（「顕宗《けんぞう》即位前紀」）。甥の億計王《おけのきみ》と弘計王《をけのきみ》の兄弟がたがいに譲り合ってなかなか皇位につかなかったので、その間の一時期、叔母の飯豊青皇女が執政したというのである。

この時代は、皇室にとっても大変な困難をきわめた時期だったようである。安康《あんこう》天皇暗殺のあとをめぐる皇位継承の争いに際して、清寧天皇の父雄略天皇は有力な皇位継承者とみなされていた皇子たちをつぎつぎに殺害し、武力によって皇位についた。たしかに、雄略天皇は一代で強引に国内統一をなしとげたが、必然的に後世に多くの政治的な禍根を残すことになったのである。

雄略天皇は吉備上道臣《きびのかみつみちのおみ》の娘稚姫《わかひめ》を強奪して星川稚宮皇子《ほしかわのわかみやのみこ》をもうけ、葛城円大臣《かつらのつぶらのおおおみ》の娘韓媛《からひめ》とのあいだにも白髪皇子《しらがのみこ》（のちの清寧天皇）をもうけられたが、雄略天皇が崩御すると、皇位継承をめぐって星川皇子は、白髪皇子と争うのである。結局、星川皇子は敗れ去るのだが、いうまでもなくこの星川皇子の反乱は、大和の大豪族である大伴室屋大連《おおとものむろやのおおむらじ》などと、地方最大の豪族である吉備《きび》氏の覇権をかけた争いでもあった。

この皇位継承をめぐる争いに勝利し、即位された清寧《せいねい》天皇であったが、父の雄略天皇とはちがって健康な体質に恵まれず、「生《あ》れながら白髪《しらが》」といわれ、白髪皇子《しらがのみこ》と称されており、そのため皇子をのこすこともできなかった。雄略天皇に皇族の有力者がほとんど抹殺されてしまった状況にあって、清寧天皇の継嗣問題は大和の豪族たちにとって、深刻な関心事とならざるを得なかったのである。

だが偶然にも、播磨国の縮見屯倉《しじみのみやけ》（兵庫県三木市志染町付近）に潜伏していた市辺押磐皇子《いちのべのおしはのみこ》の遺児の億計王《おけのきみ》と弘計王《をけのきみ》の兄弟が発見され、都に迎えられて清寧天皇の皇太子とされるのである。

清寧天皇が在位五年で崩御すると、皇太子とされた億計王が即位することになったが、億計王は弟の弘計王のすぐれた性格をあげて皇位を譲られようとした。朝廷の使いとして縮見屯倉におもむいた伊予来目部小楯《いよのくめべのをだて》に、弘計王が勇をふるってみずから名乗ったことが都に迎えられるきっかけとなったからである。しかし、弟宮の弘計王は、清寧天皇から兄億計王が皇太子とされたことを理由に、あくまで固辞されるのである。

大和の豪族は、皇位の譲り合いが長引き、空位が生じることに困惑をおぼえた。そこで、両皇子の叔母にあたる飯豊青皇女《いいとよあおのひめみこ》が角刺宮《つぬさしのみや》で一時的に政治を行なったというのである。

飯豊青皇女は『古事記』の「清寧記」や「履中《りちゅう》記」などでは履中天皇の皇女とされている。とすれば、

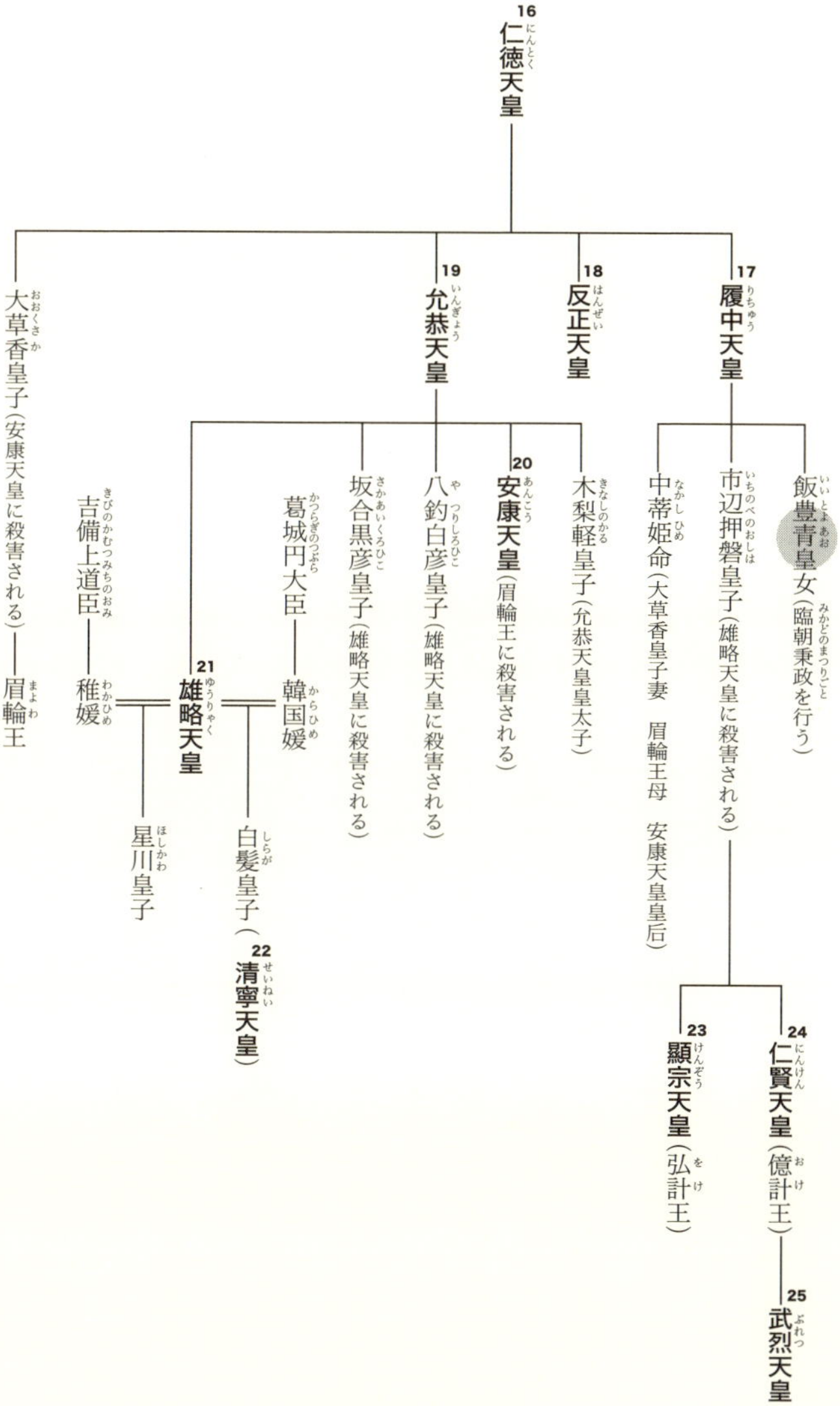

16 仁徳《にんとく》天皇
17 履中《りちゅう》天皇
18 反正《はんぜい》天皇
19 允恭《いんぎょう》天皇
大草香《おおくさか》皇子（安康天皇に殺害される）
眉輪《まよわ》王
飯豊青《いいとよあお》皇女（臨朝秉政《みかどのまつりごと》を行う）
市辺押磐《いちのべのおしは》皇子（雄略天皇に殺害される）
中蒂姫《なかしひめ》命（大草香皇子妻　眉輪王母　安康天皇皇后）
木梨軽《きなしのかる》皇子（允恭天皇皇太子）
20 安康《あんこう》天皇（眉輪王に殺害される）
八《や》釣白彦《つりしろひこ》皇子（雄略天皇に殺害される）
坂合黒彦《さかあいくろひこ》皇子（雄略天皇に殺害される）
葛城円《かつらぎのつぶら》大臣
韓国媛《からひめ》
21 雄略《ゆうりゃく》天皇
吉備上道臣《きびのかむつみちのおみ》
稚媛《わかひめ》
星川《ほしかわ》皇子
白髪《しらが》皇子（22 清寧《せいねい》天皇）
23 顕宗《けんぞう》天皇（弘計《をけ》王）
24 仁賢《にんけん》天皇（億計《おけ》王）
25 武烈《ぶれつ》天皇

飯豊青皇女関係系図-1

飯豊青皇女《いいとよあおのひめみこ》は、両皇子の父市辺押磐皇子《いちのべのおしはのみこ》の妹で、両皇子にとっては叔母にあたることになる。一方、『日本書紀』の「顕宗《けんぞう》紀」では両皇子の姉と伝えており、史料にやや混乱がみられる。わたくしは、やはり叔母説が正しいと考えているが、いずれが正しいかについては、ここでは判断を差し控えたい。

仮に叔母としても、柳田国男の『妹《いも》の力』をまつまでもなく、古代では、叔母が甥を親身に保護することは少なからず行なわれた。たとえば、倭建命《やまとたけるのみこと》（日本武尊）の遠征に際して、叔母の倭《やまと》比売《ひめ》が、陰に陽に倭建命を助けた物語などを想起していただければおわかりのことと思う。とくに、叔母の倭比売は伊勢神宮の斎宮《さいぐう》とされており、神に奉仕する巫女的女性であれば、生死にかかわる危機に直面した甥を救出する力を、つまり呪能をフルに発揮することもできたわけである。

同様に、億計王と弘計王の叔母（あるいは姉）であった飯豊青皇女も巫女的な性格を有していたようである。『古事記』の「清寧《せいねい》記」をひもとくと、清寧天皇が崩御し、世継ぎが問題となったとき、「日継《ひつぎ》知《し》らず王《みこ》を問《と》うに、市辺押歯別王《いちのべのおしはわけのみこ》の妹《いもろ》、忍海郎女《おしぬみのいらつめ》、亦《また》の名は飯豊王《いいとよのきみ》、葛城《かつらぎ》の忍海《おしぬみ》の高木《たかぎ》の角刺《つぬさし》宮《のみや》に坐《ざ》す」と称されたと伝えているが、一方、『日本書紀』の「清寧紀」では、飯豊青皇女は角刺宮で「与夫初交《まぐわい》」（性交）されたが、皇女は「一女《ひとはしおみな》の道《みち》を知《し》りぬ。又安《またいづく》にぞ異《こと》なるべけむ」と称し、以後は性交を断たれたと伝えている。おそらく、皇女が神につかえる聖女となる道をみずから選択されたことを示唆する記述であろう。

飯豊青皇女が忍海の角刺宮で政治を行なわれたのは、葛城韓媛《かつらぎのからひめ》ら葛城一門のバックがあったからではあるまいか。葛城韓媛は葛城円大臣《かつらぎのつぶらのおおおみ》の娘で、雄略天皇の妃として清寧天皇を産んだ女性である。そのために清寧天皇は即位されると韓媛を皇太夫人《おおきさき》と尊称したという。

忍海の角刺宮は、現在の奈良県北葛城郡新庄町忍海にあったとされるが、この忍海はいうまでもなく葛城氏の領域下にあった地域である。葛城韓媛は、清寧天皇の生母としてその後嗣問題に苦慮され、仁徳天皇の長子履中《りちゅう》天皇の娘である飯豊青皇女をひそかに保護されていたのであろう。また、飯豊青皇女の生母である葛城黒媛（葦田宿禰《あしだのすくね》の娘）にとっても、忍海はきわめて縁の深い地であった。

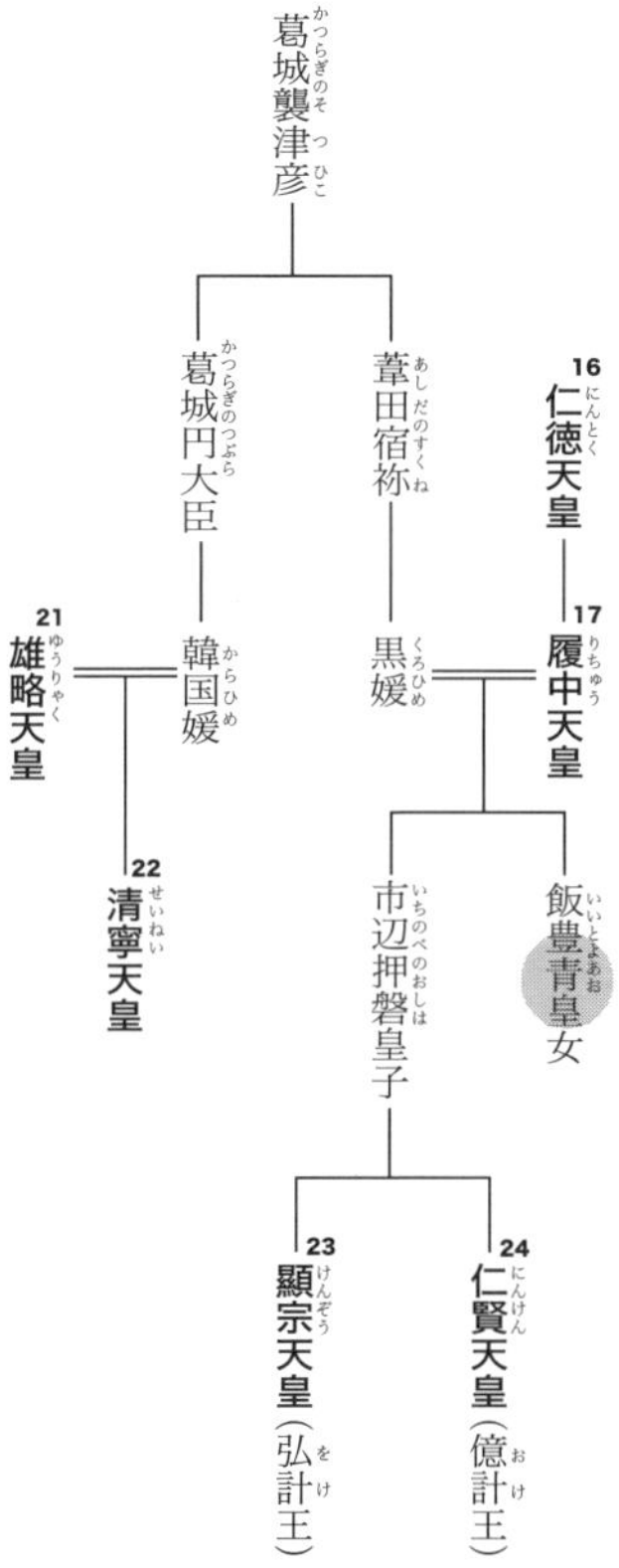

飯豊青皇女関係系図 -2

忍海《おしぬみ》の角刺宮《つぬさしのみや》で「臨朝秉政《みかどのまつりごと》」を行なったとされる飯豊青皇女は、みずから忍海飯豊青尊《おしぬみのいいとよあおのみこと》と称されたという（「顕宗《けんぞう》即位前紀」）。『日本書紀』の「神代上」の註に「至《いた》りて貴《とうと》き」を「尊《みこと》」といい、「自余《これよりあまり》」を「命《みこと》」というとあるように、「尊」という尊称を名乗ることができるのは、天皇またはそれに準ずる方に限られていた。一般の皇族は「命《みこと》」と称して区別されているから、「尊」と称されているところからみると、飯豊青皇女あきらかに皇位についたと考えられていたのである。後世の『扶《ふ》桑略記《そうりゃっき》』や、『皇胤紹運録《こういんしょううんろく》』には、飯豊天皇と明記しているのである。

また、飯豊青尊が執政されて半年たらずで亡くなったときも、「崩《ほう》」と特記されている。「崩」または「崩御《ほうぎょ》」は、天皇が死去されたことを敬っていう言葉である。天皇に準ずる上皇や皇太后などに用いられることもあったが、「崩」はあくまで「至尊」（天皇）の死去に用いる語なのである。一般の皇族や三位以上の高位者の死は「薨《こう》」であり、五位以上は「卒《しゅっ》」という。とすれば、『日本書紀』の編纂者も飯豊青皇女をまちがいなく天皇とみなしていたと考えてよい。

当時の人びとは、飯豊青皇女を「倭辺《やまとべ》に　見《み》が欲《ほ》しものは　忍海《おしぬみ》の　この高城《たかき》なる　角刺《つぬさし》の宮《みや》」と賛美したというが（「顕宗即位前紀」）、この言葉は角刺の宮の美しさをたたえるにとどまらず、飯豊青皇女の聖女としての清楚さを賛歌したものとみるべきであろう。もちろん、飯豊青皇女が執政わずか半年たらずで崩じたことに対する愛惜の念も含まれていたかもしれない。

それにしても、突然の死である。心身ともに激務に耐えかねての死去であったのかもしれないが、一方で甥の弘計王《をけのきみ》の即位にあたり、みずから死を選ばれたのかとも考えられる。仁徳天皇の直系にあたる皇子が皇位を継承されるまでの「中継ぎ」という大役を果たしての死去であった。

この飯豊青皇女を支えていたのは、大伴室屋大連《おおとものむろやのおおむらじ》を中心とする執政官たちであった。先に述べたように、大伴室屋大連は地方大豪族の吉備《きび》氏に擁されて皇位継承を主張した星川皇子を滅ぼした大和豪族の雄である。大伴室屋大連は病弱な清寧《せいねい》天皇を支え、天皇のために白髪部戸舎人《しらかべのとねり》、白髪部膳夫《かしわで》、白髪部靫負《ゆげひ》などの部民《べのたみ》を全国に配し、軍事的・経済的な地盤を固めている。

また、播磨国の縮見《しじみ》の屯倉《みやけ》に潜伏していた市辺押磐皇子《いちのべのおしはのみこ》の遺児の億計王と弘計王を発見した人物が伊予来目部小楯《いよのくめべのをだて》とすれば、来目《くめ》（久米）部は大伴氏が伝統的に統率していた部民集団であるから、両皇子の発見は、決して大伴氏と無縁なできごとではなかったはずである。仮に、来目部小楯の偶然の功績だったとしても、両皇子を積極的に都に迎えて皇嗣としたのは、大伴室屋大連であったとみなすべきであろう。室屋は比較的忠実に職務につとめ、皇統断絶の危機をたくみに回避したのである。

推古《すいこ》女帝

最初の女帝とされる推古女帝は欽明《きんめい》天皇の皇女で、生母は蘇我稲目《そがのいなめ》の娘堅塩媛《きたしひめ》である。二十三歳で異母兄にあたる敏達《びだつ》天皇の皇后となられたが、皇后が三十二歳のとき敏達天皇が崩御された。しかし、あとを継いだ用明天皇（聖徳太子の父）が在位わずか二年で病没、つづく崇峻《すしゅん》天皇も、在位五年にして蘇我馬子《うまこ》の密命をおびた東漢直駒《やまとのあやのあたいこま》に暗殺されてしまうのである。

崇峻天皇は欽明天皇の皇子であり、生母は蘇我稲目の娘小姉君《をあねのきみ》である。小姉君は推古女帝の生母堅塩媛の妹であるから、崇峻天皇は推古女帝の異母弟である。ただ、同じ稲目の娘でも、堅塩媛と小姉君の血統には微妙な差異が生じていく。堅塩媛系が正統となっていく一方で、小姉君系は傍系に甘んじなければならなくなっていくのである。

用明天皇が崩御された直後、豊御食炊屋姫《とよみけかしきやひめ》（のちの推古女帝）を奉戴する蘇我馬子によって、小姉君を生母とする穴穂部皇子《あなほべのみこ》が、宅部皇子《やかべのみこ》とともに攻め滅ぼされているのである（「崇峻即位前紀」）。理由はかならずしもつまびらかではないが、おそらく皇位をめぐる争いに端を発したものであろ

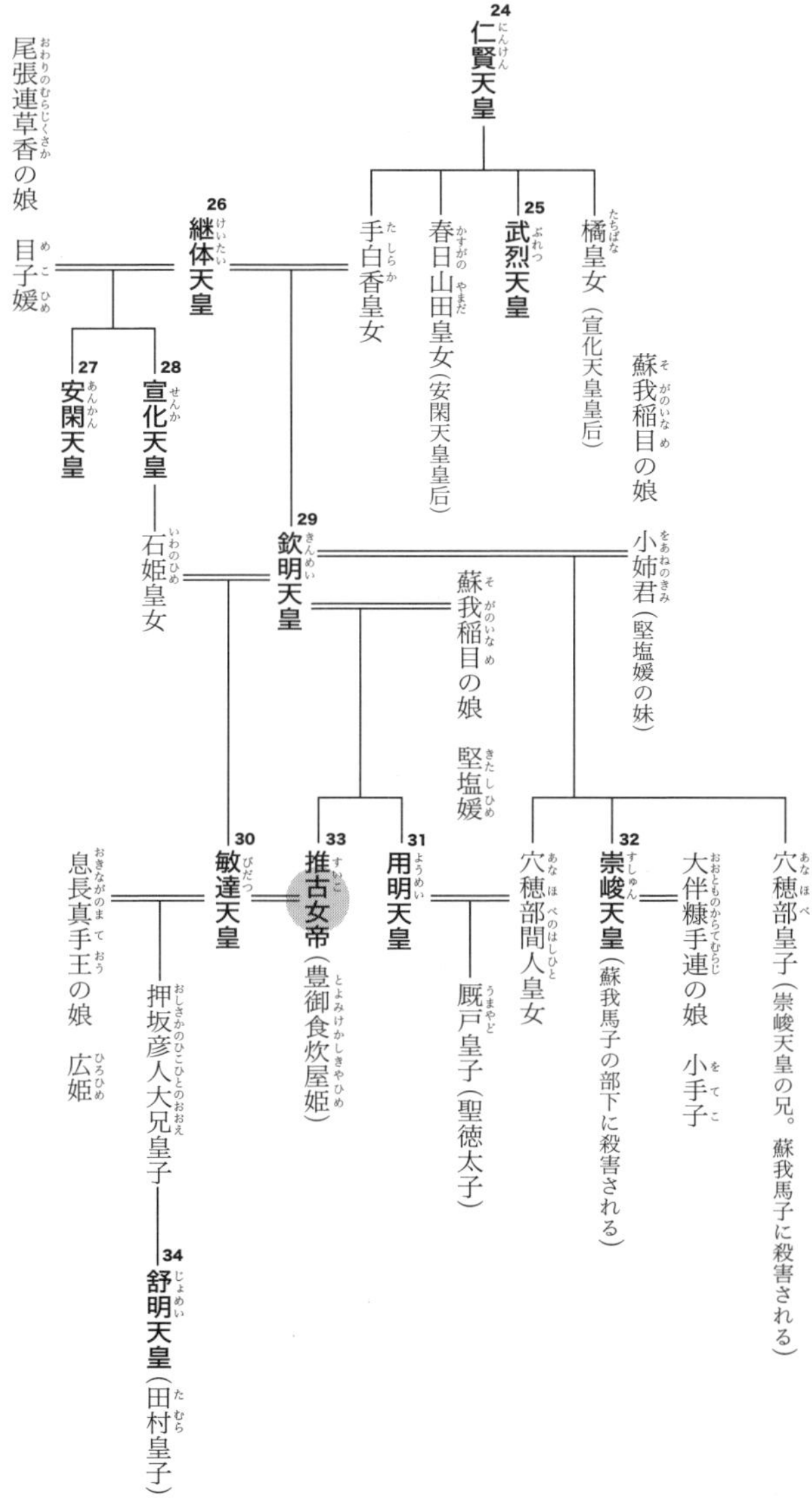
24
仁賢《にんけん》天皇
尾張連草香《おわりのむらじくさか》の娘
目子媛《めこひめ》
26
継体《けいたい》天皇
手白香《たしらか》皇女
春日山田《かすがのやまだ》皇女（安閑天皇皇后）
25
武烈《ぶれつ》天皇
橘《たちばな》皇女（宣化天皇皇后）
蘇我稲目《そがのいなめ》の娘
27
安閑《あんかん》天皇
28
宣化《せんか》天皇
石姫《いわのひめ》皇女
29
欽明《きんめい》天皇
蘇我稲目《そがのいなめ》の娘
堅塩媛《きたしひめ》
小姉君《をあねのきみ》（堅塩媛の妹）
息長真手王《おきながのまてのおう》の娘
広姫《ひろひめ》
30
敏達《びだつ》天皇
33
推古《すいこ》女帝（豊御食炊屋姫《とよみけかしきやひめ》）
31
用明《ようめい》天皇
穴穂部間人《あなほべのはしひと》皇女
32
崇峻《すしゅん》天皇（蘇我馬子の部下に殺害される）
大伴糠手連《おおとものからてむらじ》の娘
小手子《をてこ》
穴穂部《あなほべ》皇子（崇峻天皇の兄。蘇我馬子に殺害される）
押坂彦人大兄《おしさかのひこひとのおおえ》皇子
厩戸《うまやど》皇子（聖徳太子）
34
舒明《じょめい》天皇（田村《たむら》皇子）

推古女帝関係系図

う。堅塩媛《きたしひめ》系である豊御食炊屋姫《とよみけかしきやひめ》がこの事件を領導されているところをみると、皇位継承を強く望む小姉君《をあねのきみ》系の望みを断つという意図が秘められており、その暗闘が顕在化したものと考えてよい。

小姉君を生母とする崇峻《すしゅん》天皇は、兄の穴穂部皇子《あなほべのみこ》を蘇我稲目《そがのいなめ》の子である馬子《うまこ》らに殺害されたことへの怨念をつのらせていくようになるのである。とくに、馬子が当時の権勢者であった物部守屋《もののべのもりや》を討滅し、朝廷の執政権を完全に掌握していく過程で、崇峻天皇との対立はいっそう激化していくのである。崇峻天皇は、大伴糠手連《おおとものあらてのむらじ》の娘小手子《をてこ》を皇后とし、蘇我系の娘を迎えていない。このことも、蘇我氏本流と対立する一因だったようである。

蘇我馬子に対する崇峻天皇の積年の思いがついに爆発する日がやってくる。崇峻天皇のもとに山《やま》猪《いのしし》が献ぜられた日、天皇は猪を指さし、「何《いづれ》の時《とき》にか此《こ》の猪《いのしし》の頸《くび》を断《き》るが如《ごと》く、朕《わ》が嫌《ねた》しとおもふ所《ところ》の人《ひと》を断《き》らむ」（「崇峻紀」五年条）といわれ、兵備をかためられたというのである。これを知った馬子は、東国の調《みつぎ》を献ずると称して崇峻天皇をおびきだし、腹心の部下東漢直駒《やまとのあやのあたいこま》に命じて謀殺させたのである。

未曾有のこの異常事態に政局は混乱し、「嗣位《みつぎのくらい》既《すで》に空《むな》し」（「推古即位前紀」）という状態におちいってしまった。欽明系の有力な皇子はすでにこの世にはなく、「空位」というこの非常事態が突如出現したのである。そこで、敏達《びだつ》天皇の皇后で、三十九歳という分別盛りに達していた豊御食炊屋姫が馬子らに擁立され、推古女帝とされたのである。

馬子らが豊御食炊屋姫に即位を要請したのは、彼女が蘇我稲目の娘堅塩媛の娘であり、蘇我氏の血統をひく皇女であったことも無関係ではなかったであろう。なぜなら、蘇我馬子は稲目の子であり、豊御食炊屋姫の叔父にあたる人物だからである。当時の権勢者であった大臣蘇我馬子らがこぞって推戴するのに、もっともふさわしい人物だったのである。そのうえ、敏達天皇の皇后として、十六年ものあいだ共治してこられた経験も高く評価されたのであろう。

また、一時的に皇位の空隙を埋めるために、先代の天皇の皇后が即位を要請されるという先例はすでにあった。推古女帝の父帝であった欽明《きんめい》天皇が、宣化《せんか》天皇についで皇位継承の第一候補にあげられたときも、欽明天皇が若さを理由に辞退されたために、欽明天皇の異母兄にあたる安閑《あんかん》天皇の皇后であった春日山田皇女《かすがのやまだのひめみこ》が、「明《あきら》かに百揆《ものまつりごと》に閑《なら》いたもう」ことを理由に即位を要請されているのである（「舒明《じょめい》即位前紀」）。つまり、この時代の皇后は、天皇と共治した経験を有しており、皇后の即位によって皇位継承はもちろん、その政策もスムーズに受け継がれるものと考えられていたのであろう。

時代はやや下るが、天平時代の聖武天皇の皇后光明子《こうみょうし》に対して、立后の勅に「天《あま》の下《した》の政《まつりごと》に置《お》きては、独《ひと》り知《し》るべき物《もの》ならず。必《かなら》ず斯理幣《しりへ》の政《まつりごと》有《あ》るべし」と記るされている。（『続日本紀』天平元年八月条）。つまり、天皇がひとりで表の政治を行なうのではなく、背後に皇后がひかえ、共に執政するものだと述べているのである。「斯理幣《しりへ》」は「尻辺《しりへ》」「後《しりえ》」の意で、具体的には「後宮《こうきゅう》」をさす。皇后は後宮にあって、つねに天皇の政治にかかわり、相談にあずかっていたのであり、「共治」することが慣例であったというのである。

「共治」が皇后の慣例とすれば、豊御食炊屋姫《とよみけかしきやひめ》（推古女帝）は異母兄の敏達《びだつ》天皇とならんで「斯理幣」の政を行なってこられたことになる。十六年余にわたる皇后時代の経験が、崇峻《すしゅん》天皇暗殺という政治的危機にあって、女帝に擁立された最大の理由であったろう。

推古女帝を支えたのは、摂政の厩戸《うまやど》皇子（聖徳太子）と、蘇我馬子《うまこ》であった。聖徳太子は推古女帝の兄にあたる用明天皇の皇子である。「聖《ひじり》の智《さとり》有《あ》り。壮《をとこざかり》に及《およ》びて一《ひとたび》たびに十人《とたり》の訴《うつたえ》を聞きたまいて、失《あやま》ちたまわずして能《よ》く弁《わきま》えたまう。兼《か》ねて未然《ゆきさきのこと》を知《し》ろしめす」（「推古紀」元年条）と称され、上宮厩戸豊聰耳太子《かみつみやのうまやどのとよとみみ》と呼ばれた。

推古女帝は、皇太子の聖徳太子と蘇我馬子とともに「共治」されるが、『日本書紀』などには、彼女が宗教的カリスマであったことをうかがわせる記載はみられない。しかし、飯豊《いいとよ》皇女と共通する豊《とよ》御食炊屋姫《みけかしきやひめ》と名乗られた点に注目しなければならないとわたくしは考えている。なぜなら、「豊御食《とよみけ》炊《かし》ぐ」とは「豊穣の新米を炊ぐ」の意で、神に新饌《しんせん》（供物《くもつ》）をささげる巫女的な名だからである。「飯豊」も「豊御食」に類する名であることはすぐにおわかりになるだろう。とすれば、豊御食炊屋姫の名は、新饌奉仕にあずかる聖女、つまり巫女的性格を暗示しているのかもしれないのである。

皇極《こうぎょく》（斉明《さいめい》）女帝

皇極女帝（宝皇女《たからのひめみこ》）は、舒明《じょめい》天皇の皇后という地位にあったために天皇に擁された。舒明天皇が在位十三年で崩ぜられ、そのあとをうけて即位されたのである。

推古女帝が崩ぜられたとき、皇位継承の候補者をめぐって政界は大きく二派に分かれていた。英明のほまれが高かった皇太子の聖徳太子はすでに推古女帝二十九年に斑鳩宮《いかるがのみや》で薨《みまか》られていたが、後嗣《こうし》を決められない状況にあったのである。政界では、蘇我蝦夷《そがのえみし》（馬子の子）らが推す田村皇子《たむらのみこ》（のちの舒明天皇）と、聖徳太子の遺児山背大兄皇子《やましろのおおえのおうじ》を推す動きがあった。

田村皇子は推古女帝の父君であった敏達天皇の皇子押坂彦人大兄皇子《おしさかのひこひとのおおえのみこ》の子で、母は敏達天皇の皇女糠手姫皇女《あらてひめのひめみこ》である。押坂彦人大兄皇子は敏達天皇の皇后広姫《ひろひめ》の長子であり、「大兄」の称号が示すように皇位継承者に擬せられた皇子であった。だが、惜しくも皇太子に立てられる前に病死されてしまうのである。その遺児が田村皇子であったから、敏達天皇直系の皇子といってよい。

一方、山背大兄皇子《やましろのおおえのおうじ》も、推古女帝の皇太子だった聖徳太子の長男で、生母は蘇我馬子《そがのうまこ》の娘刀自古郎女《とじこのいらつめ》である。聖徳太子の直流で、当時の権力者である蘇我氏の血統をひく点からみても、皇位継承の最有力候補だったのである。

だが、推古女帝は蘇我蝦夷《えみし》の意向を察してか、あるいは、敏達《びだつ》系を推す気持ちをもたれたためか、田村皇子擁立に傾きかけていたようである。蝦夷一派らは、推古女帝が「天下《あめがした》は大任《たいにん》なり。緩《おこた》らむこと不可《ふかなり》」と田村皇子に遺詔《いしょう》したことを楯にとり、強引に田村皇子擁立を推進していくのである。

もちろん反論も続出し、蝦夷の叔父にあたる境部臣摩理勢《さかべのおみまりせ》をはじめ、許勢臣大麻呂《こせのおみおおまろ》、佐伯連東人《さえきのむらじあずまんど》、紀臣塩手《きのおみしおて》らが山背大兄皇子を推して対立している（「舒明《じょめい》即位前紀」）。だが、境部臣摩理勢は、聖徳太子の近臣として太子の遺徳をしのび、頑強に山背大兄皇子の即位を主張したため、甥の蘇我蝦夷に攻め滅ぼされてしまうのである。

蘇我蝦夷のこの強攻策によって、山背大兄皇子は有力な後楯を失い、田村皇子が即位されて舒明天皇となられるのである。蝦夷が田村皇子に固執したのは、田村皇子が蘇我嶋大臣《しまのおおおみ》（蘇我馬子）の娘法堤郎媛《ほてのいらつめ》を夫人《ぶにん》として、古人大兄皇子《ふるひとのおおえのみこ》をもうけていたからである。古人大兄皇子が成長したあかつきに、田村皇子（舒明天皇）の後嗣《こうし》に立て、外戚の地位を得ようとするもくろみがあったからである。

田村皇子が即位されたとき、押坂彦人大兄皇子《おしさかのひこひとのおおえのみこ》の孫にあたる宝皇女《たからのひめみこ》が迎えられて皇后（大后《おおきさき》）とな

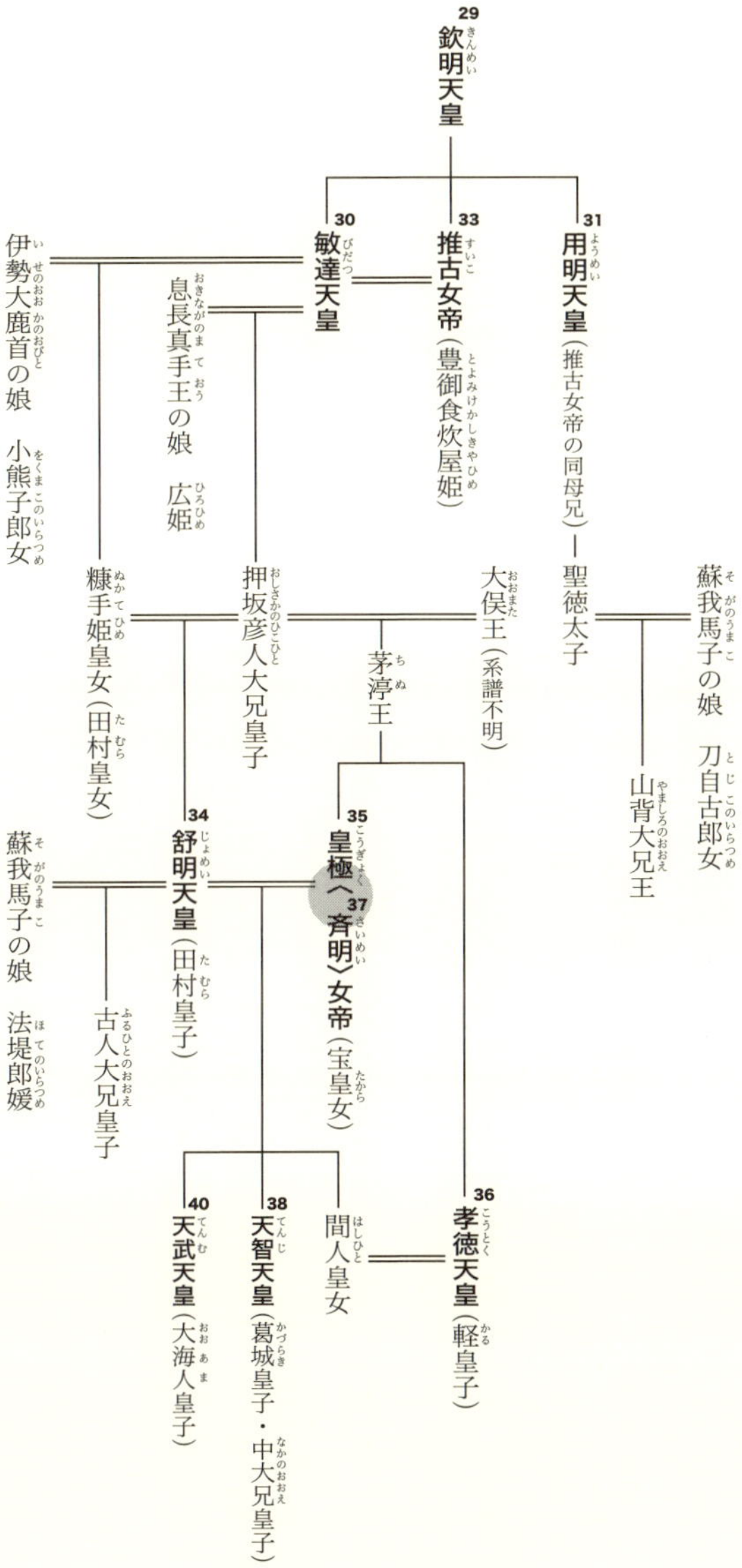
29 欽明《きんめい》天皇
30 敏達《びだつ》天皇
33 推古《すいこ》女帝（豊御食炊屋姫《とよみけかしきやひめ》）
31 用明《ようめい》天皇（推古女帝の同母兄）
伊勢大鹿首《いせのおおかのおびと》の娘　小熊子郎女《をくまこのいらつめ》
息長真手王《おきながのまておう》の娘　広姫《ひろひめ》
糠手姫《ぬかてひめ》皇女（田村《たむら》皇女）
押坂彦人《おしさかのひこひと》大兄皇子
大俣王《おおまた》（系譜不明）
茅渟王《ちぬ》
聖徳太子
蘇我馬子《そがのうまこ》の娘　刀自古郎女《とじこのいらつめ》
山背大兄王《やましろのおおえ》
34 舒明《じょめい》天皇（田村《たむら》皇子）
35 皇極《こうぎょく》〈37 斉明《さいめい》〉女帝（宝《たから》皇女）
蘇我馬子《そがのうまこ》の娘　法堤郎媛《ほてのいらつめ》
古人大兄《ふるひとのおおえ》皇子
40 天武《てんむ》天皇（大海人《おおあま》皇子）
38 天智《てんじ》天皇（葛城《かづらき》皇子・中大兄《なかのおおえ》皇子）
間人《はしひと》皇女
36 孝徳《こうとく》天皇（軽《かる》皇子）

皇極（斉明）女帝関係系図

り、やがて天智《てんじ》天皇、間人皇女《はしひとのひめみこ》、天武天皇の生母となるのである。そして舒明《じょめい》天皇が在位十三年で崩じられると、宝皇女《たからのひめみこ》が皇極女帝として擁立されたのである。この時期にも、おそらく古人大兄皇子《ふるひとのおおえのみこ》と山背大兄皇子《やましろのおおえのおうじ》の皇位をめぐる争いがくすぶっていたのであろう。そうした状況をとりあえずしのぐために、皇后経験者である宝皇女が擁立されたと考えてよい。

また、宝皇女が呪力にすぐれた女性であったことも見落としてはなるまい。皇極女帝が即位された年の七月に日照りが長く続き、飢饉が心配される事態となった。そこで村々の祝部《はふりべ》が牛馬を犠牲にしてもろもろの神社に献じたり、河伯《かわのかみ》*に祈ったりしたが、少しも効果があらわれなかった。執政官として政治の大権を握っていた蘇我蝦夷《そがのえみし》は、大勢の僧に大乗経の仏典『大雲経《だいうんきょう》』を転読*せしめて降雨を祈ったが、わずかな雨にとどまった。

そこで翌八月、皇極女帝がみずから南渕《みなぶち》（奈良県高市郡明日香村の旧坂田寺の南に位置する南渕山）で四方を拝すと、雷が鳴り、五日間にわたって大雨が降りつづいたという。百姓《ひゃくせい》たちは万歳をとなえ、「至徳《いきほひ》にまします天皇なり」と讃嘆したと伝えている（「皇極紀」元年七月・八月条）。皇后や女帝には、かかる巫女的性格が受け継がれていたとみてよいであろう。

だが、皇極女帝の時代に、蘇我氏の権勢は頂点に達していた。蝦夷は一族の祖廟《そびょう》を葛城《かつらぎ》の高宮《たかみや》（大和国葛城郡高宮郷、現在の奈良県御所市森脇宮戸付近）に建て、「八佾《やつら》の儛《まい》」をなしたという。八佾の儛とは、八人八列の六十四人による群舞で、これを祖廟で行なうのは天子にのみ許されたことであった。

また、諸国から人夫をあつめて今来《いまき》の地に雙墓《ならびのはか》を造営したが、その際に聖徳太子一族に養育料として与えられていた乳部《みぶ》（壬生部《みぶめ》）の民を動員したという。聖徳太子につらなる人びとは「蘇我はほしいままに専制を行なっている。天に二つの日はなく、国に二つの王なきことを知っているのか」と激憤したという（「皇極紀」元年十二月条）。「天に二つの日なく、国に二つの王なし」とは聖徳太子が起草した十七条憲法の第十二条にみえる言葉であるが、これを意図的に無視するやりかたは、まさに上宮《じょうぐう》家（聖徳太子一族）に対するあからさまないやがらせであり、挑戦であった。

その翌年には、蘇我蝦夷は子の入鹿《いるか》に紫冠《むらさきのこうぶり》を授けて大臣に擬し、入鹿は古人大兄皇子の擁立を公言するようになり、民衆は童謡で入鹿の専制を風刺したという。入鹿は上宮家の人望がきわめて高いことを憎み、ひそかに上宮家の滅亡を企てていたという。

事実、皇極女帝二年十一月に、斑鳩宮《いかるが》は入鹿が率いる軍に襲われ、山背大兄皇子の一族は滅亡してしまうのである。入鹿のあまりの暴挙に、父である蝦夷もさすがに「入鹿、極甚《はなは》だ愚癡《おろか》にして、専行《たくめ》

＊河伯　水神で河川を守護する神。中国の風習で水の霊を祀って降雨を祈ること。
＊転読　大部の経文の要所をつまみ読みし、読誦したことに代えることをいう。転経ともいう。

暴悪《あしきわざ》す。爾《い》が身命《いのち》、亦殆《またあやふ》からずや」と嗔《いか》り罵《ののし》ったという（「皇極紀《こうぎょく》」二年十一月条）。

にもかかわらず、蝦夷《えみし》と入鹿《いるか》の父子は、翌年十一月に甘樫岡《あまかしのおか》（奈良県高市郡明日香村にある丘）に豪邸を並べ建てて宮城に擬し、武人で固めるのである。だが、蘇我父子に反感を抱く人々が、中大兄皇子《なかのおおえのおうじ》（のちの天智《てんじ》天皇）のもとにひそかに結集してクーデターを起こし、入鹿らを倒すのである。

そして大化改新を迎えるのであるが、このとき皇極女帝の譲位をうけて弟宮軽皇子《かるのみこ》が孝徳天皇として即位された。蘇我氏を滅亡させたクーデターの首謀者である中大兄皇子は女帝の長子であるが、謀臣中臣鎌足《なかとみのかまたり》の策言にしたがい、ただちに即位せず、皇太子にとどまる道を選んだのである。

その理由のひとつは、即座に皇位についた場合、皇位を簒奪《さんだつ》する野望があったために古人大兄皇子《ふるひとのおおえのみこ》を推す入鹿を誅殺したと解釈され、民衆から支持が得られないことを憂慮したためと思われる。ふたつには、天皇という最高位の祭祀者となるより、皇太子の身分にあるほうが、現実にはむしろ思いどおりに執政できたからであろう。しかし、これは反面、孝徳天皇を傀儡《かいらい》とすることでもあったから、天皇と皇太子との対立がしだいに深まっていく結果となった。そして、孝徳天皇はついに難波の都に置き去りにされ、ひとりさびしく病死されるのである。

孝徳天皇が崩じ、皇極女帝はふたたび斉明女帝として重祚《ちょうそ》されるのである。政治の実権はもちろん皇太子である中大兄皇子が掌握し、大化改新を推進している。極言すれば、中大兄皇子が自由に執政するために、生母である斉明天皇が即位されたかの観があるのである。

実際の政治から隔てられた斉明女帝は土木工事に専心し、田身嶺《たむのみね》（多武嶺）の周囲に垣をめぐらして嶺の上に観（高殿《たかどの》あるいは道観《どうかん》）を建て、両槻宮《ふたつきのみや》と名づけた。また、天《あま》の香具山《かぐやま》の西から石上《いそのかみ》に至る渠《みぞ》を掘らせて石を運ばせて積ませ、運河を構築された。そのため人びとは、この運河を悪しざまに「狂心《たぶれごころ》の渠《みぞ》」と称したという（「斉明紀」二年是歳条）。

だが、中大兄皇子が百済救援のためにほぼ全国から兵を集め、朝鮮半島で新羅・唐の連合軍と戦うことになったときには、斉明女帝も瀬戸内を渡って九州の朝倉橘広庭宮《あさくらのたちばなのひろにわのみや》までおもむかれている。このときも女帝の呪力が期待されたのかもしれない。しかし、鬼火があらわれたりして、ついに崩ぜられてしまうのである。一見、斉明女帝は中大兄皇子の傀儡的存在に思えるかもしれないが、皇太子が自在に執政する機能の任を果たしていたと考えるべきであろう。この時代には、実際の政務は皇太子が領導し、その背後にあって皇太子の権威を支えていたのが生母である女帝であったのである。

持統《じとう》女帝

持統女帝は、天智《てんじ》天皇と蘇我倉山田石川麻呂《そがのくらやまだいしかわまろ》の娘遠智娘《をちのいらつめ》とのあいだに生まれた皇女である。しかし、彼女の生母は悲劇の女性であった。蘇我倉山田石川麻呂は天智天皇（中大兄皇子）が蘇我入鹿《そがのいるか》を謀殺する際に協力し、大化改新で右大臣に任じられながら、大化四年（六四八年）に異母弟の蘇我日向《ひむか》の讒言《ざんげん》によって殺されてしまい、遠智娘は痛心のあまり父のあとを追って亡くなってしまうのである。

この遠智娘を生母とする鸕野讃良皇女《うののさらら》（のちの持統女帝）は、幼少のころから政権の暗部を見せつけられたためか、一生を通じて、父の天智天皇に対してひそかに屈折した感情を抱き続けていたようである。

讃良皇女は十三歳で叔父にあたる大海人皇子《おおあまのおうじ》（のちの天武天皇）に嫁したが、大海人皇子は最後まで兄の天智天皇とは一線を画していた人物であった。天智天皇が庶子の大友皇子（明治三年に追謚《ついし》＊

＊追謚　死後におくりなを寄贈すること。大友皇子に弘文天皇のおくりなを寄贈したこと。

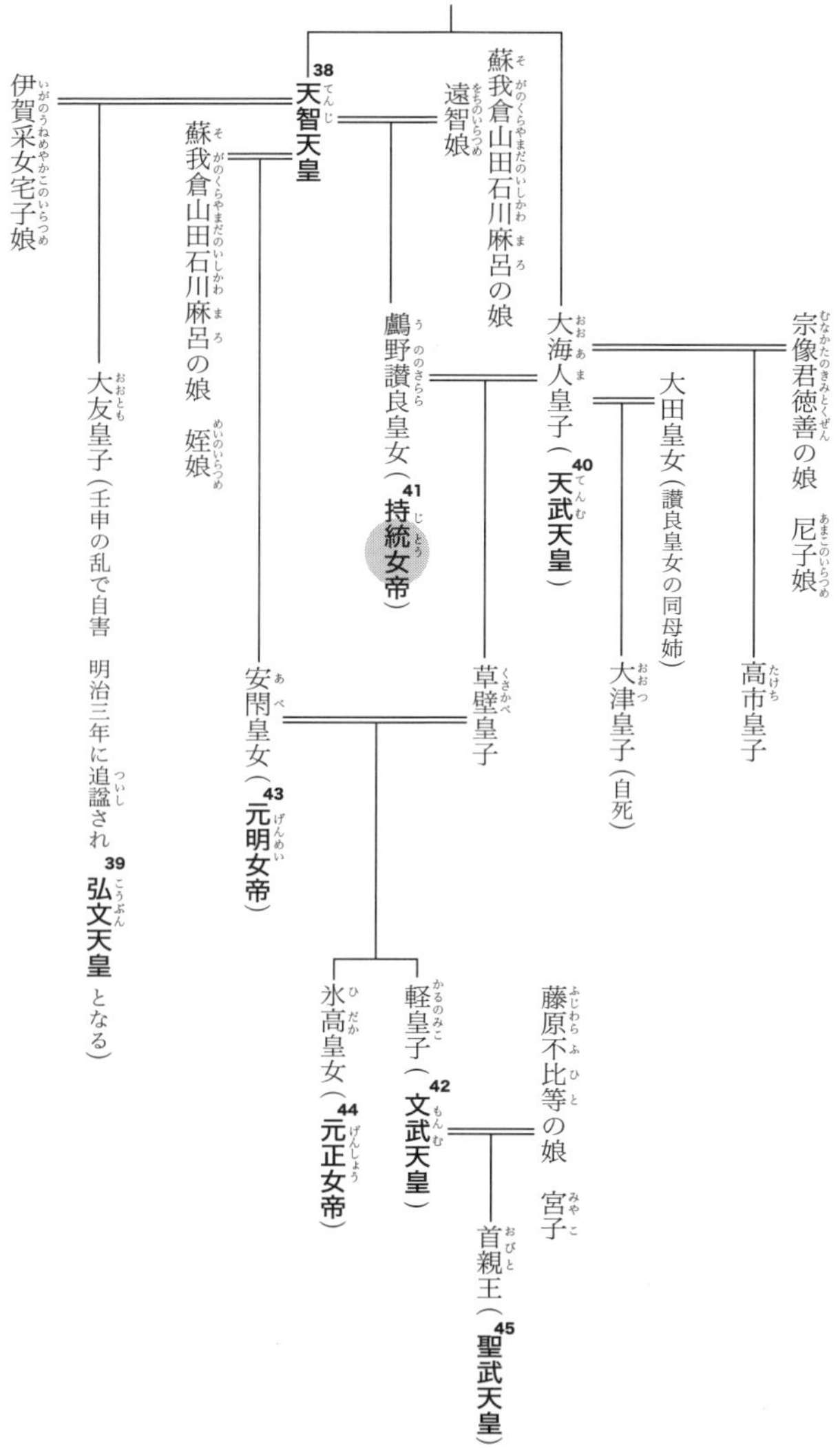

38 天智天皇《てんじ》
伊賀采女宅子娘《いがのうねめやかこのいらつめ》
蘇我倉山田石川麻呂《そがのくらやまだのいしかわまろ》の娘　遠智娘《をちのいらつめ》
蘇我倉山田石川麻呂《そがのくらやまだのいしかわまろ》の娘　姪娘《めいのいらつめ》
大海人皇子《おおあま》（40 天武天皇《てんむ》）
宗像君徳善《むなかたのきみとくぜん》の娘　尼子娘《あまこのいらつめ》
大友皇子《おおとも》（壬申の乱で自害　明治三年に追諡《ついし》され 39 弘文天皇《こうぶん》となる）
鸕野讃良皇女《うののさらら》（41 持統女帝《じとう》）
大田皇女（讃良皇女の同母姉）
安閇皇女《あべ》（43 元明女帝《げんめい》）
草壁皇子《くさかべ》
大津皇子《おおつ》（自死）
高市皇子《たけち》
氷高皇女《ひだか》（44 元正女帝《げんしょう》）
軽皇子《かるのみこ》（42 文武天皇《もんむ》）
藤原不比等《ふじわらふひと》の娘　宮子《みやこ》
首親王《おびと》（45 聖武天皇）

持統女帝関係系図 -1

された弘文天皇）を後嗣として推したいという強い意向を察した大海人皇子は、政争を避けようとしてか近江の朝廷を去り、妻の讃良皇女《さらら》らと吉野に退くのである。だが、天智天皇《てんじ》が崩ずると、近江大津宮の大友皇子と対峙し、東国の兵を集めて壬申《じんしん》の乱《らん》の戦端を開くのである。そして、大和の大豪族たちを味方につけることに成功した大海人皇子の軍勢は、ついに大友皇子の軍を大破し、皇子を自害させたのである。

勝利を得た大海人皇子は即位して天武天皇となるが、大海人皇子を支え続けた讃良皇女は皇后として夫の天皇からも最高の評価を受ける。天武朝の後宮《こうきゅう》にあって天皇と共治されていくのも、壬申《じんしん》の乱における実績がものをいったのである。律令体制の確立期に、天皇とともに皇后が果たした役割はきわめて大きかった。

「持統紀」には、「皇后《おきさき》（讃良皇女）、始《はじめ》より今《いま》に迄《いた》るまでに、天皇《すめらみこと》（天武天皇）を佐《たす》けまつりて天下《あめのした》を定《さだ》めたまふ。毎《つね》に侍執《つかへまつ》る際《あいだ》に、輒《すなわ》ち言《こと》、政事《まつりごと》に及《およ》びて、毗《たす》け補《おぎぬ》ふ所多《ところおお》し」と皇后の内治の功業を伝えている（「持統称制前紀」）。

讃良皇女の場合は、夫の天武天皇を「補佐」するというより、「共治」されたというべきであろう。吉野隠遁以来、生死を分かち合った心からの絆と信頼がきわめて深かったからこそ、こうした評価も生まれたのであろう。

武力で王権を掌中におさめた天武天皇は、『万葉集』では

大王《おほきみ》は神《かみ》にしませば赤駒《あかごま》の腹這《はらば》ふ田居《たい》を都《みやこ》となしつ　（巻十九・四二六〇）
大王《おほきみ》は神《かみ》にしませば水鳥《みずとり》の集《すだ》く水沼《みぬま》を都《みやこ》となしつ　（巻十九・四二六一）

などと「大王は神にしませば」と讃仰されたが、その皇后となられた讃良皇女も、当時の女性としてはずば抜けた政治的才覚を有していたといってよい。

天武天皇が在位十五年で崩ぜられたとき、天武天皇がひそかに後嗣《こうし》として期待をかけられていた大《おお》津皇子《つのみこ》と、皇后讃良皇女が生んだ草壁皇子《くさかべのみこ》の二人が後嗣の候補としてのこされた。大津皇子は讃良皇女の同母姉大田《おおた》皇女の皇子であるから、讃良皇女の甥にあたる。草壁皇子は生母に似ず、温和で病弱であったらしい。

一方、大津皇子は『懐風藻《かいふうそう》』に「状貌魁梧《じょうぼうかいご》にして、器宇《きう》峻遠《しゅんえん》なり。幼年学《ようねんがく》を好《この》み、博覧《はくらん》にして能《よ》く文《ぶん》を属《しょく》す。壮《さかり》に及《およ》びて武を愛《この》み、多力にして能く剣を撃《う》つ」と評されているように、文武にひいでた人物であった。「持統紀」でも、「容止《みかお》墻《たか》く岸《さが》しくして、音辞《ことば》俊《すぐ》れ朗《あきらか》なり…長《ひととなる》に及《いた》りて弁《わきわき》しくして才学《さいがく》有《ま》す。尤《もっと》も文筆《ふみつくること》を愛《この》みたまふ。詩賦《しふ》の興《おこり》、大津《おおつ》より始《はじま》れり」（「持統称制前紀」）と異例のあつか

いで大津皇子のひととなりを絶賛している。

しかし、このような人物だったからこそ、夫である天武天皇が崩ずると、讃良《さらら》皇女はただちに謀叛を口実に大津皇子を死においやるのである。あくまでも天武天皇と皇后の直系のみを皇位継承者とすることが讃良皇女の悲願だったからである。

天武天皇の崩御にあたって、讃良皇女は二年余にわたる殯宮《もがりのみや》（埋葬まで遺体を納めておく宮）の儀式を盛大に行い、諸臣に誄《しのびごと》（死者の生前の徳行や功績をほめたたえる言葉）を奉らせしめ、忠誠を誓わせているが、意図は、讃良皇女系の皇統確認と、その強化にあった。

しかし、皇后にとって残念であったのは、後継者の草壁皇子《くさかべのみこ》が病弱で、天武天皇の後継としてかならずしも適格とはいえなかった点であった。そこで、皇后は草壁皇子の体調を見守りながら、臨朝称制《みかどまつりごときこしめす》されるのである。「称制《しょうせい》」とは、新帝が即位式をあげずに国務をとられることであり、草壁皇子にいつでも譲位できることを内外に明確に示したとみるべきであろう。

だが、期待もむなしく、皇太子草壁皇子は、持統女帝三年（六八九年）に二十八歳の若さで薨《みまか》ってしまうのである。草壁皇子は、日並皇子尊《ひなみしのみこと》と尊称されているように、まさに「日」、つまり「天皇」に肩を並べる皇位継承者とみなされていた。『万葉集』所収の挽歌にも、

高光《たかひか》るわが日《ひ》の皇子《みこ》の万代《よろづよ》に国知《くにし》らさまし島《しま》の宮《みや》はも　（巻二・一七一）

とことさらに「日の皇子」と歌われているのである。

草壁皇子が薨《みまか》られたとき、妃の阿閇姫皇女《あべのひめみこ》（のちの元明《げんめい》女帝）とのあいだに生まれたおさない軽《かるの》皇子《みこ》（のちの文武天皇）と、氷高《ひだか》内親王（のちの元正《げんしょう》女帝）がのこされた。ここにいたって、持統女帝は正式に即位され（六九〇年）、皇孫である軽皇子が成長するまで在位され、そして六九七年に軽皇子に譲位されたのである。

このように、持統女帝は天武天皇とみずからのあいだに生まれた直系のみが皇位を継承することに固執されたが、この法的根拠をいわゆる不改常典《あらためざるのつねののり》に求めている。古代史を通覧されるとお分かりになるだろうが、天皇家や諸豪族家では、嫡子から嫡子への継承は行なわれていない。むしろ、氏の長老が継承したり、兄の死によって次弟が継ぐ、いわゆる兄弟継承が一般的だったのである。一族を束ねるには長年の経験が必要であり、継承の成否に一族の運命がかかっていたからである。一例として、皇統が確実性を増してくる仁徳天皇（倭王讃《わおうさん》）のころから概観すると二四一頁の系図のようになる。

このような皇位継承のあり方をみると、持統女帝が後嗣《こうし》は天武直系でなければならないと主張したのは、きわめて異例であったといわなければならない。とくに、持統女帝がみずからの父である天智《てんじ》天皇系を皇統から強く排除していくのは、やはり、女帝の生母が天智《てんじ》天皇の手によって死に追いやられた怨恨をぬぐい去ることができなかったからではあるまいか。

また、夫の大海人皇子《おおあまのおうじ》は皇太弟に立てられながら吉野に追われ、兄の天智天皇の庶子である大友皇子に皇統を奪われかけたことも脳裏から離れなかったと思われる。苦難の末に壬申《じんしん》の乱を勝ち抜き、王権を手にしたからこそ、いっそう天武系の皇統に固執されたのであろう。しかも讃良《さらら》皇女は、皇太弟大海人皇子の妃であったときから、手をたずさえて苦難の道を歩んで来たのである。持統女帝にとって、みずからの子孫に皇統を継承させることは最大の悲願だったのである。

この主張に正当性をもたせるために、あえて天智天皇の遺詔《いしょう》ともいうべき、「不改常典《あらためざるのつねののり》」を持ち出されたのである。「不改常典」は中国流の長子継承法であるから、持統天皇にとっては長子草壁《くさかべ》皇子の子である軽皇子《かるのみこ》を即位させ、文武天皇とするのにもっともつごうのよい法的根拠だったのである。

実際に「不改常典」という言葉がみられる史料は、文武天皇の嫡子である聖武天皇が叔母の元《げん》正《しょう》女帝から譲位された際の宣命《せんみょう》の一節にある、「淡海《あわうみ》の大津宮《おおつのみや》に御宇《あめのしたしろしめし》倭根子天皇《やまとねこのすめらみこと》の萬世《よろづよ》に『不改常典《あらためざるのつねののり》』である（『続日本紀』神亀元年条）。「淡海の大津宮御宇天皇」は、いうまでもなく天智天皇をさす。天智天皇としては、むしろ皇弟の大海人皇子を排し、わが子の大友皇子に皇位を継承させる意図で出された「詔《みことのり》」であろうが、持統女帝はこれを逆手《さかて》にとり、天武・持統直系の皇位継

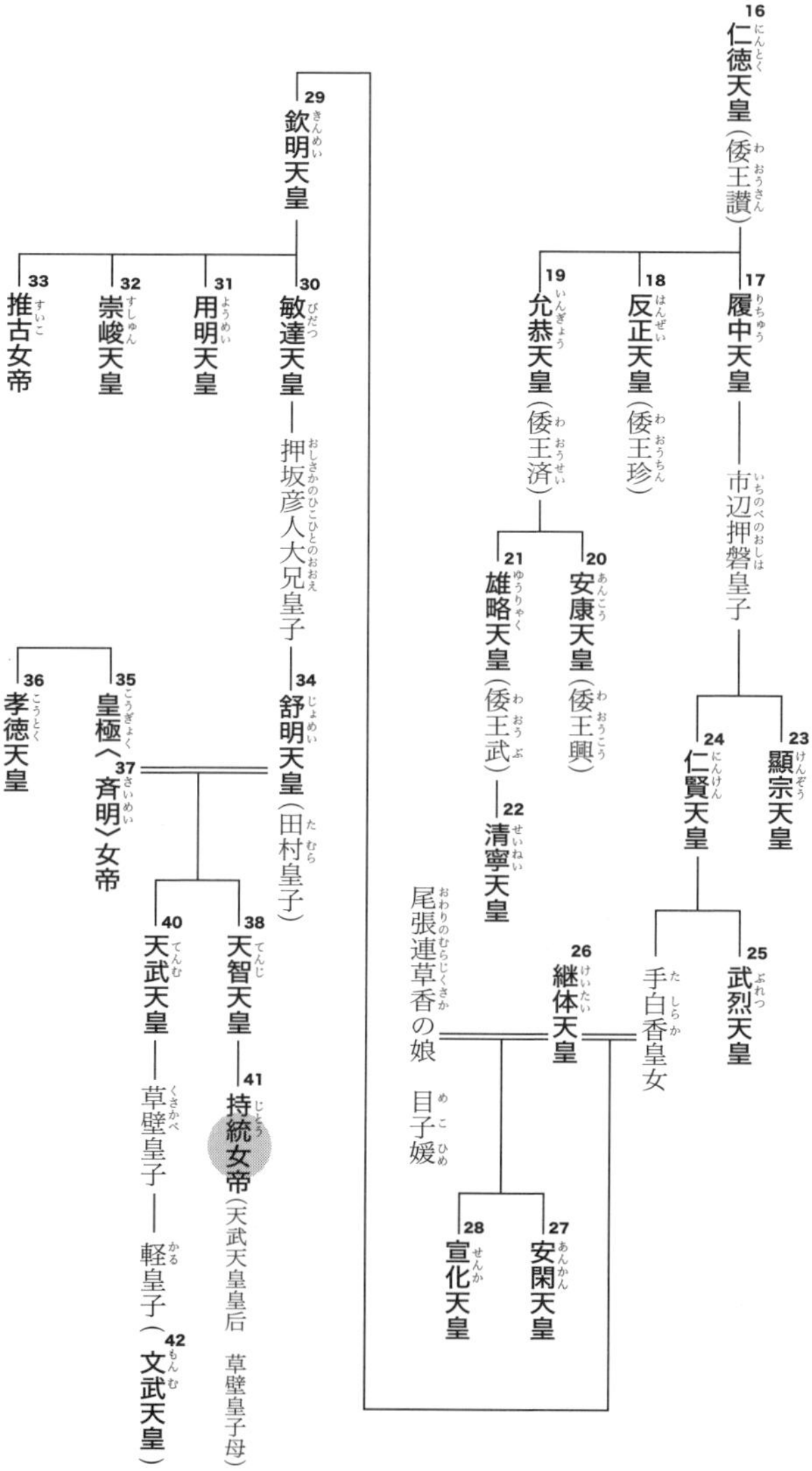
16 仁徳《にんとく》天皇（倭王讃《わおうさん》）
17 履中《りちゅう》天皇
18 反正《はんぜい》天皇（倭王珍《わおうちん》）
19 允恭《いんぎょう》天皇（倭王済《わおうせい》）
市辺押磐《いちのべのおしは》皇子
20 安康《あんこう》天皇（倭王興《わおうこう》）
21 雄略《ゆうりゃく》天皇（倭王武《わおうぶ》）
22 清寧《せいねい》天皇
23 顕宗《けんぞう》天皇
24 仁賢《にんけん》天皇
25 武烈《ぶれつ》天皇
手白香《たしらか》皇女
26 継体《けいたい》天皇
尾張連草香《おわりのむらじくさか》の娘　目子媛《めこひめ》
27 安閑《あんかん》天皇
28 宣化《せんか》天皇
29 欽明《きんめい》天皇
30 敏達《びだつ》天皇
31 用明《ようめい》天皇
32 崇峻《すしゅん》天皇
33 推古《すいこ》女帝
押坂彦人大兄《おしさかのひこひとのおおえ》皇子
34 舒明《じょめい》天皇（田村《たむら》皇子）
35 皇極《こうぎょく》〈37 斉明《さいめい》〉女帝
36 孝徳《こうとく》天皇
38 天智《てんじ》天皇
40 天武《てんむ》天皇
41 持統《じとう》女帝（天武天皇皇后　草壁皇子母）
草壁《くさかべ》皇子
軽《かる》皇子（42 文武《もんむ》天皇）

持統女帝関係系図 -2

承の正当化に利用したのである。持統女帝の生涯はまさにこの一点にかかっていたのである。草壁《くさかべ》皇子が薨《みまか》られると、持統女帝はただちに「飛鳥浄御原令《あすかのきよみはらりょう》」を施行して天武朝政治の総仕上げを行ない、天武朝の新政を鮮明にされたのである。翌六九〇年には持統帝として正式に即位され、「庚《こう》寅年籍《いんねんじゃく》」*の作成など、つぎつぎと新しい施政策を打ち出し、律令国家における地方と人民の支配制度の完成に多大の功績をあげた。そして持統八年（六九四年）に藤原京に遷都する。藤原京は、中国の統一国家唐の様式にならって天武天皇の時代から計画されていたから、天武天皇の遺志を実現し、天武系王朝の永世の都として造営されたと考えてよい。

この持統朝を支えたのは、天武天皇の長子である高市皇子《たけちのみこ》を中心とした官僚たちであった。高市皇子は母が胸形君徳善《むなかたのきみとくぜん》の娘尼子娘《あまこのいらつめ》で、いわゆる卑母《ひぼ》であったから、長子でありながら異母弟の皇子たちより下位におかれたのである。

だが、壬申《じんしん》の乱を勝利に導いた功績がきわめて高く評価され、人望も高かったから、草壁皇子が薨《みまか》ると太政大臣に任ぜられ、持統女帝の政治の中枢にあって活躍するのである。高市皇子は持統女帝十年（六九六年）に薨ったが、とくに「後皇子尊《のちのみこのみこと》」と称されている（「持統紀」十年七月条）。「後《のち》」とは、おそらく「先」の草壁皇子を受け継ぐという意味であろう。太政大臣として、皇太子と同様に国政を担ったことを示しているのである。

ほかにも安倍朝臣御主人《あべのあそみみぬと》、大伴宿禰御行《おおともすくねみゆき》、石川朝臣麻呂《いしかわのあそみまろ》などの有能な官僚がいたが、やがて律令の新進官僚の中心人物になっていく藤原朝臣不比等《ふじわらのあそみふひと》が頭角をあらわしてくる。

持統女帝は治世十一年にして皇孫の文武天皇に譲位され、太上天皇（上皇）として引き続き文武天皇と共治される。そして大宝元年（七〇一年）、「大宝律令」が制定されて施行されていくのを見とどけ、翌年、五十八歳で崩ぜられたが、天武天皇、草壁皇子、文武天皇と皇統が確実に受け継がれたことを確認された死というべきであろう。女帝の一生は、深い執念と激しい情念に貫かれていたといってよい。

ただ、しだいに老いていかれる持統女帝にとってもっとも気がかりだったのは、みずからの死後、孫の文武天皇を親身になって支える人物が見つかるかどうかということであった。そして、最終候補に選ばれたのが、律令の新進官僚の藤原不比等であった。具体的には、不比等の長女宮子《みやこ》を文武天皇の夫人《ぶにん》とすることで、不比等を天皇の後見としたのである。この宮子が生んだ皇子がのちの聖武天皇である。

＊庚寅年籍　持統三年（六八九年）「飛鳥浄御原令」にもとづきに作成を開始した造籍。律令制で個別人身支配のためにつくられた戸籍で、戸籍家族の性別や年齢・課不課などが記され、班田収授・氏姓の決定の台帳になった。

元明《げんめい》女帝・元正《げんしょう》女帝

文武天皇が十年たらずの在位で七〇七年に崩御されたとき、わずか七歳の首皇子《おびとのみこ》（のちの聖武天皇）がのこされた。しかし皇位継承にはいかにも早すぎるため、成長を待つあいだの「中継ぎ」として、文武天皇の生母で、天智《てんじ》天皇の第四皇女、首皇子にとっては祖母にあたる阿閇皇女《あべのひめみこ》が元明《げんめい》女帝として即位されたのである。

ちなみに、この元明女帝の在位中の和銅三年（七一〇年）に奈良の平城京への遷都があり、太安麻呂《おおのやすまろ》に『古事記』の撰録を命じている（成立は七一二年）。元明女帝は七一四年に首皇子を皇太子とされたが、いまだ若年のため、みずからの娘であり、文武天皇の姉にあたる氷高皇女《ひだかのひめみこ》に譲位されたのである。

七一六年に首皇子は藤原不比等《ふひと》と橘三千代《たちばなのみちよ》（県犬養三千代《あがたいぬかいのみちよ》）とのあいだに生まれた安宿媛《あすかひめ》（のちの光明皇后《こうみょう》）を夫人《ぶにん》とされたが、このころから藤原氏が天皇家の外戚としてその地位を固めていく。

また、元正《げんしょう》女帝の在位中に、藤原不比等らによって「養老律令」が成り、舎人《とねり》親王らが『日本書紀』

を撰進している。そして、首皇子は七二四年に伯母の元正女帝から皇位を譲られて、二十四歳で聖武天皇となるのである。

聖武天皇の在位は二十五年続くが、前半は藤原不比等の子の四兄弟、つまり武智麻呂《むちまろ》（南家）、房前《ふささき》（北

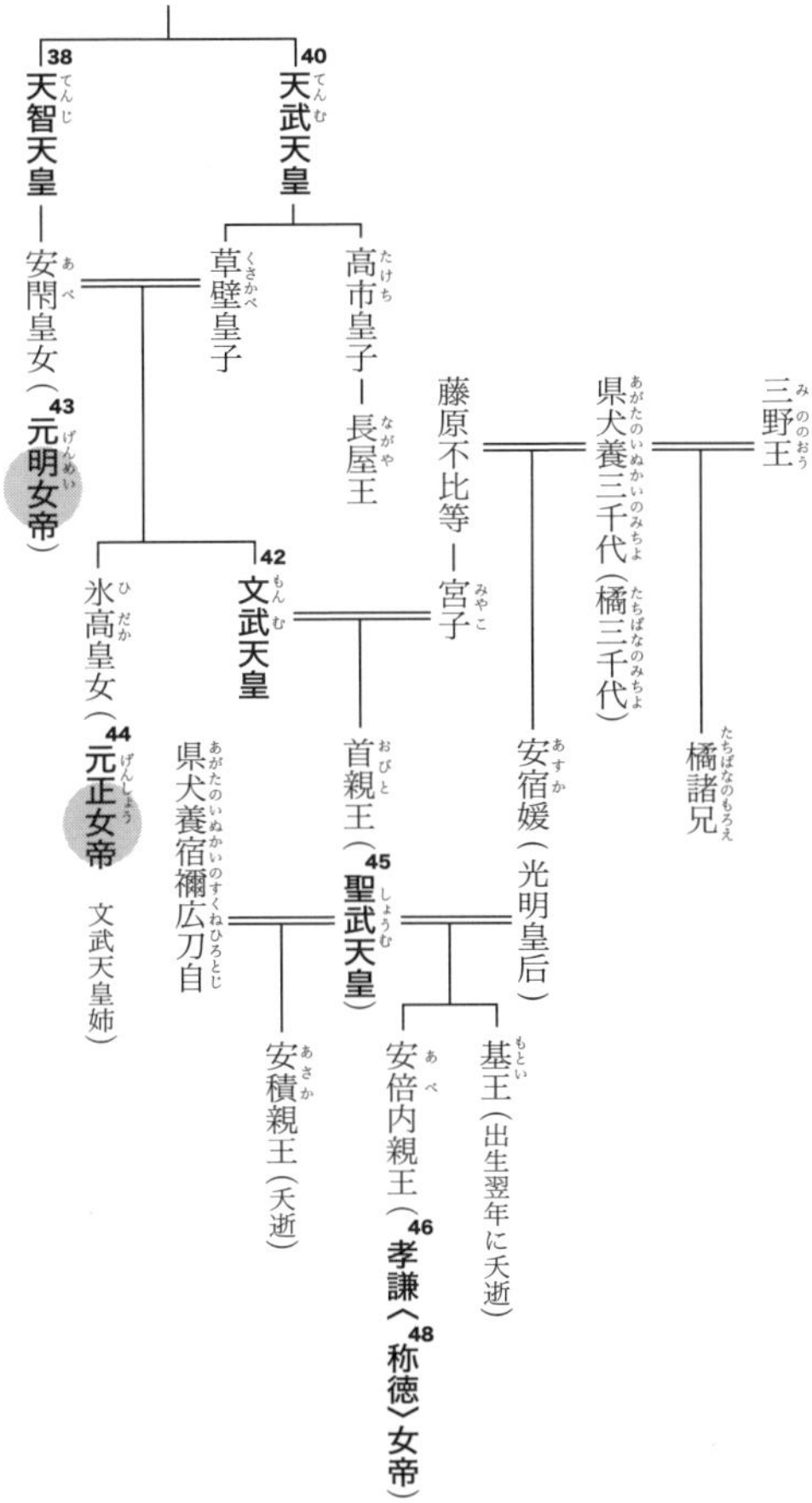

元明・元正女帝関係系図

家）、宇合《うまかい》（武家）、麻呂《まろ》（京家）が、妹の光明子《こうみょうし》を臣下の出身としては最初の皇后とすることに成功し、政権の座を握ることになるのである。このとき、光明子の立后に反対する中心人物と目された左大臣長屋王《ながやおう》（高市《たけち》皇子の子）を打倒するためにしくまれた政治的陰謀がいわゆる「長屋王の変」＊であった。

だが、天平九年（七三七年）の天然痘の流行でこの四兄弟はつぎつぎに病死し、光明子の異父兄にあたる橘諸兄《たちばなのもろえ》が政権を担うことになるが、藤原一門はすでに光明子が生んだ安倍内親王を立太子させている。しかし、天平十二年（七四〇年）に「藤原広嗣《ひろつぐ》の乱」＊が勃発すると、聖武天皇は平城京を離れ、およそ五年のあいだ都を転々とされて政治的・社会的不安をつのらせたのである。その間、東大寺大仏の造顕や、諸国国分寺の建立などの詔《みことのり》が発布されている。

そして、天平十七年（七四五年）に平城京に還幸された聖武天皇は、七四九年に皇太子安倍内親王に譲位され、元号も天平勝宝と改められて、孝謙女帝の治世がはじまるのである。

聖武天皇には二皇子があったようであるが、神亀《じんき》四年（七二七年）に光明子《こうみょうし》（安宿媛《あすかひめ》）が生んだ基王《もといのみこ》は、その年のあいだに立太子されたが、翌年に夭逝されている。ちょうどそのころ、もうひとりの夫人《ぶにん》であった県犬養宿禰広刀自《あがたのいぬかいのすくねひろとじ》とのあいだにも安積《あさか》親王が生まれたが、こちらも天平十六年（七四四年）に十七歳で夭逝されている。

しかし、この安積親王の存在は、藤原一族にとっては大いなる脅威であった。県犬養一族に外戚という権力の座を奪われかねないという危機感を抱いた藤原一族は、すぐさま天平元年（七二九年）に政治的陰謀をしくんで長屋王を倒し、光明子を皇后とするのである。そして、天平九年（七三七年）に光明皇后が生んだ阿倍内親王《あべのないしんのう》を皇太子に推し、翌年、はじめて女性の皇太子が生まれるのである。これは、聖武天皇には皇位継承者たる皇子がいなかったため、光明皇后の背後にひかえる藤原氏がみずからの血筋の皇女を皇太子としたのである。そして権力の維持をはかったのである。

孝謙《こうけん》・称徳《しょうとく》女帝

治世のはじめのころには、生母の光明皇太后が紫微中台《しびちゅうだい》*で政務をとられていたようである。この紫微中台にあって、紫微内相として政権を掌握し、しだいに権勢を高めていったのが、藤原武智麻《むちま》

*長屋王の変　長屋王は天武天皇の子にあたる高市皇子の第一皇子。聖武天皇の即位で左大臣となり藤原氏の対抗勢力となった。そのため藤原氏の陰謀により天平一年（七二九年）、密告により邸宅を包囲され、天皇の命によって自殺した。
*藤原広嗣の乱　太宰少弐の藤原広嗣が、政治の実権を掌握していた左大臣橘諸兄、玄昉、吉備真備を排斥するために起こした反乱。大野東人を大将軍とする追討軍に破れ処刑された。
*紫微中台　光明皇后が皇后宮職をとるために設けられた奈良時代の一時的な官職。藤原仲麻呂がその内相として、政治の実権を握った。

呂《ろ》（南家）の子の仲麻呂《なかまろ》であった。仲麻呂は天皇の警護にあたった中衛府《ちゅうえふ》をも手中にし、軍事力を強め専横が顕著となっていくのである。

天平勝宝八年（七五六年）に聖武上皇が崩御されると、孝謙女帝は後嗣《こうし》として定められていた道祖《ふなど》王《おう》を廃し、仲麻呂ゆかりの大炊王《おおいおう》（のちの淳仁《じゅんにん》天皇）を皇太子に立てた。これに強く反発した橘《たちばなの》奈《な》良麻呂《らまろ》らの反乱勢力を未然に鎮圧した仲麻呂は（橘奈良麻呂の変）、ついに専制政権を確立するのである。翌年の天平宝字二年（七五八年）に大炊王が淳仁天皇として即位すると、仲麻呂は大保《たいほ》（右大臣）に任ぜられ、「恵美押勝《えみのおしかつ》」の名を賜っている。だが、天平宝字四年（七六〇年）に最大の支持者であった光明《こうみょう》皇太后が崩ぜられると、恵美押勝の権勢は急激に失われていくのである。

僧道鏡《どうきょう》の存在をめぐって、淳仁《じゅんにん》天皇と不和になられた孝謙上皇が、「政事《まつりごと》は、常《つね》の祀《まつ》り小事《ちいさきこと》は、今《いま》の帝《みかど》（淳仁天皇）行《おかな》い給《たま》へ。国家《みかど》の大事《だいじ》、賞罰《しょうばつ》の二《ふた》つの柄《もと》は、朕《ちん》（孝謙上皇）行《おこな》わむ」（『続日本紀』天平宝字六年条）という宣命《せんみょう》を発せられ、淳仁天皇から国政の大権を奪われたのである。そして淳仁天皇を奉じていた恵美押勝は窮地におちいり、天平宝字八年（七六四年）に権勢を取り戻すべく兵を集めて反乱を起こそうとしたが、上皇方に討滅され、斬首されてしまうのである（恵美押勝の乱）。

この反乱を鎮圧した孝謙上皇は、天平神護《じんご》元年（七六五年）に、寵愛する道鏡を太政大臣禅師に任じた。そのときの宣命では、「此《こ》の禅師《ぜんじ》の昼夜朝廷《ひるよるみかど》を護《まも》り仕《つか》え、行《おこな》いは至《いた》って浄《きよ》く、仏法《ぶっぽう》を継隆《けいりゅう》し、朕《ちん》（孝謙上皇）の導《みちび》き護《まも》った」と述べている（『続日本紀』天平宝字八年九月条）。そして淳仁天皇を廃して淡路に幽閉し、みずから重祚《ちょうそ》され、称徳女帝となられるのである。

さらに天平神護二年十月（七六六年）、道鏡は「法王」という未曾有の高位を授けられたが、これは、奈良の隅寺《すみでら》の毗沙門《びしゃもん》像から舎利《しゃり》が出現したという奇端を理由とするものであった。称徳女帝は詔《みことのり》を発し、不可思議な舎利の示現は道鏡が仏法を勧行し、よく教導したからだと述べ、道鏡に「法

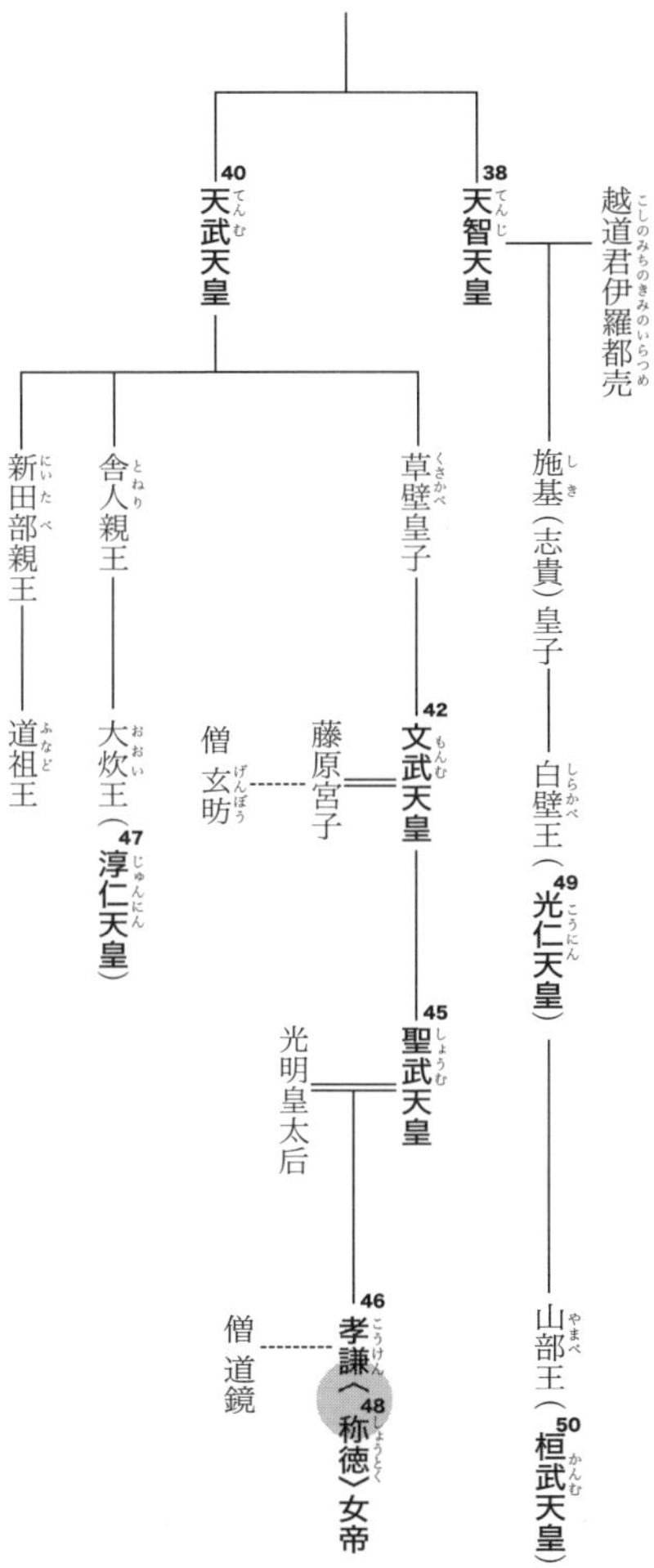

孝謙（称徳）女帝関係系図

王」の位を授けられたのである。もちろん、これは当時流行していた瑞祥《ずいしょう》思想をたくみに悪用した謀略であった。

山階《やましな》寺の僧基眞《きしん》が毗沙門《びしゃもん》の像を造り、ひそかに数粒の珠子《しゅし》をその前に置いて、仏舎利《ぶっしゃり》が出現したと称したものという（『続日本紀』神護景雲二年十二月条）。この功によって、基眞は道鏡から物部浄志《もののべきよし》朝臣の氏姓を賜り、法参議《ほうさんぎ》に任ぜられるのである。

法王となった道鏡は、天皇に準じた振舞《ふるま》いをするようになり、出入りにあたっては天皇の乗り物である鸞輿《らんよ》を用い、衣食はすべて供御《くご》（天皇、上皇、皇后、皇太子の食べ物）になぞらえたという（『続日本紀』宝亀《ほうき》三年四月条）。

道鏡一族の政界進出もいちじるしく、とくに、弟の浄人《きよひと》は神護景雲《じんごけいうん》三年（七六八年）二月には大納言となり、その十一月には大宰帥《だざいのそち》にも任ぜられ、検校兵庫将軍《けんぎょうひょうごしょうぐん》となって軍事力を掌中にしている。

このころ、九州の大宰主神《だざいしゅしん》の習宜阿曾麻呂《すげのあそまろ》が宇佐八幡宮の神託と称し、「道鏡を皇位につかしめば天下泰平ならん」と奏上した。だが、和気清麻呂《わけのきよまろ》が姉の法均《ほうきん》にかわって宇佐八幡宮に参詣し、神託をうかがうと、「わが国開闢以来《くにかいびゃくこのかた》、君臣定《くんしんさだ》まれり。臣《しん》を以《も》って君《くん》と為《な》すこと未《いま》だ之《こ》れあらざるなり。天《あめ》の日嗣《ひつぎ》は必《かなら》ず皇緒《こうしょ》を立てよ。無道《むどう》の人《ひと》は宜《よろ》しく掃除《そうじょ》すべし」というものであった。

これを知った道鏡は、和気清麻呂の名を穢麻呂《きたなまろ》と蔑称させて大隅《おおすみ》国に流し、姉の法均を還俗《げんぞく》させて備後に流したのである（『続日本紀』神護景雲三年九月条）。だが、参議藤原百川《ももかわ》は、みずからの封戸《ふこ》二十戸を割いて清麻呂の配所に送り、ひそかに支援をしたという。

神託をめぐるこうした紛争にもかかわらず、称徳女帝の道鏡に対する寵愛はやまず、道鏡の本貫地《ほんがんち》である由義宮《ゆげのみや》に行幸され、これを西の京とされている。

だが、このころから称徳女帝は健康を害されていく。それと機を合わせるように、藤原百川は左大臣藤原永手《ながて》らと手を組み、ひそかに道鏡排除の計画を進めていたのである。そして称徳女帝の崩御とともにクーデターを起こし、ただちに白壁王《しらかべのみこ》（のちの光仁《こうにん》天皇）を立太子させ、同時に、道鏡を下野《しもつけ》国薬師寺の別当《べっとう》に任じ、追放してしまうのである。

『続日本紀』宝亀《ほうき》元年八月条は、「道鏡は権力を乱用し、しばしば力役《りきえき》を徴発して多くの寺院を建立させた。そのため、国家の財産はついえ、不足するようになってしまった。刑罰はきびしくなり、反対者は容赦なく殺されていった。」と酷評している。もちろん、道鏡が『続日本紀』に記されているような野心家で、淫蕩な悪僧であったかどうかはにわかには定められないであろう。政争に敗れた者は勝者に痛罵されるのが常だからである。

とくに、『古事談』や『水鏡』は道鏡と称徳女帝とのいまわしい関係を伝えているが、一説によれば、『史記』「呂不韋《ろふい》伝」にある、淫欲の強い呂太后が巨根をもつ嫪毒《ろうあい》という人物をひそかに寵愛されたという話などから捏造された説話であろうともいわれている。こうした話が事実であるのかどうかというより、後世にかかる話が作られたのは、むしろ道鏡を空前絶後の高位につかせた称徳女帝の情愛が問題だったからである。

称徳女帝と道鏡の関係に類する話は、称徳女帝の祖母にあたる藤原宮子《ふじわらのみやこ》（文武天皇の夫人《ぶにん》）と、僧玄昉《げんぼう》とのあいだにすでにあったようである。宮子は長いこと鬱病に悩み、御子の聖武天皇ですら一度も面会されなかったとされるが、僧玄昉に会われて快癒されたため、その功績で玄昉は僧正に任ぜられたという。以来、玄昉に対する宮子の寵愛が深まっていくのである。

玄昉が政局にも強い発言権をもつようになってくると、疫病で藤原四兄弟を失った藤原一族は当然ながら反感を強め、この対立がついに「藤原広嗣《ひろつぐ》の乱」の一因となるのである。広嗣の試みは失敗に帰し、大宰府で斬殺されるが、のちに九州の観世音寺の別当として赴任した玄昉は、広嗣の霊につかみ殺されたと伝えられている。

宮子と玄昉とのあいだに実際にいまわしい醜聞があったのかどうかはわからないが、そのような伝承があったことは事実なのである。たとえば、『元享釈書《げんこうしゃくしょ》』巻二の「善珠《ぜんしゅ》法師伝」は善珠について、「或は曰《い》う、太皇后宮子の薛子《げつし》なり」と記しているし、興福寺に伝わる『略代年代記《りゃくだいねんだいき》』などにもかかる伝承が記されている。「薛子」とは、いわゆる「めかけ腹の子」であり、正妻以外の女性にひそかに生ましめた子の意である。端的にいえば「不倫の子」である。こうしたうわさがまことしやかに流れたのは、宮子の玄昉に対する寵愛があまりにも深すぎたためであろう。

ただ、夫人《ぶにん》の宮子と、称徳女帝の場合を比べると、称徳女帝のほうがはるかに皇統をおびやかす危険は高かったのである。女帝のあとを継ぐべき皇族がほとんど存在せず、適任者が見当たらない時期に、恣意的に道鏡を法王とし、後継者に準じたということは、皇統が天皇家から完全に離れてしまう危機が多分にあったということなのである。

孝謙上皇と対立していた淳仁《じゅんにん》天皇が廃されて淡路に幽閉された直後に、朝廷に仕える諸臣たちは「国《くに》の鎮《しず》めとは皇太子《ひつぎのみこ》を置《お》き定《さだ》」めることだと上奏しているが、孝謙上皇は「天の許《ゆる》して授《さず》ける人」があれば皇太子としたいと思っていたからこそ、今まで定めなかったのだと弁明している。(『続日本紀』天平宝字八年条)。おそらく、寵愛いちじるしい道鏡をひそかに次帝にと考えていたのであろう。

女帝が御子をもうけず、ひたすら愛情にまかせて夫君を立てようとするなら、皇統が他家に移るのは必定《ひつじょう》である。皇統継承をめぐる女帝の危険性は、まさにこの点にあるのである。

この道鏡追放のクーデターという政変は、皇位が弓削道鏡《ゆげのどうきょう》の手にわたるのを阻止するためであったが、反面、あきらかに藤原氏一族による政権奪還という側面も合わせもっていた。とくに式家である藤原百川《ももかわ》の動きが、大きく作用した。百川はかねてから白壁王《しらかべ》(光仁天皇)の御子山部王《やまべのおう》(のちの桓武天皇）を嘱望し、皇位に立てんとする気持ちを抱いていたようである。

また、この政変はもうひとつの大きな意義を秘めていたのである。こののち、皇統は白壁王《しらかべ》（光仁天皇）から山部王《やまべ》（桓武天皇）へと継承されてゆくのである。つまり、皇統は「天武・持統系」から「天智系《てんじ》」に移行するのである。

白壁王は天智天皇と越道君伊羅都売《こしのみちのきみのいらつめ》とのあいだに生まれた施基《しきの》（志貴）皇子《みこ》の子である。施基皇子は、持統朝の時代に撰善言司《せんぜんげんし》＊に任じられたが、むしろ、すぐれた万葉歌人として有名であろう。

石《いは》ばしる垂水《たるみ》の上《うえ》のさ蕨《わらび》の萌《も》え出づる春になりにけるかも　（『万葉集』巻八・一四一八）

という有名な歌については、皇統がふたたび「天智系」に戻ることを予言した歌だという憶測まである。もちろん付会の説にすぎないが、光仁天皇の即位後、施基皇子は春日宮《かすがのみや》天皇と追尊《ついそん》され、田原《たわら》天皇とも称されているのである。

かくて皇統は完全に天智系に移行するが、この移行は、孝謙（称徳）女帝の恣意によって、持統女帝の悲願が一挙に崩れ去ったことを示すものであった。

それまでの女帝は、多くの場合、皇統の継承が断絶する危機を回避する機能を有していたが、ここに至って、女帝は逆に、皇統を他家に移譲せしめる危険な役割を果たしてしまったのである。このように、皇統にかかわる女帝には二面性があることを深く認識しておかなければならない。そのためか、称徳女帝以後、久しく女帝は出現しなくなるが、これは、称徳女帝と道鏡の一件が藤原氏をはじめとする朝臣《ちょうしん》たちの脳裏から離れなかったためであろう。

道鏡を追放して朝堂に立った藤原氏は、みずから皇位に立つより、外戚として政権維持をはかる道を選んだ。そして、一族の娘を天皇の皇后（中宮）として嫁がせ、生まれた皇子を次代の天皇とすることに専念しはじめるのである。藤原氏の血筋をひく天皇を擁立して政治の実権を握るという藤原氏の方策も、女帝の出現をおさえる一因となったのであろう。

また、皇室の宗教的巫女という性格は、伊勢の斎宮《さいぐう》に加えて、平安前期の嵯峨《さが》天皇の時代から賀茂斎院《かものさいいん》が置かれ、受け継がれていくのである。斎院とは、賀茂神社に奉仕する未婚の内親王で、年中行事の賀茂祭（葵《あおい》祭）の際には重要な任務を果たした。嵯峨天皇が兄の平城《へいぜい》上皇と対立されたとき、賀茂神社に祈願して勝利をえられたことを感謝され、賀茂斎院を置かれたとされている。初代斎院は嵯峨天皇の有智子《うちこ》内親王で、鎌倉初期の後鳥羽天皇の皇女礼子《いやこ》内親王までおよそ四百年間続き、卜《ぼく》

＊撰善言司　持統女帝時代に設置された官職。中国の古典や日本古来の伝承などから有用な事項を選び『善言』として編纂する職で、皇族や貴族の師弟の教育にも携わったとされる。

定《じょう》された斎院は、三十五人を数えるという。

こうした流れを背景にして女帝の出現は途絶えるが、およそ九百年後の寛永七年（一六三〇年）に明正《めいしょう》女帝が即位されるのである。後水尾《ごみずのお》天皇の皇后で、徳川秀忠《ひでただ》の娘和子《かずこ》とのあいだに誕生された興子《おきこ》内親王（女一宮《おんないちのみや》）である。後水尾天皇が、たび重なる徳川幕府の干渉に反発され、突発的に譲位されたといわれ、いわば天皇のクーデター的な女帝の擁立といってよい。このとき明正女帝はまだおさなく、十五年の在位期間中は父の後水尾上皇が院政をとられた。そして寛永二十年（一六四三年）に皇弟紹仁《つぐひと》親王（後光明《ごこうみょう》天皇）に譲位されるのである。

徳川時代には、政治の実権は完全に徳川幕府に握られており、天皇の職務はすでに儀礼的なものだけに限定されていたから、「女帝」でも支障はないと考えられたのだろう。

このように女帝擁立の歴史を見てくると、皇統の断絶を回避するための機能という大きな側面がある一方で、ひとたび女帝の恣意があらわになると、皇統が他家に移行する可能性もはらむものだったことがおわかりいただけたと思う。

古代から、女帝の問題はつねに皇統の危機にかかわるものであった。皇統の継嗣の候補者が途絶えたときの女帝の立場は、きわめて微妙なのである。皇統の維持を目的とするのであれば、この問題は慎重なうえにも慎重に、諸般の事情に十二分に配慮したうえで決定されるべきことと考えている。

終　章　天皇家の存在とは

日本史において、天皇家が果たしてきた役割はきわめて大きかった。天皇家の存在を無視して日本史を解くことはできないといってよい。

また、日本人の心情の奥底に存在する天皇観が、それぞれの時代とかかわりをもち、陰に陽に影響を与えてきたことも事実である。というより、むしろ日本人の精神性や行動理念の基本的要素のひとつとして、天皇家というものが存在してきたというべきであろう。

天皇家が果たしてきた役割や、その影響を回顧するとき、わたくしは、第一に重要視すべき点はその文化的機能だと考えている。そして、この役割だけは今後とも保持されるべき重要な要素だと信じている。

だが、いかなる場合でも、天皇が政治の前面におどり出たり、政治家の野心に利用されるべきではないと願っている。天皇が超然として存在していくことこそが、天皇家を永続せしめる唯一の道なのである。この道を逸脱すると、かならず皇統の危機にみまわれることは、日本史をひもとけばおのずから明らかであろう。

その典型的な例をここであげるとしたら、武家政権が誕生した鎌倉時代の後鳥羽上皇の政治的な動きである。鎌倉三代将軍源実朝《さねとも》暗殺を契機に、朝廷と、北条家を中心とする幕府との関係が一挙に不安定となり、後鳥羽上皇は挙兵を決意されたが、一戦のもとに敗れ去ったのである。

この承久《じょうきゅう》の乱は、上皇が鎌倉幕府に、摂津国の長江《ながえ》領と倉橋《くらはし》領の地頭《じとう》(現地の支配者)を罷免するよう要求したことがきっかけであったといわれている。このふたつの地は、後鳥羽上皇が寵愛する伊賀局《いがのつぼね》(亀菊《かめぎく》)に与えた領地であった。この領地から、地頭の力を排除したいという伊賀局の願いを上皇が聞き入れたのである。上皇の私情が政治に介入したといってよい。

上皇は、みずから北条義時《よしとき》追討の宣旨《せんじ》を発すれば、鎌倉幕府に不満を抱いている武士たちが、ただちに集結すると信じ切っていた。しかし、上皇の思惑ははずれ、期待をよせていた三浦一族などにも裏切られて、尼将軍政子《まさこ》のもとに集結した鎌倉方十九万騎にあえなく大敗を喫してしまうのである。

承久の乱ののち、北条義時は後鳥羽上皇の嫡孫仲恭《ちゅうきょう》天皇を退け、上皇の兄守貞《もりさだ》親王の御子を擁立して、後堀河《ごほりかわ》天皇として即位させたのである。そして、後鳥羽院を隠岐島に、御子の順徳《じゅんとく》院を佐渡島に、土御門《つちみかど》院を土佐国に配流した。治天《ちてん》の君《きみ》(院政を行なった上皇に対する呼称)が処罰を受けるという前代未聞のできごとに、朝廷の威信はいちじるしく失われたのである。北条家はさらに京の六波羅《ろくはら》に朝廷の監視役をおき、皇位の継承さえも幕府の許可のもとに行なわせるようにしたのである。

このように、後鳥羽院は歴史の流れにさからい、私意にもとづく政治介入を行なって敗退した。だが、後鳥羽院の歴史的役割はこれだけではない。院政に精励される一方で、歌会や歌合せを頻繁に主催され、新古今歌壇ともいうべき歌人集団を形成していくのである。『新古今和歌集』の大成に尽力された後鳥羽院の文化的功績は、後世にたいへん大きな影響を与えた。もちろん、歌の道のよきライバル藤原定家《さだいえ》（ていか）などの存在も無視することはできないが、藤原家隆《いえたか》などの撰者が撰進した歌を院みずからが丹念に親撰し、決定本の完成をみたのである。その後、隠岐島へ流された後鳥羽院はふたたび『新古今和歌集』の改修に着手し、いわゆる『隠岐撰抄本』をまとめられるのである。

後鳥羽院の和歌に対する執念がここに結実したことは、日本の伝統文化の頂点とされる和歌の道に、ひとつの大きな道標が築かれたといってよい。本来、和歌は贈答歌であり、人と人の心を通い合わせるものである。和歌は「漢詩《からうた》」に対する「大和歌《やまとうた》」を原義とするが、同時に「和《わ》する歌《うた》」でなければならないのである。この和歌による交流の最大の場こそ、宮廷であった。宮廷から多くのすぐれた歌人が輩出され、日本文化に大きく貢献してきたのである。

天皇家の最大の功績は、かかる文化を発信する中心的役割を果たしてきたことにある。その基本的精神は、どこまでも聖徳太子による「和を以って、貴しとなす」でなければならなかったはずである。この「和」には、前提として他人の存在を認めることがある。

それゆえ、聖徳太子は「憲法十七条」の一節につぎの言葉を選んでいるのである。

人《ひと》、皆《みな》心《こころ》有《あ》り。心《こころ》各《おのおの》執《と》れること有《あ》り。彼《かれ》、是《よみ》すれば我《われ》は非《あしみ》す。我《われ》、必《かなら》ず聖《ひじり》に非《あら》ず。彼《かれ》、必《かなら》

ず愚《おろか》に非《あら》ず。共《とも》に凡夫《ただひと》ならくのみ。（第十条）

この精神が皇室の伝統的な姿勢として一貫して保持されていくなら、皇統は安泰であろうし、永続していくであろう。皇室はすべてのものから超然とし、この「和」の源泉としてあり続けることが重要であり、必要なのである。いかなるときにも、政治に介入されたり、一部の政治家に利用されてはならないのである。どこまでも文化創造の結点に存在すべきだと、わたくしは願っているし、歴史的にみても、多くはそうした存在であり続けてきたのである。いうまでもないが、あくまでも過去の歴史を教訓としてゆくことが大切なのである。

わたくしは、天皇家の存在そのものも、日本史における最大の文化遺産だと考えている。天皇家を時代遅れだとして廃滅するのは簡単かもしれないが、ひとたび消滅してしまえば、すぐれた文化や伝統は二度と元には戻らないのである。新しい文化は、つねに伝統に根ざしている。それゆえ、天皇家も国民も、ともに伝統を永続せしめる努力をすべきであろう。

世界に目を向ければ、太古より多くの王家が廃滅されていった。千数百年の長きにわたって継承されてきた王家は、日本をおいて他にはないのである。だからといって、もちろんただ残せばよいというわけではない。わたくしは、日本文化の創造の原点としての天皇家にこそ、本質的な意義があると考えているのである。言葉を変えれば、日本人の心情と、宗教観の結晶体としての王家である。政治の主催者としてではなく、文化の底辺を形成する精神の源泉としての天皇家である。この立場を恣意的に逸脱すれば、皇統断絶の危機はかならず起り、日本の独自性は消滅していくであろう。

いうまでもないが、天皇制は日本の将来に深いかかわりをもっている。このことを否定するにせよ、肯定するにせよ、日本の将来を考えるうえで避けて通れぬ論題が「天皇制」であるといってよいだろう。

昨今、天皇制というより、その継承方法をめぐっていろいろな議論がなされている。とくに、天皇家の継承を、嫡男をもって優先せしめてきた従来の法をあらため、男女を問わず、第一子を継承者とする点に多くの意見がよせられているようである。

このような案が提示される背景のひとつとして、現在の親王家には男子が一人もおらず、女子のみであることがあるのであろう。たしかに、男女を問わず第一子を継承者とすることは、世界の王家でもみられる制度であり、決して不合理とはいえないし、男女同権の世の中では、ごく自然な継承法といってもよいであろう。また、天皇家の断絶を避けるためにも、女性天皇の道を開くことは重要なのかもしれない。

だが、多少懸念されるのは、かかる女帝が成立した場合、その夫君の実家が天皇家にどのような影響力をもつかである。ときには夫婦の情愛が深すぎて、夫君やその一族への異常な偏重が生まれる危険性がつねに存在するからである。最悪のケースとして、「新しい王家」が誕生する契機をはらんでいるのである。称徳《しょうとく》女帝と道鏡との関係がまさにその典型といってよいが、ふたたびかかる事態が起こらないとは決して言い切れないのである。

そのために、日本の天皇家はつねに男系によって継承されてきたのである。たしかに現在のところ、皇太子家に男子はみられないが、現天皇の血統をひく親王家には、男性が何人かおられるのである。よって、男系をもって行なわれてきた天皇家の継承法を、ただちに廃滅しなくてもよいのではなかろうか。

伝統というものは、ひとつ崩されるとつぎつぎに崩れ去るようにできている。日本人にとって天皇家はきわめて特殊な家系であり、また、そのように保持されてきた家系である。その特殊性が消滅され、一般家庭と同様に取り扱われるとすれば、天皇家の特殊性はまたたく間に失われていくことになる。千数百年も続いてきた天皇家が日本のひとつの文化遺産だとすれば、その特殊性もそのまま大切に保持されていくことが肝要であろう。単なる目先の必要に応じて安易な改革を行なうのではなく、より冷静に歴史を回顧して、最善の道をさぐり出すことに努めるべきではあるまいか。ひとたび失われてしまったものは、ふたたび元にはもどらないからである。

■古代天皇関係年表

＊（ ）内に年代の依拠文献を記した。卑弥呼および天皇の初出を太字で示した。
＊巻頭（一四頁）の「古代天皇の系図一覧」と併せて利用されたい。

（西暦　和暦）	
前五〇頃	倭国百余国に分かれ、三十国ばかりが後漢に朝貢（『漢書』地理志）
二五	後漢建国（『後漢書』）
五七	倭の奴国、後漢に朝貢。光武帝より金印「漢倭奴国王」を授けられる（『後漢書』東夷伝）
一四七〜一八八	後漢の桓帝・霊帝の時代、倭国大乱ついに卑弥呼を共立して女王とする（『魏志倭人伝』）
二二〇〜二二二	後漢滅亡し、魏・呉・蜀の三国時代が始まる
二三九	邪馬台国女王**卑弥呼**《ひみこ》大夫《だいふ》難米弁《なのそめ》らを帯方郡に派遣。「親魏倭王」の金印《きんいん》紫綬《しじゅ》などを授けられる（『魏志倭人伝』）
二四〇	帯方郡《たいほうぐん》太守弓遵《きゅうじゅん》の遣使、魏王の詔書・印綬を与える（『魏志倭人伝』）
二四三	倭国より大夫ら八人を後漢に派遣し、生口《せいこう》などを献ずる（『魏志倭人伝』）
二四七	邪馬台国、狗奴《くぬ》国と交戦（『魏志倭人伝』）
二四八	卑弥呼死し、径百余歩の冢《ちょう》を築く（『魏志倭人伝』）。このころ奈良県の箸墓《はしはか》古墳が築かれ、前方後円墳が出現
三七二	百済の肖古王、倭王に七枝刀《ななつさやのたち》などを献ずる（「神功皇后紀」五十二年条）
三九二	百済の辰斯《しんし》王、礼を失する。倭国からせめられて辰斯王は殺され、阿花《あか》王が即位（「応神紀」

	三年条・『三国史記』）
三九七	百済の阿花王、礼を失する。阿花王、王子を派遣して和を請う（『百済記』『三国史記』）
三九九〜四〇〇	倭国、百済・新羅を侵し、高句麗王、広開土王《こうかいど》と交戦（「広開土王碑文」）
四〇二	新羅王実聖《じっせい》王、奈勿《なこつ》王の子未斯欣《みしきん》を人質として倭国に送る（『三国史記』）
四二〇	東晋滅亡し宋興る
四二一	**倭王讃《さん》（仁徳天皇）**南朝宋国に朝貢（『宋書』倭国伝）
四二五	倭王讃、司馬遭達を宋国に派遣（『宋書』倭国伝）
四二七	高句麗、平壌に遷都（『三国史記』）。**倭王珍《ちん》（反正《はんぜい》天皇）**宋に朝貢（『宋書』倭国伝）
四四三	**倭王済《せい》（允恭《いんぎょう》天皇）**宋に朝貢（『宋書』倭国伝）
四六二	倭王済崩御。世子**倭王興《こう》（安康《あんこう》天皇）**安東将軍に叙される（『宋書』倭国伝）
四七一	埼玉古墳群の稲荷山古墳より出土の鉄剣銘に「辛亥年…獲加多支鹵《わかたける》(鹵)大王」とある
四七七	倭王興崩御。世子**倭王武《ぶ》（雄略天皇）**即位（「雄略即位前紀」十一月条）
五〇六	武烈天皇崩御（「武烈紀」八年条）
五〇七	大伴金村《おおとものかなむら》、越前三国より男大迹《おおど》王を迎える。男大迹王、河内の樟葉宮《くすはのみや》で即位し**継体《けいたい》天皇**となる（「継体紀」即位前紀）
五一一	継体天皇、山背《やましろ》の筒城《つつき》に遷都（「継体紀」五年条）
五一二	大連《おおむらじ》の大伴金村、任那四県を百済に割譲（「継体紀」六年条）
五一八	継体天皇、山背の弟国《おとくに》に遷都（「継体紀」十二年条）

五二六　継体天皇、大和の磐余《いわれ》に遷都（「継体紀」二十年条）

五二七　任那に出兵した近江毛野《おおみのけぬ》の軍を筑紫君磐井《つくしのきみいわい》が妨害（「継体紀」二十一年条）

五二八　筑紫君磐井、大将軍物部麁鹿火《もののべのあらかひ》と一年余戦い、磐井敗れて殺害される。筑紫君葛子《くずこ》、父の罪に連座させられることを恐れ朝廷に糟屋屯倉《かすやのみやけ》を献じる（「継体紀」二十二年条）。福岡県八《や》女《め》市の岩戸山古墳は磐井の墓と伝えられる

五三一　継体天皇崩御（「継体紀」二十五年条）。『日本書紀』所収の『百済本紀』には「天皇・皇子ともに死す」とある。「上宮聖徳法王帝紀」は欽明天皇即位を伝える

五三四　**安閑《あんかん》天皇**、勾金橋《まがりのかなはし》に遷都。武蔵国造の継承をめぐる争いで笠原直使主《かさはらのあたいおみ》と同族小杵《をき》が対立。小杵を支持した毛野《けの》氏から四ヵ所の屯倉を取り上げる（「安閑紀」元年条）

五三六　**宣化《せんか》天皇**、盧入野《いおりの》に遷都（「宣化紀」元年条）

五三七　大伴狭手彦《おおとものさでひこ》を任那に派遣（「宣化紀」二年条）

五三九　**欽明《きんめい》天皇**即位（「欽明紀」元年条）

五五二　百済の聖明王、欽明天皇に仏像などを献じる（「欽明紀」十三年条）

五五六　吉備の児島《こじま》に屯倉を設置（「欽明紀」十七年条）

五六二　新羅により任那滅亡

五六九　王辰爾《おうじんに》の甥膽津《いつ》をつかわし、吉備の白猪《しらい》屯倉の田部《たべ》の戸籍を作成（「欽明紀」三十年条）

五七〇　廃仏派の物部尾輿《もののべのおこし》が仏舎を焼き、仏像を難波津に流す（『元興寺縁起』）

五八九　隋による統一王朝成立

五九二（崇峻五年）蘇我馬子、崇峻天皇を殺害（「崇峻紀」）。**推古《すいこ》女帝**即位（「推古紀」）

五九三（推古元年）聖徳太子を摂政として皇太子《ひつぎのみこ》とする（「推古紀」）

六〇三（推古十一年）聖徳太子、冠位十二階を制定。秦造河勝《はだのみやつこかわかつ》、聖徳太子より持仏を賜り蜂岡《はちのおか》寺（のちの広隆寺）を建立（「推古紀」）

六〇四（推古十二年）聖徳太子、憲法十七条を制定（「推古紀」）

六〇七（推古十五年）「日出ずる処の天子」の国書とともに小野妹子を隋に派遣（『隋書』倭国伝）

六〇八（推古十六年）隋の使裴世清《はいせいせい》来朝。漢人留学生高向玄理《たくむくのげんり（くろまろ）》、南淵請安《みなみぶちのしょうあん》、学問僧日文《にちもん》（旻《みん》）ら八人を送る（「推古紀」）

六一八（推古二十六年）隋滅亡、唐興る

六二二（推古三十年）聖徳太子薨る（「推古紀」）。太子の妃 橘大郎女《たちばなのおおいらつめ》ら「天寿国曼荼羅繍帳《てんじゅこくまんだらしゅうちょう》」を作る（『上宮聖徳法王帝説』）

六二九（舒明元年）田村《たむら》皇子即位し**舒明《じょめい》天皇**となる（「舒明紀」）

六三〇（舒明二年）宝《たから》皇女を皇后とする（「舒明紀」）

六四二（皇極元年）宝皇后即位し**皇極《こうぎょく》女帝**となる（「皇極紀」）

六四三（皇極二年）聖徳太子の世子山背大兄《やましろのおおえ》皇子、蘇我入鹿《そがのいるか》に襲われ斑鳩《いかるが》宮で薨る（「皇極紀」）

六四五　大化元年　中大兄《なかのおおえ》皇子・中臣鎌足《なかとみのかまたり》ら蘇我入鹿を暗殺。蘇我蝦夷《えみし》自殺。皇極女帝の弟軽《かる》皇子即位し**孝徳《こうとく》天皇**となる。中大兄皇子（のちの天智天皇）皇太子となる。古人大兄《ふるひとのおおえ》皇子粛清される

六四六　大化二年　大化改新の詔（「孝徳紀」）

六五〇　白雉元年　改元（「孝徳紀」）

六五五（斉明元年）　孝徳天皇崩御し、皇極女帝重祚し**斉明女帝**《さいめい》となる（「斉明紀」）

六六一（斉明七年）　百済救援のため筑紫の大津に本営を設営。斉明女帝崩御（「斉明紀」）。皇太子中大兄皇子による称制〔先帝が崩御したのち、新帝が即位せずに政務にあたること〕

六六三（天智二年）　白村江《はくすきのえ》の戦いで唐・新羅の連合軍により大敗を喫す（「天智紀」称制）百済滅亡

六六七（天智六年）　近江大津宮に遷都（「天智紀」）

六六八（天智七年）　中大兄皇子即位し**天智天皇**《てんじ》となる。大海人《おおあま》皇子（のちの天武天皇）大皇子となる（「天智紀」）。高句麗滅亡

六七一（天智十年）　天智天皇、長子の大友《おおとも》皇子（追諡されて**弘文天皇**《こうぶん》となる）を太政大臣に任ずる。天智天皇崩御（「天智紀」）。大海人皇子近江を出て吉野にしりぞく（「天武紀」即位前紀）

六七二（弘文元年・天武元年）　大海人皇子、吉野を出て美濃国に入り挙兵。壬申の乱はじまる。大友皇子敗死（「天武紀」即位前紀）

六七三（天武二年）　大海人皇子、飛鳥浄御原宮《あすかのきよみはらのみや》で即位し**天武天皇**《てんむ》となる。鸕野讃良《うののさらら》皇女（のちの持統女帝）を皇后とする（「天武紀」）

六七四（天武三年）　大伯《おおく》（来）皇女を伊勢の斎王《いつきのみこ》とする（「天武紀」）

六八一（天武十年）　草壁《くさかべ》皇子を皇太子とする（「天武紀」）

六八六　朱雀元年　天武天皇崩御。皇后（のちの持統天皇）称制（「持統紀」）。大津皇子、皇太子に謀反の報あり、死をたまわる（「天武紀」）

六八九	（持統三年）	草壁皇子薨る（「持統紀」）
六九〇	（持統四年）	皇后即位し**持統《じとう》女帝**となる（「持統紀」）
六九七	（文武元年）	草壁皇子の世子の軽皇子皇太子となる。祖母の持統女帝譲位（「持統紀」）軽皇子即位し**文武《もんむ》天皇**となる（『続日本紀』）
七〇一	大宝元年	大宝律令を制定（『続日本紀』）
七〇二	大宝二年	大宝律令を発布（『続日本紀』）
七〇七	慶雲四年	文武天皇崩御。阿閉《あえ》内親王即位し**元明《げんめい》女帝**となる（『続日本紀』）
七〇八	和銅元年	武蔵国秩父郡から和銅（自然銅）が献上され、改元。和同開珎（寶）を鋳造（『続日本紀』）
七一〇	和銅三年	平城京（奈良）に遷都（『続日本紀』）
七一五	霊亀元年	氷高《ひだか》内親王即位し**元正《げんしょう》女帝**となり改元（『続日本紀』）
七一八	養老二年	養老律令成る（『続日本紀』）
七二〇	養老四年	『日本書紀』成る（『続日本紀』）
七二四	神亀元年	元正女帝譲位。首《おびと》皇太子即位し**聖武《しょうむ》天皇**となり改元（『続日本紀』）
七二九	天平元年	長屋《ながや》王の変。藤原夫人（光明子《こうみょうし》）皇后となる（『続日本紀』）
七三七	天平九年	藤原四兄弟（光明子の異母兄）疫病で没す（『続日本紀』）
七三八	天平十年	安倍《あべ》内親王（光明子所生《しょせい》）を皇太子とする（『続日本紀』）
七四〇	天平十二年	藤原広嗣《ふじわらのひろつぐ》の乱。聖武天皇、平城京を放棄し恭仁宮《くにのみや》に遷都（『続日本紀』）
七四三	天平十五年	聖武天皇、盧舎那《るしゃな》大仏像の鋳造を発願。墾田永年私財法《こんでんえいねんしざいほう》の公布（『続日本紀』）

七四五　天平十七年　聖武天皇、平城京に還幸。玄昉《げんぼう》を筑紫に左遷（『続日本紀』）

七四九　天平感宝元年　四月改元。七月、安倍内親王即位し**孝謙《こうけん》女帝**となり、天平勝宝と改元（『続日本紀』）

七五二　天平勝宝四年　大仏開眼会（『続日本紀』）

七五七　天平宝字元年　橘《たちばなの》奈良麻呂《ならまろ》の変（『続日本紀』）

七五八　天平宝字二年　大炊《おおい》王即位し**淳仁《じゅんにん》天皇**となる（『続日本紀』）

七六〇　天平宝字四年　藤原仲麻呂《ふじわらのなかまろ》（恵美押勝《えみおしかつ》）大師（太政大臣）に任ぜられる。光明皇太后崩御（『続日本紀』）

七六四　天平宝字八年　恵美押勝が孝謙上皇方に殺され、淳仁天皇は廃位されて淡路に幽閉される。孝謙上皇重祚し**称徳《しょうとく》女帝**となる（『続日本紀』）

七六五　天平神護元年　道鏡、太政大臣禅師《ぜんじ》となる（『続日本紀』）

七六七　神護景雲元年　道鏡、法王宮職《ほうおうぐうしき》をおき、政治を専断（『続日本紀』）

七六九　神護景雲三年　和気清麻呂《わけのきよまろ》、道鏡に宇佐八幡の神託を伝え大隅《おおすみ》国に配流される（『続日本紀』）

七七〇　宝亀元年　称徳女帝崩御。白壁《しらかべ》王皇太子となり道鏡を左遷。皇太子即位し**光仁《こうにん》天皇**となり改元（『続日本紀』）。天武系に代わり、天智天皇→志貴《しき》皇子→光仁天皇→桓武天皇と続く天智系天皇が出現する

七七二　宝亀三年　光仁天皇の皇后井上《いのうえ》内親王、皇太子他戸《おさべ》親王ともに廃される（『続日本紀』）

七七三　宝亀四年　山部《やまべ》親王（のちの桓武天皇）皇太子となる（『続日本紀』）

七八一　天応元年　光仁天皇崩御。山部親王即位し**桓武《かんむ》天皇**となる（『続日本紀』）

井上　辰雄（いのうえ・たつお）

1928年生まれ。東京大学国史科卒業。東京大学大学院（旧制）満期終了。熊本大学教授、筑波大学教授を経て、城西国際大学教授。筑波大学名誉教授。文学博士

著書　『正税帳の研究』（塙書房）、『古代王権と宗教的部民』（柏書房）、『隼人と大和政権』（学生社）、『火の国』（学生社）、『古代王権と語部』（教育社）、『熊襲と隼人』（教育社）、『日本文学地名大辞典』監修（遊子館）、『古代史研究の課題と方法』編著（国書刊行会）、『古代東国と常陸風土記』編著（雄山閣）、『古代中世の政治と地域社会』編著（雄山閣）、『古代よりみた常陸風土記』（学生社）など

遊子館歴史選書 3

天皇家の誕生—帝と女帝の系譜

2006年2月22日　第1刷発行

著　者　井上　辰雄
発行者　遠　藤　茂
発行所　株式会社 遊子館
107-0062　東京都港区南青山 1-4-2 八並ビル
電話　03-3408-2286　FAX　03-3408-2180
印　刷　株式会社 平河工業社
製　本　協栄製本株式会社
装　幀　中村豪志
定　価　カバー表示

本書の内容の一部あるいは全部を無断で複写・複製することは、法律で認められた場合を除き禁じます。
© 2006　Inoue Tatsuo, Printed in Japan
ISBN4-946525-78-5

◆好評発売中◆

笹間良彦 著画

絵で見て納得！ 時代劇のウソ・ホント

遊子館歴史選書❶

ISBN4-946525-65-3

映画やテレビ、舞台の時代劇、歴史小説の虚実を絵解きした目からウロコの一冊。時代考証の権威が現代人の江戸知識の間違いを平易に解説した納得の書。

B6判・二五六頁・定価（本体一八〇〇円＋税）

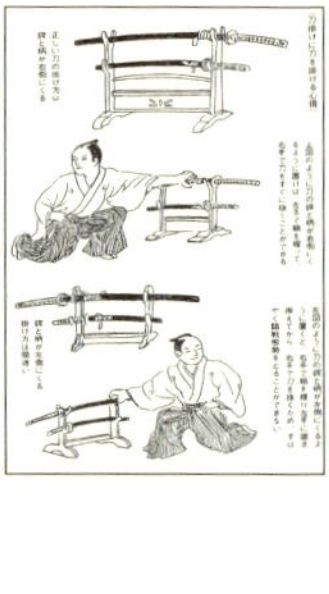

笹間良彦 著

絵で見て不思議！ 鬼とものののけの文化史

遊子館歴史選書❷

ISBN4-946525-76-9

〈日本図書館協会選定図書〉

鬼と「もののけ」はどのようにして誕生したのか。インド、中国にルーツを求め、日本独自の存在となった鬼と魑魅魍魎たちの異形の世界を解明。歴史図・想像図一八〇。

B6判・二四〇頁・定価（本体一八〇〇円＋税）

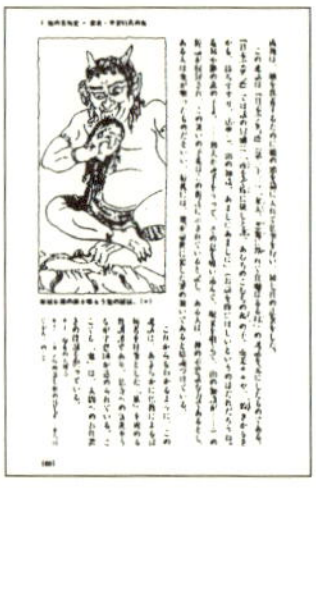

笹間良彦 著画

大江戸復元図鑑〈庶民編〉

ISBN4-946525-54-8

〈日本図書館協会選定図書〉

江戸庶民の組織から、商店、長屋、専門職、行商、大道芸、農民、漁民の暮らし、食生活や服装、娯楽、信仰、年中行事まで、大江戸庶民の全貌を豊富な復元図で解説。

A5判・約四一〇頁・定価（本体六八〇〇円＋税）

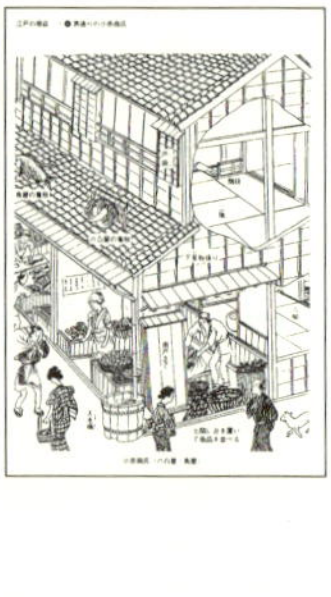

笹間良彦 著画

大江戸復元図鑑〈武士編〉

ISBN4-946525-56-4

〈日本図書館協会選定図書〉

江戸時代の武家社会の組織全般と年中行事から、各役職の武士の仕事内容、家庭生活、住居、武士の一生のモデルまで、武士の世界を膨大な量の復元図で解説。

A5判・約三八〇頁・定価（本体六八〇〇円＋税）

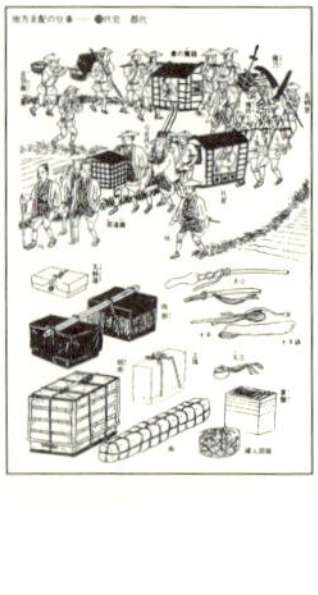